労働をめぐるシスターフッド

プロレタリア文学・フェミニズム・労働研究

辻 智子・水溜真由美 編著

目次

凡例

一、原則として旧字・異体字は常用漢字に改めた。
二、資料中の年月日等は漢数字に改めた。
三、年は西暦で統一し、適宜、和暦を付記した。
四、「女工」「芸妓」「娼妓」「私娼」など差別的な意味を込めて使用されていた語について、本書では、歴史的用語としてそのまま用いた。また、読みやすさを考慮して「　」を付さずに表記した箇所がある。
五、団体の名称などは各章初出のみ正式名称を記し、以降は略称表記とした。
（例）日本労働組合総同盟→総同盟、日本労働組合全国協議会→全協　など
六、引用文中の〔　〕は引用者による補記または注記である。

序　章　戦間期日本における女性労働とシスターフッド

はじめに

近年、女性労働力人口は増加傾向にあるが、「男は仕事、女は家庭」の性別役割分業は今日も根強く存続しており、女性の労働は、一部の職種を除いて家計補助とみなされがちである。新自由主義政策の帰結としての雇用不安定化のしわ寄せは女性労働者に集中しており、二〇二〇年以降の「コロナ禍」は、その深刻さを印象づけた。こうした状況に対抗する知恵と力とはいかなるものであろうか、またそれはどのようにして獲得されるものであろうか。

女性史・女性学・ジェンダー研究は、一九七〇年代以降、近代的な性分業の解明に力点をおき、その成果を蓄積してきた。その出発点には女性たちのリアルな現実への実感があった。しかし、二〇〇〇年代の「バックラッシュ」以降は、研究や学問の知が現実生活の中で女性たちの力と結びつく道すじが見えにくくなっている。近年、SNS上を中心に Me too 運動への参画やフェミニズムへの関心の広がりなどが見られ、変化の兆しがうかがえるものの、それぞれの日常への共同的な関与には困難があり、労働の場における孤立と周縁化は、依然、課題として残されている。

こうした問題意識と現状認識から、本研究は、戦間期、具体的には第一次世界大戦後からアジア太平洋戦争（第二次世界大戦）前までの日本社会に着目し、女性労働者をめぐる様々な動きを、女性同士の連帯（シスターフッド）の模索という観点から検討することを試みる。

戦間期の日本では、産業化・都市化の進展により女性雇用労働者数が飛躍的に増加する一方、大正デモクラシー、労働運動の活発化、大衆文化の浸透、女性の教育機会の拡大等により、労働運動への女性の参画、女性労働者を対象とする社会事業、女性団体の組織化と活動、女性を対象とする雑誌の発行等が活発化した。そのような流れの中で、女性労働者自身による自己表現の他、女性作家による女性労働者を描く文学作品の発表、女性研究者による女性労働者を対象とした研究も見られるようになった。

つまり、戦間期の日本では、女性労働者同士、さらには異なる経歴と背景を有する女性同士が出会う多様な契機が生まれた。戦間期という時代は、それ以前の社会において人々を強固に規定していた身分や階層が流動化し、従来、直接的な出会いの機会を有していなかった者同士が学校や工場、社会的な活動や運動、メディアなどを通じて相まみえる場を提供した。例えば、紡績工場で働く女性をめぐっては、労働の実情を見学・観察・調査しに来る者や、彼女たちを組織化し労働運動への参加を促そうとする者との接点が生まれた。また、処女会・女子青年団・婦人会などの団体にとどまらず、参政権など社会的課題の解決を掲げる女性運動の動きの中にも工場で働く女性たちの姿が確認できるようになった。また、女性個人の歩みに即してみれば、学校や職業や結婚などを通じて生まれ育った家や村（地域）とは異なる世界に触れ、出身地や出身階層を異にする者と関係を持ちながら、多様な活動に踏み出していく姿が広く見られた。戦前の女性労働というと、かつては細井和喜蔵『女工哀史』や山本茂実『あゝ野麦峠』に代表されるような、搾取され悲惨な人生を送る「女工」というステレオタイプなイメージがあったが、近年の研究によって、その多様化・複層化・流動化した様相が把握されつつある。そして、そこには、学歴・職業・階級・生活状況を超えた出会いと交流の動き、そして連帯の可能性をも認めることができる。

もちろん、一九三〇年代後半より加速する国家総動員体制への動員の事実から目を背けることはできない。とはいえ、そこに至る前までの女性たちの試行錯誤を明らかにすることは、戦後への接続という点でも、また今日的な問題意識からも、大きな意義がある。

戦間期における女性労働者をめぐる動きには多様なものがあるが、本書では、様々な分野で目立った活動を行った人物に光を当てながら、その人物を担い手とする女性労働者に関する活動や作品について考察する（第八章では「無名」の女性労働者の表現活動を取り上げる）。つまり、各章はケーススタディとなるが、各章で取り上げられる女性たちの歩みは孤立したものではなく、様々な次元で交錯していたことも浮かび上がらせたい（巻末のならべ読み年表を参照）。また、本書全体を通じて、女性たちが社会的、文化的な活動を介してエンパワーされ、職業や階層を越えて連帯する回路が各所に生まれていたことを明らかにしたい。

なお、本書は、歴史学、教育学、思想史、文学など専門領域を異にする六名の研究者の共同研究の成果である（JSPS科研費・基盤研究（C）22K12636「女性労働をめぐる運動と表現――戦間期日本のダイナミズムと連帯への模索に着目して」）。戦間期の日本における女性労働をめぐる活動は、労働運動、社会事業、研究活動、文学を含む文化活動など多岐にわたっており、複数の領域を視野に収めることによってはじめて全体像を把握する可能性がひらける。もちろん本書はすべての活動を網羅するものではないが、領域横断的な研究ならではの強みを生かして、戦間期の日本における女性労働をめぐるダイナミズムの一端を明らかにしたい。

1　戦間期における女性労働

多くの女性にとって生きることは働くことでもあった。農林漁業や狩猟採集を生業とする暮しにおいて生産共同体の成員は子どもも含めすべての人が何らかの形で働いていた。日本の明治期以降に登場した雇用労働においても、製糸業・紡績業は若い世代の女性たち(女工)が主な働き手であった。女中、娼妓・酌婦として働いてきた女性たちも多い。「奉公人や被雇用者として家の外で働く女性、自営業で働く女性、技術を磨き腕一本で稼ぎ出す女性、性売買を業とする女性など、働く女性はまさに多種多様」[1]であった。

データもそれを裏づける。一八八〇(明治一三)年時点において二〇～五〇代は女性の約八割が働いており、一〇～一四歳の女児の有業率も五〇%を超え、女性の年齢階級別有業率のグラフは台形を描いている[2]。マッチ・附木製造や織物業(主に年少者)の他、ほとんどが農業に従事していた。民俗学者の瀬川清子は一九三四年に訪れた千葉県の山村で聞いた男の話を次のように書き留めている。「ご覧のとおり当地方は男尊女卑で、女を多く使役いたします。第一、区長などは羽織を着て出る日が多いんで、いきおい、女衆が田畑をするということになって、田畑を見ても女が労働しているのが多い。それというのは明治三〇年代から当地方は唐箕作りの出稼ぎが多かったからです。〔略〕女が留守をしておって、農業に精ださなければならんようなわけになったのです。もっと昔の維新前にも、稲刈りがすんでから正月まで、おやじが下総や江戸へ木挽にいくふうがありましたので、つい、女が主になって農業をするというぐあいでありました」[3]。ただし、当時の農山漁村の暮らしと労働は混然一体であり、「農業労働に従事している」といった意識はなかったであろう。「麻つくりや藁仕事や子産み子育てが別々にあるのではなく、それらはみな農婦たちの仕事だったのだ。さらに、野良仕事も、食生活に関わる仕事も女たちの大きな仕事で、だから、老農婦らは一様に、働くも働かないも、話にならないぐらい働いた」と女性たちは語る[4]。

それに対して一九〇〇年代になると二〇代後半の女性の有業率は低下傾向を見せM字型に近づいていく。とはいえM字の底の切れ込みはまだ浅い。年齢にかかわらず女性の五〇～六〇%は働いており、一〇代後半の有業率は一九三〇年代まで一貫して六割を超えていた。工業化・都市化にともない労働のありようも大きな変化を見せる。糸を紡ぎ、布を織るのは、従前より女の仕事であったが、生産技術の進展により機械化・産業化された工場が登場・

拡大し、女性たちは製糸・紡績・織物などの工場労働者となっていったのである[5]。そして、『女工哀史』で知られるように、明治中期以降、奴隷的とも言える過酷な労働と生活が社会問題化した[6]。

初の国勢調査(一九二〇年)には、農業の他に、鋳物工、煉瓦製造、石炭運搬、土石採取、鍛冶工、大工、石工、屋根職、人力車引き、古物商、番頭・客引き、炭焼き、魚介・藻取、塩田などに女性の就労が見られる。炭鉱でも女性たちは働いていた[7]。男性に比して女性が多かったのは、製糸・綿紡績・織物など繊維産業関係の他、家事使用人、産婆、豆腐製造、和服・洋服裁縫、料理店・飲食店・席貸業、旅人宿・下宿業などで、娼妓・芸妓は女性のみ、男性のみ(またはほとんど)だったのは、軍人、熟達吏員、公証人などである。そこには婚姻の状態や年代に関わらず働き続けてきた多数の女性の姿が確認できる。配偶者との離死別者も少なくなかった。商業分野では有配偶が未婚者の二倍であった。

さらに第三回国勢調査(一九三〇年)には新たな傾向が見られる。新聞・雑誌記者、電話交換手、速記者、タイピスト、百貨店販売員、書記的職業(事務員)、バス車掌、美容師、製図工といった職種が加わり、その担い手には女性も少なくなかった。同時に、女性がいなくなった職種(大工、石工、屋根職、人力車夫など)もあり、職業における性別分離の傾向が確認できる。一九二〇〜一九三〇年代は日本社会における労働の大きな転換点であった。

とりわけ人口が急増していた都市部には、その変化が顕著であった[8]。その頃、人口に膾炙した言葉に「職業婦人」がある。これは一九一〇年代後半から使われ始めた言葉とされ、従来の女性労働の典型とされた農業や女工・女中とは異なり、事務的な仕事や専門的な職に就いた女性を指すものとして一般に理解された[9]。具体的な職種としては、技能・技術・専門職(教員、医師、薬剤師、看護婦、美容師・髪結など)、芸術・技能・マスコミ関係(音楽家、女優、著述家、モデル、記者など)、事務職(タイピスト、速記者、事務員など)、接客・サービス職(店員、エレベーターガール、バスガール、電話交換手など)が挙げられている[10]。このような意味での「職業婦人」の女性有業者に占める割合は、一九二〇（大正九）年で三・三％、一九三〇（昭和五）年で五・〇％とされるが、一五〜一九歳では七・四％（一九三〇年）、東京府では一七・九％（同）と推定されている。[11] 日本全体として見れば「職業婦人」は少数に過ぎないが、東京など都市部ではその存在感を示しつつあった。ただし揶揄や批判の意味を含む報道の影響も見逃せない。

では、このような新しい職業に就いたのはどのような人々だったのだろうか。その一つの手がかりを高等女学校卒業後の進路動向に見ることができる。一九一〇年代から一九三五年までの進路の圧倒的多数（七割前後）は、進学でも就職でもない「その他」であり、総じて高等女学校は結婚準備学校であった。ただし、一九三〇年代にその割合は減少へ転じ、代わって「進学」が二〇・五％（一九三〇年）から三〇・一％（一九三九年）へ、「教員」は〇・三％から一・九％へ、「その他の職」は四・九％から一八・四％へと注目すべき増加率を示している。「その他の職」とは、事務員やタイピストなど事務職であったと考えられる。[12] 一九二〇年代後半から一九三〇年代は、中等学校（高等女学校）を卒業した女性たちが何らかの職に就き賃金を得て働くというライフコースが登場し、高等女学校生徒急増ともあいまって、それが徐々に広がりをみせていく時期であったととらえられる。さらには、卒業後、高等師範学校や専門学校に進学し、医師、薬剤師、高等女学校教員といった専門職に就く者も増加していく。[13]

このように当該時期の日本社会において職業に就く経験をする女性は増えつつあった。しかし、就業後の歩みは直線的ではなかった。数年間の就業の後、多くは結婚を機に職を辞し「主婦」になったと想定される。会社・官公庁・学校・病院・百貨店といった新しい職場で働く女性が増え始める一方、「女性が社会に出て働くのは結婚してから主婦になるまで（子どもを産むまで）の一時的な腰掛であり、家計補助のため」「だから女性には責任の伴わない補助的な仕事をさせて給料も地位も低いまま」でも、「あたりまえ」だとする考えが都市部を中心に広がり始めたとも指摘される。[14]「職業婦人」の登場や広がりは、家計補助としての女性労働と齟齬をきたすことなく共存し、職場と家庭を貫通する性別分業体制と整合的であった。

このような動向は、女性労働の多様化を示すが、それは同時に女性の中の分化と序列化も意味する[15]。東京市統計課『婦人職業戦線の展望』(一九三一年)によると、女性労働者の平均給料は三〇円七五銭であるが、最も高かったのが女医の一四〇円で、新聞記者六四円二五銭、勤続年数の長い独身等の店員監督・女工監督・食堂給仕監督・車掌監督が四三～六三円、タイピスト四〇円四六銭、外交員四〇円五八銭と続き、看護婦三八円九五銭、電話交換手三五円七五銭、女工二七円九〇銭、エレベーターガール二六円六六銭と続き、最も低かったのが女工見習い一六円五〇銭、事務員見習い一八円三一銭、ステージダンサー一九円九一銭、一般の給仕二一円九五銭と大きな幅があった[16]。

他方、職業・職場における労働者としての女性の立場は共通に脆弱であり、あくまでも補助的・副次的な位置づけに変わりはなかった[17]。また、働く女性に対する蔑視や差別は、職種にかかわりなく共通の問題であった。そして不況になれば、農業、小規模(自営など)の工業や商業など家に組み込まれて働く(家事使用人を含む)ことの多かった女性がまず「家へ押し戻される」こととなったのである。つまり、労働の多様化は女性たちの中に分化と序列を生じさせたが、それと同時に、女性が働くことにかかわる共通性もまた浮き彫りにさせた。そうであるならば、女性労働を媒介項とする連帯的な関係、シスターフッドが、男性労働を媒介項とするのとは異なった仕方で現れるところに、労働を含むトータルな生活を考える手がかりを見出すことができるのではないだろうか。

2　連帯へのアプローチ――文学・運動・研究

戦間期における女性労働の概況を先述のようにおさえた上で、以下では、そのような状況に対して女性たちはどのように向き合っていったのかを、「文学」「運動」「研究」の三つの切り口から概観する。

（1）文学

文壇は近代日本において女性が例外的に参入を許された公的領域の一つであり、戦間期以前から多くの女性作家が文壇で活躍していた。しかし、女性作家が女性労働者を文学作品の題材にする動きや労働者階級出身の女性が文壇に参入する動きは――前者については戦間期以前にも見られなかったわけではないものの――戦間期の新しい現象であった。

戦間期に女性労働者を文学作品の題材にする動きが生まれた背景として、労働問題や社会主義に対する関心の高まりと、そうした流れの中でプロレタリア文学運動が開始されたことが指摘できる。プロレタリア文学運動に身を投じた女性作家として、佐多稲子、平林たい子、宮本百合子、松田解子、中本たか子、壺井栄らを挙げることができるが[18]、彼女たちの作品には女性労働者を中心に描くものが少なくない。

たとえば、佐多稲子の作品は、キャラメル工場、紡績工場、煙草工場などの「女工」のほか、書店の店員、料理屋の女中、カフェーの女給、バスガールなど多様な職業に従事する女性労働者を描いている（本書第二章）。平林たい子のプロレタリア作家時代の作品にも、農民、製糸工場や印刷工場の「女工」、店員、電話交換手、女給などの女性労働者を描くものが数多くある。中本たか子は、亀戸で東洋モスリンの女性労働者のオルグ活動に従事した体験に基づいて、紡績工場の「女工」を描いた（本書第一章）。秋田県の荒川鉱山に生まれ育った松田解子は、女性の鉱山労働者を繰り返し描き、戦後に、松田自身と母をモデルとする母娘二代記である「おりん」三部作を執筆した（本書第三章）。一方で、『女性線』（竹村書房、一九三七年）では、無産者産児制限同盟に参加した山本琴子をモデルとする女性（竹林篤子）を主人公に据えながら、編集者、タイピストなどの「職業婦人」の困難も描いている。壺井栄は、戦後になってから、一九二八（昭和三）年に「瀬戸内海べりの一寒村」に赴任する女性小学校教師を主人公とした『二十四の瞳』（光文社、一九五二年）を発表した。

これらの作家たちはいずれもプロレタリア文学・芸術団体に所属していたが、戦間期に女性作家の発表媒体として大きな役割を果たした媒体として、長谷川時雨が主宰した『女人藝術』（全四八号、一九二八年七月～一九三二年六月）もある。[19]『女人藝術』は左翼系の雑誌ではなかったものの、発行時期が社会主義運動、プロレタリア文学運動の全盛期と重なっていたために、左翼の女性作家・思想家・運動家による文学作品や評論を数多く掲載した。政治的立場を問わず著名な女性作家がこぞって寄稿した『女人藝術』は、女性作家のネットワークとしても重要な役割を果たした。

先述したように、戦間期には労働者階級出身の女性作家も活躍した。その背景として、戦間期における労働者階級の教育・文化レベルの向上と教養・文化の大衆化を指摘することができる。佐多稲子（一九〇四（明治三七）年生まれ）は貧困のため尋常小学校を卒業することさえかなわなかったが、清凌亭（料亭）のお座敷女中となった一〇代半ば頃には、国木田独歩、夏目漱石、ビクトル・ユーゴー、シェークスピアなどを読む文学少女であり、まもなく本を読みたい一心で丸善の店員に転職したという。[20]松田解子（一九〇五（明治三八）年生まれ）は、小学校五年生になる頃に『レ・ミゼラブル』の黒岩涙香訳『噫《ああ》　無情』を通じて本と出会い、小学校高等科時代には友人の兄の蔵書をむさぼるように読んだという。[21]いわゆる大正教養主義はエリート男性の独占物ではなく、一部の労働者階級の女性にも及んでいたことがうかがえる。

戦間期には元娼妓が手記や小説を発表する動きも見られた。森光子は一九二六年に吉原から逃亡して廃業した後に、吉原での体験を綴った手記を上梓している。[22]松村喬子は、名古屋の中村遊郭から逃走・廃業した体験を基にして小説「地獄の反逆者＝人生記録＝」を『女人藝術』に連載した（一九二九年四月号～九月号）。[23]戦間期における娼妓の自由廃業の動きは、娼妓の逃亡や廃業を報じる雑誌や新聞の記事や廃娼運動団体のビラなど、活字メディアとの接触の中で活発化したとも指摘されている。[24]

なお、戦間期には、労働組合や社会主義団体が女性労働者向けの雑誌を発行する動きも見られた。労働組合が発行した雑誌に、日本労働総同盟婦人部の機関誌『労働婦人』(一九二七年一〇月~一九三四年二月)がある。誌上には、啓蒙的な記事と並んで女性組合員の投稿も掲載された(本書第八章)。プロレタリア文化連盟(コップ)は、一九三一年五月に『戦旗』五月号の臨時増刊号として『婦人戦旗』を創刊し、同年末の同誌終刊後は『働く婦人』を発行した(一九三二年一月号~一九三三年三・四月号)。両誌には、女性労働者の評論、生活記録、小説、詩などが多数掲載された。『働く婦人』には、「工場農村から」、「職場の欄」、「工場農村職場から」の欄に、職場についての報告文も多数掲載されている。

こうした動きに見られるように、戦間期には中産階級と労働者階級の境界が流動化したが、階級間の境界の流動化は労働者階級の教育・文化レベルの向上によってのみでなく、中産階級出身の女性たちが、一部は経済的事情から、賃労働に従事し始めたことによってもたらされた面もある。しかも、事務職や接客・サービス職などの戦間期に生まれた新しい女性向けの職業は、しばしば労働者階級と中産階級の区別を曖昧化した。この点を戦間期に活躍した女性作家について見たい。

松田解子は高等小学校卒業後、鉱山事務所でタイピストとして働きながら独学で師範学校本科第二部に合格し、卒業後は小学校教師となった。平林たい子は諏訪高等女学校卒業後、上京して電話交換手、ドイツ書籍店の店員、女給等として働いた。平林の実家は諏訪の旧家であったが、祖父が製糸業に手を出して失敗し、父は負債整理をしてから農家になった[25]。林芙美子の両親は行商人であり、林は働きながら尾道市立高等女学校に通った。卒業後、恋人を追って上京したものの結婚はかなわず、自活することを余儀なくされた。林の自伝的小説「放浪記」(初出は、『女人藝術』一九二八年一〇月号~一九三〇年一〇月号)には、随所に「私」による職探しの場面が描かれている[26]。壺井栄の父は小豆島の腕のよい醤油樽職人だったが、壺井が小学生の頃、得意先の倒産などのために破産した。壺井は高等小学校卒業後、上京するまで地元で郵便局と役場で事務員として働いた[27]。戦間期に多くの女性作家が労働に目を向けた背景として、彼女たちの多くが階層的に境界的な立場に身をおき、作家になる前に賃労働の経験を持ったことが指摘できよう。

ところで『放浪記』に描かれるように、林芙美子は作家になるまで主としてカフェーの女給をして生計を維持した。佐多稲子、平林たい子、宇野千代らも戦間期に女給として働いた経験を持ち、その経験を基にした小説を執筆している[28]。林、佐多、宇野らが、女給の仕事を通じて作家と知り合い、自身が作家となるきっかけを得たことは、カフェーが多様なバックグラウンドを持つ者の出会いの場として機能していたことも示唆していよう[29]。

(2)　運動

「働くこと」「労働」ということに対して自覚的な意識が向けられるようになったのは明治中期以降である。一八九七(明治三〇)年に労働組合期成会が結成、一二月には『労働世界』が発行された。後に日本初の労働組合全国組織へと成長する友愛会の結成は一九一二(大正元)年であり、翌年には同小山支部で女性の入会も認められている(ただし準会員)。友愛会に婦人部が設立されたのは一九一六(大正五)年で、その機関誌『友愛婦人』も刊行された。その後、女性も正会員として認められるようになり、一九一九(大正八)年には、野村ツチノ(富士瓦斯紡績押上工場女工)、山内みな(東京モスリン亀戸工場女工)が友愛会初の女性理事となった。

例えば、『山内みな自伝――十二歳の紡績女工からの生涯』(新宿書房、一九七五年)は自身の体験の回想録であるが、それによると宮城県(歌津、現南三陸町)出身で一九一三(大正二)年に東京モスリン亀戸工場の女工となった山内は、翌年、一三歳の時に経験した労働争議において、友愛会が会社と交渉の末、退職者に規程以上の金額の支給を実現させたことを目の当たりにして友愛会に関心を持つようになった。自らも工場内で会員勧誘に動くようになり、一九一九(大正八)年には友愛会日本橋支部発会式において、「私も労働者、みなさんも労働者、同じ人間であるはずなのに、私は紡績女工とさげすまれる。私は一人前に、皆さんのように働いているのに、社会は同じ人間として扱ってくれない。私はこんな社会をなおさなければだめだと思っているので、社会のためにこれから働きたいと思う」(四七頁)と演説した。組織上は脆弱な立場にあっても場と機会があれば十代の紡績女工が自らの労働と生活の実体験の裏づけをもって力強く声を発していたという事実を確認できる。(30)

さらに、この演説を報道した新聞記事を通じて、山内は、市川房枝、平塚らいてう、奥むめおらの訪問を受け、その後ＩＬＯ第一回国際労働会議の労働者代表候補に選ばれた(実際には派遣されず工場も解雇となった)。紡績女工と、婦人解放や社会問題に関心を寄せて社会活動を行う知識層の女性との直接的な接点を示す事実である。また、この頃、労働運動や社会主義を女性の視点から提起しようとする動きとして、賀川ハルらによる覚醒婦人協会、山川菊栄ら女性社会主義者による赤瀾会が発足、一九二三(大正一二)年三月八日は日本初の国際婦人デーとなった。

しかし、社会主義への弾圧、労働運動の分裂と再編の中で、女性労働者と知識層との継続的・組織的な動きは困難に直面した。一九二四(大正一三)年には友愛会から改組された日本労働総同盟傘下の関東同盟会に婦人部が発足、『労働』号外婦人版を発行、翌年の総同盟全国大会で婦人部設置が可決された。また、「婦人部論争」が展開された日本労働組合評議会では、「婦人部テーゼ」(山川菊栄起草)が労働運動における男性中心主義を鋭く批判し、六時間労働制の確立、深夜業・残業・有害作業の禁止、寄宿舎制度の撤廃と既存寄宿舎の労働組合による管理、強制貯金制度の廃止、性による差別賃金の撤廃、産前産後各八週間の休養およびその期間の賃金全額支払、乳児を有する女性労働者への三時間に三〇分以上の授乳時間の確保といった「婦人労働者の特殊要求」を突きつけた。(31)一九二七(昭和二)年、日本労働組合評議会も婦人部設置を可決した(翌年、三・一五事件後、解散)。(32)

この頃、党派や立場に依らない女性たちの連帯が試みられた。例えば、全関西婦人連合会には、仏教婦人会など宗教系女性団体、講、工場で結成された処女会、女子青年団など、背景や成立基盤がかなり異なる団体やそこに所属する個人が、集会参加や機関誌の講読・投稿といった形で何らかの関係を持とうとしていた[33]。また秋田では、婦人参政権運動の支部を独自に結成し、上層の「名士夫人」たちだけでなく芸者や髪結といった庶民層もそこに連なって活動が展開された[34]。さらに、団体、地域、職域を超えて大衆的な単一の婦人同盟を結成しようと、一九二七年二月、奥むめお、坂本真琴、田島ひで、山内みならによって「婦人同盟創立準備会」を組織する動きもあった（本書第四章参照）[35]。

しかし、党派を超えた女性たちによる単一組織は党派間の意見の衝突に阻まれ実現しなかった。一九二七年七月に関東婦人同盟（労農党系）が発足したが、無産婦人の統一的な団体には至らず、むしろそれに対抗する形で、同年には総同盟の系列も含めて、労働婦人連盟、全国婦人同盟、社会婦人同盟（後に社会民衆婦人同盟と改称）が相次いで創設された。他方、治安警察法改正や婦人参政権を掲げる女性団体が全国に会員を増やし各地での活動の活性化にも注力する中に様々な女性たちが連なる契機も見いだせる[36]。女性の単一組織の試みについては、この動きを牽引したひとりである奥むめおが、福井から上京し日本女子大学校に学んだ後、労働運動や新婦人協会にかかわり議会運動にも邁進した経験を持つも、その後、「一般大衆」の女性たちとともに働き学び生きる道を志して消費組合やセツルメントの運動を展開した（一九二三年に職業婦人社設立、雑誌『職業婦人』刊行、本書第四章）。

関東大震災後の被災者救援活動を機に労働者の暮らしを支える新しい社会事業の活動が行われていった。様々な社会事業団体が活動の拠点を置くようになった東京東部の下町では、病院・診療所、保育所・託児所、授産事業所などが開設された[37]。奥が設立した婦人セツルメントもその一つであった。本所区亀戸（現、江東区）では、東京モスリン（亀戸工場、吾嬬工場）、東洋モスリンといった大規模工場に隣接する通りに労働運動の活動家が居を構え、仕事が終わった夜や休日に労働者を集めて労働問題への認識や労働者の権利の自覚を働きかけるといった光景も見られた。織本（帯刀）貞代らによる「労働女塾」は、「合理化の嵐に直面する婦人労働者が、その全力をあげて自らの防衛に、解放のための闘争に、より鞏固なる組織と鉄のごとき訓練とをもつことの緊急必要なるは、多言を要しない」として「従来とかく婦人労働者にかけたる教育機関の欠を補い、もっぱら婦人闘士の養成を使命として」発足させるものと自ら表明して始まった（一九二九年）[38]。そこでは、労働組合やプロレタリア経済学をテキストとする学科、裁縫、手芸、割烹の教授と、労働婦人文庫の開設、労働婦人ニュースの発行が計画された。同様の取り組みは複数見られ、中本たか子も帯刀と近い立場で女性労働者にかかわった経験をしている（本書第一章）。

一九三〇（昭和五）年前後は労働争議が多発した時期であった[39]。鈴木裕子は、鐘紡の労働争議の「烽火」が大中規模の紡績会社に「飛火」する形で広がったとしている。第五章で取り上げる倉敷紡績万寿工場労働争議はその一つであり、そこでは、生理休暇要求も掲げられた。女性労働者から要求を掲げるにあたっては、寄宿舎舎監で女工教化係として働いていた桟敷ジョセフィン（よし子）の存在があった。経済的に厳しい家庭に生まれた桟敷は、給費生として札幌のミッションスクールで学んだ後、日本女子大学校の女工保全科に進学し、倉敷紡績に就職したが、そこで出会った女工たちと文化活動や学習を通じて交流し、また彼女たちに労働者としての誇りと権利を自覚させるべく奮闘した（本書第五章）。桟敷や倉敷紡績に限らず、労働組合の結成自体が法的根拠を持っていなかった当時にあって、労働争議に参加すること、ましてや争議を起すことは、その後の解雇を覚悟していなければできないことであったが、それにもかかわらず多数の女性労働者が労働争議に加わり、闘っていた。なかには男性幹部を舌鋒鋭く批判する女性たちの言葉も散見される。差し迫った生活と、だからこそ戦闘的で激しさを増殖させる労働運動を通じて、女性たちは、エネルギーを発散させていた面もあったのではないだろうか。また、高額・高率な小作料が凶作とあいまって小作人家族の生活を圧迫していた農村でも大正中期には小作争議が続発していた。「女房団」「かかぁ連」と呼ばれた女性たちは、地主に掛け合うだけではなく、編物や産児調節などの講習会を開きながら日本農民組合第三回大会で婦人部を設置させた（一九二四年）[40]。

従来、労働運動において先鋭的な男性の運動家・思想家・活動家に対し、女性は「遅れている」とされたり、「後衛」「縁の下の力持ち」と位置づけられたり、あるいは、夫を支える妻、家庭を守ることで夫を通じて労働運動に参画しているとされることが多かった。しかし、そうした構図を自覚的にとらえなおし、再検討することが求められている。

（3）研究

本書では女性労働をめぐる研究として、女子紡績労働者に関するものと、農村女性に関するものを取り上げる。これは科学の世界が女性に門戸を閉ざし、女性科学者の存在を無視してきたことはすでに明らかにされてきた。これは世界共通といえるジェンダー差別である[41]。日本においても女性が学術研究に取り組む機会は閉ざされ、女子の官立の最高学府は東京女子高等師範学校・奈良女子高等師範学校に限られていた。本書第六章でとりあげた丸岡秀子は、高等女学校を卒業し、奈良女子高等師範学校で学んだ。その後産業組合調査部に入って農村女性を全国に訪ね、調査を重ねて農村婦人問題の古典的著作とされる『日本農村婦人問題』を世に問うた。

女子にも高等教育の機会をという主張は、成瀬仁蔵ら教育家によって唱えられ、一九〇〇（明治三三）年に女子英学塾、一九〇一（明治三四）年に日本女子大学校が設立されるなど、私立学校が女子の高等教育の受け皿となっていった。日本女子大学校は高等女学校教育に満足できなかった多くの女性を惹きつけた。平塚らいてうもその一人であり、『青鞜』社に集うメンバーも女子大から輩出した。本書第四章で取り上げる奥むめおは家政学部の出身であり、働く女性のネットワークを作る運動に身を投じていく。第五章で取り上げる桟敷ジョセフイン（よし子）は社会事業学部女工保全科で学び、倉敷紡績万寿工場の女子寄宿舎・教化係となり、女工たちと労働運動を組織していくことになる。女子大はソーシャルワーク方面への多数の人材を生み出していった。

女性の教育を低いレベルに制限することに変化の兆しが見えたのが、臨時教育会議によってであった。一九一七(大正六)年から一九(大正八)年まで「女子教育に関する件(諮問第六号)」が審議された。こうした議論の背景には、二〇世紀初頭の世界的なデモクラシーの高揚や、労働運動の台頭の下、日本でも「婦人問題」が世論の注目を集め、その潮流において女子高等教育に積極的な雰囲気が生まれることになったこと、第一次世界大戦時に欧米において女性の社会的活動が行われ、その潜在的能力が注目されたことがあった(42)。審議の結論は、女子の専門学校設置は認めるが女子のための大学設置は時期尚早とされた。だが、特に学術研究の能力を持つ者に対しては個別大学がその入学を認めてもよいとされたのである(43)。扉が開き始めていた。

高等女学校の側でも同時期、第一回全国高等女学校長協議会が開かれ「時局並ニ戦後ノ女子教育」を審議した。建議案の中には、高等女学校の修業年限を五年とすることや、高等女学校修了者に高等教育(普通教育・専門教育)の途を一層広くすることなどが盛り込まれた(44)。こうした動きを受けて一九二〇(大正九)年には高等女学校令が改正され、高等女学校の修業年限が五年または四年とされた(45)。

高等女学校・専門学校の量的拡大も進む。一九一五(大正四)年から一九二七(昭和二)年までの一三年間に、高等女学校の校数は三二三校から六九七校に急増し、生徒数は、七万五、八三一人から三一万五、七六五人に増加し、学校数で三・一倍に、生徒数で約四・二倍になっている。女子専門学校は一九一五(大正四)年にはわずか八校だったが、一九二七(昭和二)年には二八校となり、高等教育機関で学ぶ女子生徒数は、二、三〇八人から一万二、二〇〇人となり、約六倍となった。女子専門学校だけ見ると生徒数は約一二倍になった(46)。

大学も変化し始めた。一九一三(大正二)年に東北帝国大学理科大学が初めて学生として女性の入学を認めた。一九一八(大正七)年から、北海道帝国大学・京都帝国大学・東京帝国大学・早稲田大学・同志社大学・日本大学・龍谷大学などが、選科生や聴講生など生徒として女性に在学を認めることになった。一九二三（大正一二）年には同志社大学が、一九二五（大正一四）年には九州帝国大学が学生として女性を受け入れた。以後、多くの大学が女性を受け入れるようになっていく。こうして狭き門ではあれ、女性が学問を学び、研究者をめざす道が開けていく[47]。本書第七章で取り上げる三瓶孝子は、一九一八（大正七）年に創立された東京女子大学高等部に入学し、その後早稲田大学政治経済学部の聴講生となり経済史を専攻した。卒業後高橋経済研究所に職を得て経済史家として独学を重ね、大著『日本綿業発達史』を著した。彼女はこのような時代が生み出した研究者ということができる。

一方、研究を支えることになる女性労働に関する著作や公的機関の調査も整備されはじめている。天涯茫々生（横山源之助）『内地雑居後之日本』一八九九（明治三二）年、横山源之助『日本之下層社会』同年、農商務省『綿絲紡績職工事情』一九〇三（明治三六）年三月及び附録同年四月、桑田熊蔵『工場法と労働保険』一九〇九（明治四二）年などが早い時期のものである。大正期になると、石原修『衛生学上ヨリ見タル女工之現況』国家医学会一九一三（大正二）年、岡實『工場法論』有斐閣書房、一九一三年、宇野利右衛門『職工優遇論』一九一五（大正四）年、八濱徳三郎『下層社会研究』一九二〇（大正九）年などとともに、農商務省から『工場監督年報』が刊行されている（一九一八年から発行開始。第一回は大正五年版）。三瓶孝子はこれらの文献資料を駆使して、綿業に携わる女性労働者の実態を浮かび上がらせた。

一九二一（大正一〇）年に大原孫三郎によって設立された倉敷労働科学研究所は、様々な調査報告として農村女性の実態や、労働女性に関する資料を刊行している。

さらに昭和期にはいると、官公庁においても統計的な資料の整備や実態調査が進められていく。内閣調査局が家計調査報告を一九二九（昭和四）年から発行。内務省社会局が一九三一（昭和六）年度から三四年度に至る四カ年間の農家医療費に関する調査を発行。内務省衛生局は年度ごとの衛生局年報を発行する。群馬県は村落栄養改善実施成績報告を一九三三(昭和八)年に発行。農林省経済更生部は一九三四年度農家経済調査を発行した。昭和恐慌に見舞われた時期には帝国農会が一九三五(昭和一〇)年二月東北地方農村に関する調査(凶作篇)、東北農村に関する調査(実態篇)を刊行し、盛岡友の会も田山村の生活を出している。一〇年以上に渡って農村調査に携わった丸岡秀子は、これらの文献資料から農村女性の悲惨な境遇を浮かび上がらせることになった。

丸岡・三瓶以外にも戦間期は女性ならではの学問が花開いたということができる。女性史研究者高群逸枝、民俗学研究者瀬川清子・江馬三枝子らである。高群は高等教育を受けてはいないが、編集者であった夫の援助を受けつつ日本女性史の金字塔を打ち立てていく(48)。瀬川清子は海女に関心を持ったことで柳田国男に師事し、農山魚村の女性の生活と労働の研究に取り組んだ(49)。江馬三枝子もまた柳田国男に師事し、飛騨山村で郷土研究に従事し、女性たちの生活文化について明らかにした(50)。瀬川・江馬の活躍の陰には、アカデミズムの閉鎖性から自由な民俗学者柳田国男との出会いがあった。

以上のように女性の高等教育への要求の高まりを背景にして大学が女性に門戸を開き始めたことを確認した。さらに大学教育を受けずとも女性が学問の途へ進む機会が少しずつではあれ開いていき、ここへ参入する女性の出現が女性研究者の誕生につながっていった。研究を進める基礎的資料の整備も進められ、こうした条件のもとで女性研究者がその成果を世に問うことになったのである。

3　本書の構成

本書は全八章から構成される。各章の内容は次のとおりである。

第一章では、中本たか子の長編小説『モスリン横丁』を素材として、労働運動における女性同士の連帯のあり方について検討する。『モスリン横丁』は、一九二九(昭和四)年一〇月に亀戸に移り住んだ中本が紡績工場で働く女性労働者のオルグ活動に携わった体験に基づいて執筆した自伝的作品であり、一九二九年夏に亀戸で労働女塾を開き、中本に先立って女性労働者の啓蒙活動を開始していた帯刀貞代をモデルとする人物も登場する。本章では、①女性知識人と女性労働者の間の非対称的な関係と②女性知識人間のライバル関係に焦点を絞りつつ、女性運動家と男性パートナーとの関係とも絡めながら、女性同士の連帯に伴う困難について考察する。

第二章では、佐多稲子の初期作品に見られる女性労働者たちの関係性を検討する。一九二八（昭和三）年、佐多は、小学生のときの実体験を素材とする「キャラメル工場から」を発表し、作家としてデビューを果たす。その後のプロレタリア作家としての佐多の歩みは、「キャラメル工場から」で示されたような小市民的な世界を前提とする「孤高」の少女という自己像を手放す過程でもあった。代わりに前景化していくのは、女性労働者たちが言葉や表情、仕草によって他者へと働きかける行為の多様な様相である。本章では、女性労働者同士の関わりやそれを媒介するコミュニケーション（特に言葉）に注目して、女性たちの労働を描いた佐多の初期作品の独自性を探る。

第三章では、プロレタリア作家として知られる松田解子の「おりん」三部作に描かれる女性労働者像について検討する。『おりん口伝』、『おりん母子伝』、『桃割れのタイピスト』からなる「おりん」三部作は、秋田県の荒川鉱山で生まれ育った松田と松田の母親をモデルにして書かれた自伝的小説である。作中において、母りんは荒川鉱山で二人の子供を育てながら選鉱、運搬、飯場の女中等の仕事に携わる。娘ひろは鉱山事務所でタイピストとして働いた後、小学校教師を目指して師範学校本科第二部に入学する。本章では、明治から大正にかけての時代の転換の中で、ひろが学校教育と職業を通じて階層上昇を遂げる様子を確認しつつ、りんとひろが従事した労働の差異と共通点を浮かび上がらせる。

第四章では、奥むめおが働く女性の連帯を模索し、起ち上げていった「婦人セツルメント」、「働く婦人の家」の社会事業活動について検討する。一九二〇年代以降、奥は新婦人協会内の軋轢、労働運動や無産政党の分裂などの政治闘争を経験するなかで、自らの運動方針を転換させて政治運動から次第に身を引いていく。一九二三(大正一二)年の職業婦人社の設立、雑誌『職業婦人』の刊行を機に、職業婦人問題とは何の問題なのかを問い続けた奥が、一九三〇年代以降に本所区林町で始めたのが、婦人セツルメント運動であった。本章では、女性たちの協同運動の展開について、奥が「家庭婦人」と「職業婦人」という女性を括り分けるカテゴリーにどのように接近したのかに注目して考察する。

第五章では、栈敷ジョセフイン(よし子)が、女子寄宿舎舎監・教化係として、紡績女子労働者とどう関わったのかを検討する。「先進的」企業であった倉紡は、深夜業廃止前後に「産業合理化」を推進する一方、企業内厚生事業の充実を図っていた。栈敷は女子労働者との絆を自修寮における教育・指導や文化活動などの厚生事業全般を通して深めた。一九三〇(昭和五)年倉紡万寿工場争議は、その要求に「生理休暇」も掲げる先駆的な闘いであった。同争議の「首謀者」となった栈敷が果たした役割を倉紡の先進性とともに考察したい。

第六章では、丸岡秀子『日本農村婦人問題』に即して農村女性への丸岡の共感と連帯を検討する。「農村はなぜ貧しいのか」という問題を心の原点として成長し、高等教育を受けた丸岡が、産業組合調査部で学びながら約一〇年にわたって日本の農村を歩き、女性たちの声を聞いてきたことについて資料的実態を示しながら考察する。工場労働者である女工以上に厳しい条件下で農作業・家事・育児に寝る間もなく、「家制度」のもとであえいでいる農婦たちに目を向けるように説いた。とりわけ丸岡が強調したのが農村女性の母性があまりにもないがしろにされているという悲惨な現実であった。それを世に問うことで全国の農村女性にエールを送ったのである。

第七章では、女性経済史研究者三瓶孝子の女性労働史研究に即して、研究者と女性紡績労働者との連帯の可能性を検討する。幼いころから貧しい家の娘たちが女工として売られていくことを見聞きし、東京女子大学で学問へと導かれ、早稲田大学政治経済学部聴講生として経済史を専攻する。卒業後も独学で研究を重ね、紡績女工の状態を歴史的に考察した『日本綿業発達史』を著した。女性労働者は日本資本主義の発展を支える存在でありながら、悪条件のもとでの紡績労働を担った。工場法施行後もその状態はほとんど改善されることなく、むしろ労働強化がなされたことを指摘した。中小織物業においてはより劣悪な条件で長時間労働を強いられたことを明らかにする。

第八章では、一九二七（昭和二）年四月に東京モスリン株式会社沼津工場（静岡県駿東郡清水村・当時）で結成された紡織組合沼津支部にそくして繊維産業に働く女性たちの表現について見てゆく。日本労働総同盟婦人部機関誌『労働婦人』（全七三号、一九二七年一〇月〜一九三四年二月）への投稿から、何が、どのように書かれたのか、それはどのような状況や文脈において生み出されたのかを探る。資本主義の矛盾とそれへの反発が様々な形で噴出し、それゆえに闘争や弾圧も激しかった時代にあって、多数の女性が労組の活動に参加していた沼津支部において読むことや書いて投稿することはいかにして行われたのか。摩擦や分断に留まらない差異を含んだ連帯の可能性について検討する。

各章は基本的に一人の女性にそくして論じていくが、出生年、出身階層、学歴、生活の場などにいくつもの接点や交差が見られ、相互に関連している。それを俯瞰して眺めるために年表を作成した。当時の時代・社会状況とあわせてシスターフッドを検討したい。

4　女性同士の連帯——シスターフッドへの模索

本書は、戦間期に女性労働者をめぐって展開された様々な活動を女性同士の連帯、シスターフッドの模索という観点から捉え直すことを主眼とする。以下では、第一章から第八章までのケーススタディから、女性同士の連帯についてどのような動きを見て取ることができるのか、またそれをどのように評価することができるのか、考察したい。

女性知識人による女性労働者との連帯の模索はどのようになされたのか、本書では、それを、文学、運動、研究という複数の領域に見出すことができると考えた。プロレタリア作家として知られる中本たか子(第一章)、佐多稲子(第二章)、松田解子(第三章)らは、女性労働者のおかれた困難な状況に同情的な視線を向け、その困難な状況の克服を目指そうとする観点に立脚しながら、女性労働者の目線に立った作品を著した。職業婦人社、消費組合運動、婦人セツルメント、働く婦人の家などを手がけた奥むめおは、生活に根ざし、それを具体的に変えうる協同的な活動を展開することで(第四章)、紡績工場の女子寄宿舎・教化係となった桟敷ジョセフィン(よし子)は、日々の生活の中に女性労働者との接点を持ち、彼女たちと交流し、学習グループを組織し、さらには労働争議を指導することで(第五章)、女性労働者と直接的に結びつく道を模索した。中本たか子の『モスリン横丁』(第一章)は紡績女性労働者の運動を扱う作品であるが、女性知識人による女性労働者の組織化の活動が描かれている。こうした活動は女性労働者同士を相互に結びつける場と機会を生み出すことでもあった。それに対して、農村女性を対象とする丸岡秀子『日本農村婦人問題』(第六章)、紡績女性労働を対象とする三瓶孝子『日本綿業発達史』(第七章)は、女性労働者のおかれた困難な状況を学問的な観点から社会に広く知らしめるべく執筆された。このように、女性同士の連帯への模索は、複数の異なるアプローチによって試みられ表現された。

ところで、女性知識人とはどのような人々であっただろうか。女性労働者への連帯の動きにコミットした女性知識人の多くは、中等教育または高等教育を受けた高学歴のエリートであり、工場労働者を始めとする女性労働者とは基本的に異なる階層に所属していた。女性知識人と女性労働者の間にある格差や分断は、しばしば女性知識人が女性労働者をめぐる活動に着手する動機付けともなった。例えば、三瓶孝子(第七章)の場合、女学校時代に自分と貧しい女中との格差を意識したことや紡績工場において女性労働者の悲惨な労働環境を目にしたことが、社会科学の研究を志す契機となっていた。他方、佐多稲子(第二章)や松田解子(第三章)は、労働者階級出身である彼女たち自身の体験をそれぞれの作品に盛り込んでいた。彼女たちの作品は、女性知識人による女性労働の表現であるとともに自身の経験にもとづく自己表現でもあったと言える。また、桟敷ジョセフィン（よし子）（第五章）は、給費生として中等教育（高等女学校）を享受した後に女子高等教育の機会を得ていた。このように知識人と労働者とは階層として明確に区分されていたわけではなく流動的であった。その流動性を促したものに学校教育があった。戦間期に女性労働者の教育・文化レベルは大きく向上したが、労働者階級出身の作家や指導的な運動家が登場するまでになった事実はそれを如実に示している。松田解子（第三章）の「おりん」三部作では、松田をモデルとする労働者階級出身の女性が学校教育や職業を通じて階層上昇する様子が描かれている。

女性労働者の教育・文化レベルの向上は、女性労働者たち自身による動きを活発化し、女性労働者による、女性労働者同士の連帯の動きも生み出していった。労働争議を描いた佐多稲子の作品では（第二章）、女性労働者が政治の言葉を取り込みながらコミュニケーションの回路を開いていく様子が描かれている。倉敷紡績万寿工場の女性労働者は、桟敷ジョセフィン（よし子）と共振しながら労働争議に積極的に参加し（第五章）、東京モスリン沼津工場の女性労働者は労働運動を通じて意識を高め、総同盟の機関誌『労働婦人』にエッセイを始めとする作品を多数投稿するなど自らの言葉の発出に臆することはなかった（第八章）。女性知識人や労働組合などの働きかけを端緒としつつも、それのみを契機とするものではなく、女性同士の連帯は女性労働者の中から発せられるパワーの存在抜きには考えられない。女性知識人らとの連帯は、それぞれの力の結合であった。

とはいえ、その結合は、不安定さと緊張をはらむものでもあった。それをもたらす要因の一つは労働運動の党派対立である。中本たか子『モスリン横丁』（第一章）や佐多稲子による「東京モスリン労働争議五部作」が描くように（第二章）、労働運動は女性労働者の間に深刻な党派対立も持ち込んだ。そうした否定的な体験は運動を成熟させる契機ともなり得ただろうが、当時の労働運動に対する弾圧の厳しさを考慮すれば、摩擦や対立といった体験が深められ、実践運動の中で生かされる余地はなかった可能性が高い。もう一つの要因は、女性知識人と女性労働者との間の格差と分断である。それは両者の間に軋轢や分断を生じさせた。中本たか子『モスリン横丁』（第一章）は、女性知識人と女性労働者の連帯関係に伴う困難を鋭く描き出している。また、本書では十分に論じられなかったが、女性労働者の中には、朝鮮半島などの植民地や沖縄の出身者も少なくなく、[51]女性労働者の中にも存在する序列化や階層性は、労働運動へ参画し女性知識人と結びつく者と、そこに与しない者といった女性の中の対立と分断も想定しうる。会社の規模や産業の中の種別（繊維産業でいえば、製糸、紡績、織物など業種間でも大きな違いがあった）、工場が立地する地域の差異も序列と無関係ではない。さらに言えば、子守りや奉公の他、様々な雑業に従事し、生きるために働いてきた膨大な女性たちもおり、中でも被差別部落やアイヌ・先住民の女性たちは過酷な差別にさらされていた。[52]女性同士の連帯やシスターフッドを論じる際、こうした面を射程に入れることは不可欠である。しかし、だからといって、それにより女性同士の連帯やシスターフッドを無化することもまた事実を見失うことになるだろう。

実際、戦間期に様々な社会運動が活発化したといっても、そこに参加する女性は依然として限定的であった。労働運動に限って言えば、労働組合が組織されていたのは大規模な紡績工場などに限られる。これに対して、戦間期の女性労働者をめぐる活動の中には、組織からとりこぼされた周縁的な女性労働者の存在を視野に収めようとする視点もあった。本書で取り上げる丸岡秀子の農村女性の研究（第六章）は、その一つである。戦間期には女性労働者の存在がクローズアップされたが、その中心は工場労働者か、事務職や専門職に従事したいわゆる職業婦人であり、多くの場合、農村女性は等閑視されていた。そうした状況の中で、丸岡は農村女性に注目し、とりわけ農村女性が農村の劣悪な環境の中で仕事と家事育児の二重負担に苦しんでいることを明らかにした。さらに、佐多稲子（第二章）の「キャラメル工場から」や「お目見得」といった作品に描かれるのは、（佐多自身もそうであったように）初等教育を断念して労働する少女、即ち児童労働者であり、[53]「怒り」や「レストラン洛陽」に描かれた女給は、性的で差別的なまなざしに晒され運動組織との接点を持つ機会のなかった周辺的な労働者である。松田解子（第三章）の「おりん」三部作では、銅山の女性労働者が描かれる。松田は女性の鉱山労働者が会社から自立的な労働力とみなされず、社宅の提供を受けられなかったことに注目している。これら丸岡、佐多、松田らの活動は、「労働者」あるいは「女性労働者」とはそもそも誰のことなのかを根本的に問い直す視点を含んでいたと言えるだろう。

このように、女性労働をめぐる表現は、「労働者」とは誰か、「労働」とは何か、を問い直す方向性を含みもつ。この点に奥むめお（第四章）は自覚的だった。奥は、女性労働者を労働組合とは異なる回路で広く繋ぐことに取り組み、職業婦人社や消費組合などの運動を経て、婦人セツルメント事業に着手していくが、そこにおいて奥は家事の負担が、家庭婦人、労働婦人、職業婦人の別を問わず、ほぼすべての女性に共通する問題であることを見据えていた。それを感じとった上で、家事の社会化をベースとして女性の協同運動を推し進めることで、女性労働者の内と外にある断層に架橋しようとした。奥の運動は、「女性労働者」とは誰なのかを問い直し、再生産労働をすべての女性の労働という共通項として見出しながら、「女性労働者の連帯」を再構築しようとする動きであったと見ることができる。これは、同時期に模索された、諸分野の社会運動を横断するような女性の団体（連盟）とも共通する問題意識でもあった。労働組合運動に参画する女性たちが、労働組合の枠を超えて地域の女性たちと連携する動きの具体例として、第八章では、紡織組合沼津支部の女性組合員が総同盟の系列団体である社会大衆婦人同盟沼津支部の活動として「農村婦人」や「家庭婦人」との提携を試みたことに触れている。

女性同士の連帯、シスターフッドへの模索は、労働者の組織化が進み、労働者階級が主体として立ち上がってくる戦間期の日本において、「労働者の連帯」の動きから排除されるか周縁化されることがほとんどであった女性労働者の視点から、「労働者の連帯」に見られる男性中心主義を是正しようとしたものであり、再生産労働・ケア役割の視点から労働や社会をとらえかえし新たな運動の展開に挑戦する面を切り拓いたと言える。

おわりに

二〇二四年の現在からすれば、男と女を明確に区別し、「女性」の連帯、「シスターフッド」にこれほどまでにこだわるのはなぜかと疑問に思う読者もおられるかもしれない。しかし、そうした疑問が発せられる現代的状況のルーツの一端は、ここに見る戦間期(両大戦の間の時代)にある。約一〇〇年たった今もなお積み残されている諸々の課題、例えば、職業・職種による男女の分離、差別的な待遇や雇用のあり方、賃金の格差、家事・育児などの生活と労働との両立が依然として女性の課題のように見なされていることなどは、この時期に芽生え、自覚され、言語化されようとしたものであった。女性に限らず様々な人々が、今なお同じような課題で困難な状況に陥っているのを見れば、それらを問題化する起点となった「女性」たちの声は未だ参照される必要性と必然性がある。

戦間期において、実体験や社会の現実を言葉にして発信したり、他者とともに具体的な何かに取り組む行動に結びつけたり、より広い視野から世の中を俯瞰して意味づけたり、といった表現を自らのものとしてゆく動きが人々の中に広がっていったことは偶然ではないだろう。「女性同士の連帯」や「シスターフッド」という言葉に人びとが希望を感じ、それに呼応し、熱い言葉を交わしあったのは、今から三〇から五〇年ほど前、一九七〇年代から一九九〇年代であった。それらは実際のところ、言葉で言うほどに簡単に現実のものとはならないではないかと言われるかもしれない。それでもなお、人との出会いと交流と緊張をはらんだ関係が存在しなければ、生活現実の具体的な問題解決の道すじは見いだせない。問題化のプロセスと、人びとの表現は、分離不可能なのである。

本書は、そのような意味で、あえて「女性同士の連帯」「シスターフッド」という言葉にこだわった。

他方で、残された課題も少なくない。

第一に、本書では民族的マイノリティの女性労働者の運動や女性労働者内部のマイノリティとマジョリティの分断に架橋する動きについては十分検討できなかった。インターセクショナリティの概念も参照しつつ差別の重層性という観点から戦間期の女性労働者の全体像を捉え直すこと、マジョリティである知識人女性に内在するバイアスを批判的に問い直すことを含めて、今後の課題としたい。

第二に、性産業に従事する女性について、第二章で女給に言及するのみに止まり、芸妓・娼妓・私娼などについては取り上げることができなかった。戦間期は廃娼運動がさかんになる一方で、性産業の再編成が起こった時代でもある(54)。こうした時代状況をふまえながら、性産業で働く女性をめぐる連帯の動きを多角的に捉えることは、今後の課題となる。

第三に、戦間期に起こった産児調節運動について、優生思想と関わりながら、この時期の女性運動において、どのように問題が共有されたのか、あるいは立場や主張を分けたのかは本書で焦点化できなかった重要な課題であり(55)、女性の連帯の諸相を捉えるうえではさらなる探究が必要である。

第四に、戦間期に続く戦時期の動向について検討する必要がある。戦時期の日本では、男性の大規模な兵力動員によって労働力不足が生じる中で、女性労働力の需要が高まり戦時動員も行われた。こうした状況の下で産業報国運動が展開され、下からの労働者の連帯の動きが上から領有される事態も生じたが、本書に登場した女性たちも含めて、こうした力学から無縁ではなかった。戦時下において女性労働者をめぐるどのような連帯あるいは組織化の動きがあったのか、またそうした動きに女性知識人はどのように関わったのか(56)、「戦時」への移行過程を検証することは今後の大きな課題である。

第五に、戦後の動向についても検討する必要がある。戦後日本では、民主化の流れの中で労働者の組織化が進められ、一九六〇年代初め頃まで労働運動がサークル運動などの文化運動と密接に結びつきながら活発に展開された。そうした運動の中には、近江絹糸の「人権争議」や生活綴方・生活記録運動など繊維産業における女性労働者を中心的な担い手とするものも少なからずあった[57]。さらに、本書で取り上げた佐多稲子、丸岡秀子のほか、山代巴、森崎和江、鶴見和子などの多くの女性知識人が、戦後の労働運動や文化運動にコミットした。二〇一〇年代以降、こうした動きについて研究が進んでいるが[58]、戦後の女性労働者をめぐる連帯の運動を戦間期の運動の継承・発展という観点を含めて再検討することは今後の大きな課題である[59]。

注

（1）総合女性史学会・辻浩和・長島淳子・石月静恵編『女性労働の日本史——古代から現代まで』勉誠出版、二〇一九年、二頁。

（2）梅村又次（ほか）『長期経済統計2　労働力』東洋経済新報社、一九八八年、七七〜八四頁、および、早川紀代「女性たちはどこで、どのように働いてきているだろうか——近代・現代」前掲総合女性史学会ほか編『女性労働の日本史』五〇頁。国勢調査データによる本章の記述は早川論文を参考にした。

（3）「農村二〇年」『村の女たち』未来社、一九七〇年、一四二頁。

（4）川田文子『女たちが語る歴史　農漁村女性の記録　上　北海道・東北・上信越他篇』「戦争と性」編集室、二〇二三年、七七〜七八頁（本書上下の原著は『つい昨日の女たち』冬樹社、一九七九年、『女たちの子守唄』第三文明社、一九八二年、『琉球弧の女たち』冬樹社、一九八三年）。

（5）ジャネット・ハンター（阿部武司・谷本雅之監訳、中林真幸・橋野知子・榎一江訳）『日本の工業化と女性労働　戦前期の繊維産業』有斐閣、二〇〇八年、榎一江『近代製糸業の雇用と経営』吉川弘文館、二〇〇八年、渡辺純子『産業発展・衰退の経済史「十大紡」の形成と産業調整』有斐閣、二〇一〇年、玉川寛治『製糸工女と富国強兵の時代　生糸がささえた日本資本主義』新日本出版社、二〇〇二年など。

（6）農商務省『職工事情』（一九〇三年）、石原修『衛生学上ヨリ見タル女工之現況』（一九一三年）、細井和喜蔵『女工哀史』（一九二五年）。細井は、丹後ちりめん（京都）の機屋での奉公時代から大阪での紡織工場での労働経験をもとに小説『奴隷』『工場』を執筆、これらは死去（一九二五年）後に刊行された。なお、『女工哀史』は、細井の妻・としをの経験を多くもとにしていると言われるが、後年、としをは自身の歩みを『わたしの「女工哀史」』（草土文化、一九八〇年）として刊行している（二〇一五年に岩波文庫）。

（7）筑豊の炭鉱において労働者の約三割は女性であった（農商務省鉱山局『鉱夫調査概要』一九一三年、出典は野依智子『近代筑豊炭鉱における女性労働と家族　「家族賃金」観念と「家庭イデオロギー」の形成過程』明石書店、二〇一〇年、四三頁）。一九二八年の鉱夫労役扶助規則改正を契機に女性鉱夫の坑内労働が禁止されていったが（後山夫の解雇）、その直接的な要因は採炭過程の機械化であり、それが受け入れられたのは、坑内保育所、炭鉱主婦会、生活改善や安全運動などを通じて「母性」「主婦」「家庭」がイデオロギー装置として作用したためと野依は指摘している。

（8）東京市、大阪市、神戸市などでは女性と職業に関する実態調査を独自に実施しているが、ここには変化する現実の把握とそれへの対応の模索が見てとれる。

（9）富澤知佳子「職業選択の新動向――戦間期の青少年女子労働力をめぐって」木村元編『人口と教育の動態史――一九三〇年代の教育と社会』多賀出版、二〇〇五年、三二八頁。

（10）この分類は、斎藤美奈子『モダンガール論』（マガジンハウス、二〇〇〇年、四一頁）をもとに作成した前掲富澤「職業選択の新動向」三二九頁による。

（11）前掲富澤「職業選択の新動向」三三〇～三三二頁。

（12）以上の数値は全て小山静子『高等女学校と女性の近代』勁草書房、二〇二三年、一六九頁による。ただしこれらの数字は実科女学校とは区別されている。

（13）佐々木啓子『戦前期女子高等教育の量的拡大過程――政府・生徒・学校のダイナミクス』東京大学出版会、二〇〇二年。

（14）濱貴子『職業婦人の歴史社会学』晃洋書房、二〇二二年、ⅱ頁。都市新中間層の登場によって大正期が日本における「主婦の誕生」の画期であったことは既にいくつもの先行研究が明らかにしてきた（木村涼子『〈主婦〉の誕生――婦人雑誌と女性たちの近代』吉川弘文館、二〇一〇年、千田有紀『日本型近代家族』勁草書房、二〇一一年、牟田和恵『戦略としての家族――近代日本の国民国家形成と女性』新曜社、一九九六年、落合恵美子『二一世紀家族へ』（第四版）、有斐閣選書、二〇一九年など）。

（15）「高等女学校を卒業して主に第三次産業へと就職していった彼女らを中心に職場において働く女性は「職業婦人」と呼ばれ、学歴が高くなく肉体労働に従事する「労働婦人」とも、家庭に入って家事・育児に従事する「家庭婦人」とも異なる存在として、社会的に位置づけられていった」との見解もあるが（前掲濱『職業婦人の歴史社会学』八四頁）、「職業婦人」「労働婦人」「家庭婦人」の関係はもっと複雑であり言説と実態の両方を視野に入れて検討される必要がある。例えば、電話交換手、タイピストなどは職業イメージとしては中産階級と親和的であるが給与や労働実態は労働者階級のそれに近いといったように、職業イメージと労働実態は一致しない。このような作用は、経済的な階層性や労働実態を曖昧化していく力学として働くこともありうることから注意が必要であり、「職業婦人」「労働婦人」というカテゴライズの作用を対象化すべきであろう。「家庭婦人」を対置させる磁場についても同様。
(16) 同じ職種(女工・女中・女給)の中にも大きな格差があり、出身階層や学歴・経歴などによる差異が反映されている(前掲富澤「職業選択の新動向」)。
(17) 田崎宣義「女性労働の諸類型」女性史総合研究会編『日本女性生活史　第四巻　近代』東京大学出版会、一九九〇年。
(18) 『日本プロレタリア文学集』全四〇巻・別巻(新日本出版社、一九八四〜八八年)では第二八巻「宮本百合子集」のほか、第二一巻「婦人作家集　一」、第二二巻「婦人作家集　二」、第二三巻「婦人作家集　三」に女性作家の作品を収録している。
(19) 『女人藝術』については、尾形明子『女人芸術の世界――長谷川時雨とその周辺』ドメス出版、一九八〇年、尾形明子『女人芸術の人びと』ドメス出版、一九八一年、飯田祐子・中谷いずみ・笹尾佳代編著『女性と闘争――雑誌「女人芸術」と一九三〇年前後の文化生産』青弓社、二〇一九年などを参照。
(20) 『年譜の行間』中央公論社、一九八三年。
(21) 『女人回想』新日本出版社、二〇〇〇年。
(22) 『光明に芽ぐむ日――初見世から脱出まで』文化生活研究会、一九二六年、『春駒日記』文化生活研究会、一九二七年。
(23) 「地獄の反逆者」は続編・番外編を含めて山家悠平編集・解説『地獄の反逆者　松村喬子遊郭関係作品集』琥珀書房、二〇二四年所収。
(24) 山家悠平「ものを読む娼妓たち――森光子と松村喬子の作品に描かれる「読書」を中心に」『女性学年報』三八号、二〇一七年(山家悠平『生き延びるための女性史――遊廓に響く〈声〉をたどって』青土社、二〇二三年所収)。
(25) 「私の履歴書」『日本経済新聞』一九六六年一〇月二二日〜一一月一六日。『平林たい子全集』一二巻、潮出版社、一九七九年所収。
(26) 林は職業婦人社の機関誌『婦人運動』一九二九年七、八月号に「職業遭難記」を寄稿している。「職業遭難記」と『放浪記』の関係については、野田敦子「林芙美子『放浪記』初出をめぐる一考察(2)」『浮雲』第二号、二〇一〇年一一月参照。
(27) 鷺只雄『評伝壺井栄』翰林書房、二〇一二年。
(28) 佐多稲子「怒り」(初出誌不明、一九二九年一月)、同「レストラン洛陽」(『文藝春秋』一九二九年九月号)、平林たい子「労働者の妻」(『週刊朝日』一九二九年六月二三日、原題「女給」)、宇野千代「脂粉の顔」(『時事新報』一九二一年一月二日)など。労働運動家の帯刀貞代にも女給の経験がある(本書第一章)。佐多稲子については本書第二章参照で取り上げている。
(29) 寺澤優『戦前日本の私娼・性風俗産業と大衆社会――売買春・恋愛の近現代史』有志舎、二〇二二年、第六章第四節には、カフェーに集った「カフエーソーシヤリスト」についての言及がある。

(30) 同年一〇月には婦人労働者大会(友愛会婦人部主催)で九人の女工が演説を行った。
(31) 鈴木裕子『忘れられた思想家山川菊栄――フェミニズムと戦時下の抵抗』梨の木舎、二〇二二年、二三七頁。
(32) なお、それ以前、一九二六年一二月には「婦人運動に関する意見書」を提言している。
(33) 石月静恵・大阪女性史研究会編著『女性ネットワークの誕生――全関西婦人連合会の成立と活動』ドメス出版、二〇二〇年。
(34) グレゴリー・M・フルーグフェルダー『政治と台所――秋田県女子参政権運動史』ドメス出版、一九八六年。
(35) 法政大学大原社会問題研究所編『婦人運動史資料(一)　労働組合婦人部設置をめぐる論争と「婦人同盟」関係資料(一九二六～二八年)』一九五五年、四二～四五頁。
(36) 山中仁吉「新婦人協会の成立――第一次世界大戦後における女性参政権要求の論理と運動戦略」『北大法学論集』第七四巻第三号、二〇二三年九月。
(37) 江東区女性史編集委員会編『江東に生きた女性たち――水彩のまちの近代』ドメス出版、一九九九年。
(38) 帯刀貞代『ある遍歴の自叙伝』草土文化、一九八〇年、七四～七五頁。
(39) 鈴木裕子『女工と労働争議――一九三〇年洋モス争議』れんが書房新社、一九八九年、金賛汀『朝鮮人女工のうた――一九三〇年・岸和田紡績争議』岩波新書、一九八二年、作田孝子「一九二三年(大正一二)の泉南三紡績争議からみた泉南地方の紡績業――岸和田紡績を中心にして」、岸和田市立女性センター・きしわだの女性史編纂委員会編『市民がつづった女性史　きしわだの女たち』ドメス出版、一九九九年、玉川寛治『女工哀史を超えた紡績女工　飯島喜美の不屈の青春』治安維持法犠牲者国家賠償要求同盟千葉県本部発行、学習の友社、二〇一九年。鈴木裕子編解説『日本女性運動資料集成』(不二出版、一九九三～九八年)にも多数紹介されている。
(40) 一九二七年には旭川のメーデーの隊列に加わった重井しげ子が壇上で演説を行っている(岸伸子「一九二〇年代の農民運動を闘った女性像――重井しげ子を中心として」『女性史研究ほっかいどう』第二号、二〇〇五年)。
(41) ロンダ・シービンガー著、小川真理子ほか訳『科学史から消された女性たち――アカデミー下の知と創造性』工作舎、一九九二年。改訂新版、二〇二二年。
(42) 湯川次義『近代日本の女性と大学教育――教育機会開放をめぐる歴史』不二出版、二〇〇三年、一三一頁。
(43) 同前、一〇四頁。
(44) 同前、一三六頁。
(45) 丸岡秀子・山口美代子編『日本婦人問題資料集成第十巻　近代日本婦人問題年表』九一頁。

(46) 前掲湯川『近代日本の女性と大学教育』一二九〜一三〇頁。
(47) 女性の博士第一号は一九二七年に誕生する。東京女子師範学校教授保井コノが理学博士号を授与された。
(48) 堀場清子『高群逸枝の生涯――年譜と著作』ドメス出版、二〇〇九年。
(49) 女性民俗学研究会編『軌跡と変容――瀬川清子の足あとを追う』女性民俗学研究会、一九八六年。
(50) 石原豊美「江馬三枝子著『白川村の大家族』」湯沢雍彦他『家族・婚姻研究ノート』戦前編、クレス出版、一九九〇年。
(51) 紡績工場で働いた朝鮮人女性労働者に関わる研究として、金賛汀・方鮮姫『風の慟哭――在日朝鮮人女工の生活と歴史』田畑書店、一九七七年、金賛汀『朝鮮人女工のうた――一九三〇年・岸和田部紡績争議』岩波新書、一九八二年、藤永壯「植民地期・在日朝鮮人紡績女工の労働と生活――大阪在住の済州島出身者を中心に」『女性史学』一二号、二〇〇二年七月などがある。古庄ゆき子『ふるさとの女たち――大分近代女性史序説』ドメス出版、一九七五年には、富士紡大分工場で「女工」として働いた朝鮮人女性の聞き書きが収録されている。徐智瑛『京城のモダンガール――消費・労働・女性から見た植民地近代』姜信子・高橋梓訳、みすず書房、二〇一六年、第五章では、一九二〇〜三〇年代に「内地」で労働した朝鮮人女性の動向が概観されている。沖縄出身の女性紡績労働者に関わる研究としては、福地曠昭『沖縄女工哀史』那覇出版社、一九八五年、石井宏典「紡績工場にできたたまり場――戦前期における沖縄一集落出身女工の体験」『茨城大学人文学部紀要　人文コミュニケーション学科論集』一二号、二〇一二年五月などがある。
(52) 被差別部落の女性については、宮前千雅子「部落女性と婦人水平社」朝治武・黒川みどり・内田龍史編『講座　近現代日本の部落問題』第二巻「戦時・戦後の部落問題」解放出版社、二〇二二年など婦人水平社に関する研究、および熊本理抄『被差別部落女性の主体形成に関する研究』解放出版社、二〇二〇年などを参照。
(53) 日本における児童労働に対する規制は、一二歳未満の労働を禁止した一九一一(明治四四)年制定(一六年施行)の工場法に始まる。一九二三(大正一二)年制定(二六年施行)の工業労働者最低年齢法において、漸く一四歳未満の労働が禁止された(ただし、一二歳以上の尋常小学校卒業者は除外された)。
(54) 戦間期の廃娼運動に関しては、鈴木裕子編・解説『日本女性運動資料集成』第八巻「人権・廃娼Ⅰ　自由廃娼運動と廃娼連盟の創立」不二出版、一九九七年、同第九巻「人権・廃娼Ⅱ　廃娼運動の昂揚と純潔運動への転化」不二出版、一九九八年、小野沢あかね『近代日本社会と公娼制度――民衆史と国際関係史の視点から』吉川弘文館、二〇一〇年、山家悠平『遊郭のストライキ――女性たちの二十世紀・序説』共和国、二〇一五年などを参照。藤目ゆきは『性の歴史学――公娼制度・堕胎罪体制から売春防止法・優生保護法体制へ』不二出版、一九九七年において、戦間期の「接客婦」(女給・芸妓・娼妓など)の運動について取り上げている。戦間期における性産業の再編については、前掲寺澤『戦前日本の私娼・性風俗産業と大衆社会』を参照。

(55) 戦間期の産児調節運動については、前掲藤目『性の歴史学』、荻野美穂『「家族計画」への道――近代日本の生殖をめぐる政治』岩波書店、二〇〇八年などを参照。

(56) 本書で取り上げた女性知識人のうち、中本たか子、佐多稲子、奥むめおらも戦時体制に協力したことが知られている。中本たか子については、岡田孝子「戦時下における中本たか子の文学」『帝京平成大学紀要』第二三巻第一号、二〇一二年三月号など、佐多稲子については、長谷川啓『佐多稲子論』オリジン出版センター、一九九二年など、奥むめおについては、成田龍一「母の国の女たち――奥むめおの〈戦時〉と〈戦後〉」山之内靖ほか編『総力戦と現代化』柏書房、一九九五年、鈴木裕子『新版　フェミニズムと戦争――婦人運動家の戦争協力』マルジュ社、一九九七年などを参照。

(57) 上野輝将『近江絹糸人権争議の研究――戦後民主主義と社会運動』部落問題研究所、二〇〇九年、辻智子『繊維女性労働者の生活記録運動――一九五〇年代サークル運動と若者たちの自己形成』北海道大学出版会、二〇一五年など。

(58) 西川祐子・杉本星子編『共同研究　戦後の生活記録にまなぶ――鶴見和子文庫との対話・未来への通信』日本図書センター、二〇〇九年、水溜真由美『『サークル村』と森崎和江――交流と連帯のヴィジョン』ナカニシヤ出版、二〇一三年、牧原憲夫『山代巴――模索の軌跡』而立書房、二〇一五年など。

(59) たとえば、戦後に山川菊栄が労働省の初代婦人少年局長に就任したことを、戦間期の運動の継承・発展という観点から捉えることもできるだろう。山川菊栄については、前掲鈴木『忘れられた思想家山川菊栄』などを参照。

執筆者一同

第一章　中本たか子

――『モスリン横丁』における女性知識人と女性労働者のシスターフッド

水溜真由美

はじめに

中本たか子の長編小説『モスリン横丁』（冬芽書房、一九五〇年）は、中本たか子が一九二九（昭和四）年一〇月から翌三〇（昭和五）年二月にかけて東京市亀戸町（現東京都江東区亀戸）に住み、東洋モスリン（洋モス）亀戸工場の女子労働者のオルグ活動に関わった経験に基づいて書かれた自伝的な作品である。[1]管見の限り、中本は亀戸における経験を基にして一〇点の小説を著しているが、[2]どの作品も女性の闘いを中心に据えている。

一九三〇（昭和五）年頃まで、女性の工場労働者数は男性のそれを上回っていたが、労働組合の組織率は低かった。一九二八（昭和三）年末時点における女性労働組合員総数は一二、〇一〇人、全組織労働者の八・六パーセント、全女性労働者の〇・八％にすぎなかった。[3]しかも、女性は労働組合の中でも従属的な立場におかれていた。通常、労働組合の幹部は男性によって独占され、労働組合は女性組合員の要求をくみ上げたり、女性組合員の意識を高めたりすることに対して不熱心だった。[4]もっとも、一九三〇（昭和五）年前後に頻発した紡績工場の労働争議では、女性労働者が大きな役割を果たした。

中本が亀戸での経験を基にして執筆した一連の作品のうち、『モスリン横丁』に特徴的な点は、唯一の完結した長編小説である点に加えて、労働運動にコミットした女性知識人に焦点を合わせている点である。『モスリン横丁』以外の多くの作品の核となるのは紡績工場内部の闘いであり、いくつかの作品に登場する内山ちとせ(後述)をモデルとする寮長(舎監、寄宿舎の世話係)と全協(日本労働組合全国協議会)のオルグである男性運動家を除けば、闘いの主体は労働者である。

一方で、『モスリン横丁』では、作品の舞台を工場の周辺(モスリン横丁)に設定し、二人の女性知識人と女工たちとの関わりを中心に描いている。[5] 二人の女性知識人のうち、一方の高木民枝は、共産党系の全国組合である全協の指導の下で、合法組合である組合同盟(日本労働組合同盟)の内部に分派(組合同盟反対派)を組織する活動に関わる。他方の島本里代は組合同盟に連なる人物で、近所の女工たちを対象として私塾(労働女塾)を主宰している。このほか『モスリン横丁』に登場する女性知識人として、洋モス第二工場の寮長を務めながら組合同盟反対派の組織化に関わる小見山千賀子がいる。

『モスリン横丁』の語りは三人称であるが、知識人の高木民枝と島本里代、および労働者の永久キヨ[6]の三者を主な視点人物とする。このような設定は、本作品が政治的立場を異にする二人の女性知識人と女性労働者の関係を描くことを主眼とすることの反映であろう。本章では、『モスリン横丁』において、労働運動に関わる女同士の関係がどのように描かれているのかを考察したい。

1　一九二九年、亀戸に集う女性知識人

『モスリン横丁』は、作家の高木民枝が、一九二九(昭和四)年一〇月初旬に亀戸のモスリン横丁に転居してから、全協の指導の下で洋モス亀戸工場の女工たちを対象とするオルグ活動にコミットしたために検挙・拘留された後、釈放されるまでを描いた作品である。冒頭で述べたとおり、本作品は中本による自伝的な作品であり、実話に基づ

いている。『モスリン横丁』には三人の女性知識人が登場するが、中本の分身である高木民枝のみでなく、島本里代、小見山千賀子も実在の人物をモデルとする。里代のモデルである帯刀貞代は、亀戸で労働女塾を主宰していた。小見山のモデルである内山ちとせは、洋モス亀戸第二工場の寮長として勤務していた間に全協の組織活動にコミットした。

一九二〇年代から一九三〇年代初め頃にかけて左翼運動に対する関心が急速に高まり、多くの知識人が文化運動、政治運動、労働運動、農民運動など様々な分野で左翼運動にコミットした。モスリン横丁の舞台である亀戸は紡績工場などが林立する労働者街であり、「南葛魂」という言葉に象徴されるように、伝統的に労働運動のさかんな地域でもあった。左翼運動の最盛期であった一九二九（昭和四）年に、高い意識を持った三人の女性知識人の人生が亀戸で交錯したのは偶然ではない。以下では、亀戸に至る中本たか子、帯刀貞代、内山ちとせの歩みを辿っておきたい。

〈中本たか子[7]〉

中本たか子は一九〇三（明治三六）年、山口県豊浦郡角島村（現下関市）に生まれた。県立山口高等女学校卒業後、検定試験により小学校尋常科正教員の資格を取得した上で、県内の小学校（王江小学校、下宇野令小学校、嘉川興進小学校）で教鞭を執った後、一九二七（昭和二）年四月に作家を志して上京した。当初は、横光利一の影響の下で新感覚派風の作品を書いていたが、優れたプロレタリア文学の作品が次々に発表されるのを目の当たりにして、ブルジョワ文学からプロレタリア文学への転換を「文学の史的発展」だと考えるようになった。一方で、自身の出身階級がプロレタリア階級と無縁なわけではないという自覚も持つようになった。

そこで、わたし自身の生いたちをかえりみても、小ブルジョア層に属しながら、この層の最低のところであって、ただ意識だけが小ブルジョア的で、生活はいたってまずしかった。女学校のころ、私は学校中一ばん貧しくて、みじめな身なりをしていた。また、私の祖先は古来幾千年来、下づみの勤労農民で、わたしの手がぶごつで大きいのは、それを証拠だてている。さらに、わたしの異父兄は、国鉄の労働者であった。(8)

もっとも、当時の中本の生活環境は小ブルジョワ的なものであった。そのことを自覚する中本は、「小ブルジョアの環境」にとどまるかぎり、「いくら生活がまずしくても、プロレタリア意識もにぶく、労働者の生活も闘争もわからない」と考え、亀戸への転居を決断した。亀戸を選んだ理由は、一九二九(昭和四)年六月に「ある雑誌の座談会」を通じて知り合った帯刀貞代が亀戸に住み、労働運動に携わっていたためである。(9)後述するように、帯刀は一九二九(昭和四)年夏、亀戸の自宅で労働女塾を開設した。中本は、亀戸で「労働者階級の味方となり、できれば闘争の手伝いをしたい」と考え、具体的なプランを持たないまま、同年一〇月一日に亀戸に転居した。

一一月末、中本は全協の運動家から洋モス第二工場内の組合同盟反対派の研究会に講師として参加するよう依頼された。中本は全協を「労働者の要求をただしくとりあげ、それの勝利のために、つねに勇敢な闘争と親切な指導をあたえる、唯一の労働組合」であると見ていたため、この依頼に応じた。ちなみに、右派の総同盟や中間派の組合同盟については、「口に資本家との闘争をとなえても、労働者の要求や指導にたいして、怠慢が多い」というようなネガティブなイメージを持っていたという。

当時の洋モス亀戸工場の従業員の多くは、中間派である組合同盟傘下の日本紡織労働組合洋モス支部協議会に組織されていた。ただし、亀戸四工場のうち第二工場の従業員の一部は右派の総同盟系の紡織労働組合に所属していた。他方で、第二工場では舎監の内山ちとせを中心に共産党細胞が組織され、全協の指導を受けて組合同盟反対派を形成していた。(10)やがて中本は、全協から第一、第三、第四工場の女性労働者をオルグして組合同盟反対派を組織するよう指示を受けた。一二月下旬には、全協・洋モス分会準備会が組織され、翌年一月二〇日すぎには四、五〇人のメンバーを数えるまでになったものの[11]、急速に弾圧が厳しくなり、二月初めには中本自身も検挙されるに至った。

〈帯刀貞代[12]〉

帯刀貞代は、一九〇四（明治三七）年、島根県飯石郡掛合村（現雲南市掛合町）の農家に生まれた。第一次大戦中の好景気の下で一家は養蚕の規模拡大を夢見たものの、戦後の不況によって挫折し、父親は掛合村役場の助役、兄は掛合村尋常小学校の代用教員となった。帯刀も松江市立女子技芸学校を卒業後の一九二一年より鍋山村尋常高等小学校の代用教員となり、一九二四年春には正教員の資格を取得するために島根県立女子師範学校第二部に入学した。その直前に、鍋山村尋常高等小学校の同僚で兄の親友でもあった男性と婚約したが、まもなく結婚に対して疑問を抱くようになり、一九二四年五月、婚約を破棄して上京した。当初は納豆売りをしながら上野図書館に通う日々を送っていたが、本郷のレストランの女給をしていた間に東京帝国大学の学生で新人会の会員だった織本侃《あきら》と出会い、まもなく結婚した（結婚により織本と改姓したが、後に離婚して旧姓に戻った。本章では帯刀とする）。帯刀は織本を通じてマルクス主義の文献に触れ、左翼運動の人脈に連なるようになった。一九二六年には、是枝恭二の勧めによって共同印刷の争議を訪ね、ロックアウトを受けた女子労働者の訴えを聞いて強い感銘を受けたという。

一九二六年一二月、中間派の無産政党である日本労農党（一九二八年一二月に日本大衆党に改組）が結成された。帯刀の夫の織本は商業新聞記者の職を辞して党に参加した。帯刀は日本労農党傘下の女性団体の組織化に関わり、一九二七（昭和二）年一〇月に全国婦人同盟（一九二九年一月に無産婦人同盟に改組）が結成された際は、書記長に就任した。他方で、一九二八（昭和三）年四、五月頃から関東紡織労働組合の常任書記となり、機関誌『正義の光』の編集などに携わった。

一九二九（昭和四）年三月、帯刀は織本が全国婦人同盟のメンバーの女性と恋愛関係にあることを知らされ、大きなショックを受けた。帯刀は、この私生活上の出来事からの立ち直りを模索する過程で、亀戸で女性労働者を対象に私塾を開くことを思い立ち、一九二九(昭和四)年七月に労働女塾を開設した。折しも改正工場法の施行により、同年六月三〇日を最後に女性労働者による深夜業が禁止され、紡績工場における女性労働者の勤務体制は午後二時を境とする二交代制になった。

八月二二日付けのビラによれば、労働女塾は「合理化の嵐に直面する婦人労働者がその全力を挙げて自らの防衛に、解放の為の闘争により鞏固なる組織と鉄の如き訓練とを持つこと」が急務だとする認識の下で、「婦人労働者にかけたる教育機関の欠を補ひ」、「婦人闘士の養成を使命として」開設された[13]。とはいえ、労働女塾は「闘士の養成機関」のイメージとは異質なアットホームな場所であったようだ。帯刀は塾生に対して資本主義の仕組みや女性問題について講義しただけでなく、裁縫や料理も教えた。また塾生と共に大船の撮影所を訪れたり、鎌倉見物をしたり、映画を見に行ったりすることもあった。塾は「各番一五人前後、あと先あわせて三〇人ばかりの人たちが、多少の出入りはありながらつづいて行った」という[14]。一九三〇(昭和五)年九月に東洋モスリンで第二次争議が発生した際、労働女塾は女工たちを強力にバックアップするが、この点については割愛する[15]。

〈内山ちとせ[16]〉

内山ちとせは、一九〇四(明治三七)年、長野県上水内郡信州新町(現長野市信州新町)に生まれた。実家は没落に向かう中農で、父親は四人の子供のうち特に優秀だった内山に期待を託し、田畑を売って学資を作ったという。内山は長野高等女学校卒業後、一九二二(大正一一)年に日本女子大学校国文学部に入学。一九二六(大正一五)年の卒業と同時に大学の推薦で岡山県倉敷紡績に入社し、万寿工場の寄宿舎の世話係となった[17]。倉紡の労働環境は、改良主義者として知られた大原孫三郎の経営の下で恵まれたものと見られていたが、内山は他の紡績会社と同様に過酷だと感じたという。内山は単なるヒューマニズムでは女子労働者の状況を改善できないと考え、一九二七(昭和二)

年三月に倉紡を退職した。

東京に戻った内山は女子大時代の友人と共にマルクス主義の文献を読みながら三・一五事件による労働農民党解散後の新党結成の手伝いをするなどしたが（新党は即日禁止となる）、やがて三田村四郎が小泉保太郎の名前で発表した「われわれの間には該当分子が多すぎる、職場農村に深く入り、そこに組織をつくらなかったら運動は成功しない」という趣旨の論文に刺激を受けて、一九二九（昭和四）年春に東洋モスリン（洋モス）に入社し亀戸第二工場の寮長となった。温情主義的な倉紡と異なり、「一流会社」で「搾取も正直」な洋モスでは組合活動がさかんだった。内山は全協の指導の下で、寮長の一人である丸山たまよとも協力しながら組合同盟反対派の組織活動に専心した。ところが、一一月七日のロシア革命記念日に工場内に共産党の署名入りのビラが撒かれたことから検挙の危険が迫り、全協の指示を受けて地下に潜った。しかし、レポーターの女性労働者と連絡をとったことが徒となり、まもなく検挙された。

ここに紹介した三人の女性知識人の足取りには共通点がある。三人はいずれも地方の（さほど豊かではない）中流階級の家庭の出身である。中本と帯刀は中等教育を受けて小学校教師になるが、志を抱いて上京し、紆余曲折を経て左翼運動に出会い、亀戸で女性労働者の組織活動に関わることになった。内山ちとせは高等教育を受けて倉紡に入社し、女性労働者の世話係となるが、その後左翼運動に接し、女性労働者の組織化を秘めた目的として洋モス亀戸工場に再就職した。

帯刀は私塾を開いて女性労働者の啓蒙活動に、中本と内山は全協の指導の下で女性労働者の組織活動にコミットした。ちなみに、当時の合法組合では、男性幹部が主導権を掌握していたため、女性リーダーの活躍は困難であったと推測される。一九三〇（昭和五）年に洋モスで発生した二度の争議では女性労働者が目覚ましい闘いぶりを発揮したが、それらの戦いは組合同盟の組織的な指示によるものではなく、女工たちの創意によるものだったという。[18]他方の全協も、男性が主導権を握っていた点は合法組合と同様である。しかし全協は半非合法状態におかれていたため、日常活動については現場の労働者に委ねざるを得なかったと考えられる。なお洋モスでは、合理化によって第二工場が閉鎖された後も、全協の影響力が維持されたようだ。渡部徹は第二次争議における女工たちの戦闘的な闘いの背景として、「洋モス女工の中に全協の組織がのび、闘争の核心を形成していた」と指摘している。[19]また、帯刀貞代も、洋モス争議の際に岸和田紡績の争議と似た戦術がとられたことをふまえつつ、「指導は〔洋モス争議の指導を行ったのは〕全協だと思う」と述べている。[20]他方で、作家の佐多稲子は一九三〇年七月に発生した東京モスリン亀戸工場の労働争議を描いた「五部作」の中で全協の活動を描いており、[21]当時の紡績工場において全協が広汎な影響力を及ぼしたことを証している。

2　作品の梗概と本章の観点

前置きが長くなってしまったが、以下では『モスリン横丁』について検討する。[22]まずは梗概をまとめておく。

一九二九（昭和四）年一〇月初旬、作家の高木民枝は島本里代を頼って亀戸のモスリン横丁に移住する。里代は同年八月中旬から「モスリンの女工たち」を啓蒙するために私塾（労働女塾）を開いていた。民枝が亀戸に転居した目的は「未来をもつあたらしい階級の中に自分をいか」すことだった。一二月初め、民枝は全協の依頼によって洋モス亀戸第二工場の組合同盟反対派の研究会で講師を務めることになり、これをきっかけに組合同盟反対派の組織活動に関わるようになる。半非合法組織である全協の指導の下、工場内で実践活動を行う組合同盟反対派と、工場の外で合法主義的な啓蒙活動を行う労働女塾は、運動の目的と路線を異にしていた。労働女塾は、亀戸に転居して日の浅い民枝にとって、女工たちとのほぼ唯一の接点であったため、民枝のオルグ活動は、永久キヨ、服部トキ、垣内カズヨら洋モス亀戸工場の女工を労働女塾から横取りするような結果となった。

当初、順調に見えた組合同盟反対派の活動は、年末に第二工場の寮長である小見山千賀子が地下に潜った頃から激しい弾圧に曝されるようになり、やがて第三工場の寮長の木下春子[23]、キヨ、カズヨが組織から離脱し、トキと民枝も検挙される。洋モス亀戸工場では、民枝の検挙後に第二工場の閉鎖が告げられ、争議が組織される。民枝は、会社と組合同盟との間で「暴力団の親分」を調停役とする手打ちが行われた後に釈放され、モスリン横丁に戻るが、そこで多くの女工たちが、労働女塾や組合同盟の活動に復帰したことを知る。一方の里代は「ダラカン」と評される合法主義の労働組合と訣別し、地下活動に入る決意を固める。

『モスリン横丁』が中心的に描き出すのは、民枝と里代が女工たちを啓蒙し組織する活動であり、その過程で構築される女同士の関係である。民枝と里代の間には女工の獲得を目的とするライバル関係が存在する。他方で、知識人である両者と労働者である女工たちとの間には階層間の分断と、それゆえの緊張関係がある。さらに配偶者や恋人との間の「愛情の問題」は、女同士の間に軋轢をもたらす。

先述したように、中本は『モスリン横丁』以外にも、亀戸での経験に基づく作品を多数執筆しているが、その中には「東モス第二工場」のように、あからさまにプロパガンダ的な作品もある[24]。しかし『モスリン横丁』の場合、女性の携わる運動や女性の連帯関係を専ら理想化するような単純化は回避されている。著者が高木民枝に同一化し、組合同盟反対派の運動を好意的に描く傾向は否めないものの、立場を異にする三人の女性（高木民枝、島本里代、永久キヨ）を視点人物としているため、著者の観点は、多元化・複数化されている。さらに、本作品には、労働運動に携わる女性たちを客観化し、戯画化する観点も見られる（ただし、それがどの程度、意図的なものであるのかは定かではない）。

以上の点をふまえつつ、以下では『モスリン横丁』において、労働運動に携わる女同士の関係がどのように描かれているのかを検討する。第三節では、女性知識人と女性労働者間の非対称的な関係について考察する。第四節では、配偶者や恋人との「愛情の問題」が女同士の間にもたらす軋轢について考察する。第五節では、政治的立場の差異を背景に持つ女性知識人の間のライバル関係について考察する。

3　女性知識人と女性労働者の関係

『モスリン横丁』において、民枝は女工たちを組織する活動に、里代は女工たちを啓蒙する活動に携わる。当時の日本では、知識人と労働者の間に大きな経済的・文化的な格差があり、両者の相互理解を困難にする根深い分断が存在した。ただでさえ左翼運動は危険視され、厳しい弾圧にも晒されていたため、女性知識人が女性労働者を左翼運動に引き込むことは容易でなかったと考えられる。

『モスリン横丁』において民枝や里代は女工たちを教え組織する側に、女工たちは知識人に教えられ組織される側に位置する。けれども、民枝や里代が女工たちに対して、あからさまに知的な優位を誇示するような場面はほとんどない。民枝も里代も女工たちに対して友好的な態度をとり、対等な立場で接しようとする。

この点は、里代の夫である島本計一の労働者に対する態度から逆照射される。帝大卒で組合同盟の組織部長である計一は、マンスプレイニングの典型のような男性であるが、労働者の無知を嘲笑したり、女性労働者に対して侮蔑的な軽口を叩いたりするなど、終始労働者を見下す態度をとる。里代、民枝と計一の間で労働者に対する態度がこれほど異なるのは、性別の違いのほか、里代や民枝が計一ほどには高い学歴を持たず、左翼理論にも通じていないことも影響していると思われる。とりわけ左翼陣営に鞍替えしたばかりの民枝は、未だ運動経験が浅く、労働者に対する階級的な引け目を強く感じていた。民枝は第二工場の組合同盟反対派の研究会で話をした際、自分の話よりも女工の話の方が「よほどうまいアジテーションになる」という感想を抱く。

一方で、女性知識人は女性労働者との溝を埋めるために涙ぐましいまでの努力を行う。民枝は亀戸に転居する際、自分が帰属する階級の徴を消去するために、「脂粉をおとし」、「木綿の粗末な着物」を身につけ、断髪を伸ばそうとする。こうした民枝の態度には、ストイックに運動に献身しようとする、やや過剰な気負いが感じられる。

里代も民枝も女工を獲得することに情熱を傾けているが、それは時として女工に取り入るような態度につながっている。ある時、民枝は、全協のオルグや寮長らと極秘の会合を持つために、自宅に遊びにきていたキヨたちを帰らせ、怒らせてしまう。同志としてのプライドを傷つけられたキヨは民枝の家に寄りつかなくなる。動顛した民枝は平身低頭してキヨに謝るが、キヨは民枝をなかなか許そうとしない。民枝は心の中で、「キヨよ、心ゆくまで毒づいておくれ！　キヨよ、心ゆくまで足蹴にされても、私は頭をたれていよう。ただ、キヨよ、どうか、いたらないこの私とともにとりあつて進んでおくれ！　これはたんに私のためばかりではない。これはたんにあなたのためばかりではない！　おたがいがひろく大きくいきねばならないために、どうしてもくぐらねばならないせまい門である。キヨよ、わたしは自分の全生命をかけてもあなたを得たいのだ」（一四三頁）と叫ぶ。階級的な使命を果たすために労働者の歓心を買おうとする民枝の姿勢は滑稽でもある。他方で、民枝がキヨに対して非を認め、ひたすら謝罪する姿は、女性の労働運動が非合法組織の権威ではなく、個人間の信頼関係をベースにするものであったことも示している。

作中には、女性知識人と女性労働者の優劣の関係が逆転するような場面も描かれる。里代は、夫計一の傲慢な言動について女工たちから突き上げをくらい、面目を失う。キヨは里代に対して、計一が来るならば塾には来ないと言い出す。里代がその理由を問うと、キヨは「男の人がくると、風儀がみだれるからです。ここは労働女塾というのだから、男の人がくる必要はありません」と答える。里代が「でも、島本はここの主人ですよ。主人がきてはいけないのですか」と問うと、キヨは「そうですか？　島本さん、主人は、あなたかと思つてたわ」と言い放つ（九七〜九八頁)。さらにキヨは、里代に向かって、「塾はさいしよから、労働女塾というじやありませんか。そんなら塾は、おれたち女工のものだとおもいます。女工のためにひらいたからこそ、方々から寄附があつたり、維持会員ができていたりするではありませんか。それともあなたは、自分のためにやつてるんですか、労働女塾といいながら……」と駄目押しをする(一〇一頁)。

里代は自立した女性でありながら、夫の計一に対しては毅然とした態度をとることができずにいる。他方で、キヨらは知的には圧倒的に優位にあるはずの計一を容赦なく批判する。里代はフサが「男の島本さんはおれたちをばかにしていますよ」と「一人前になつて自分を主張」するのを聞いて、「悲哀と絶望とで胸がつぶれ」そうになる。里代は「自分の体面」が「みんなの足もとでふみにじられている」ことを自覚しつつ、「冗談がすぎたんですよ」と計一を擁護するが、「いいえ、冗談じやありません」、「あれは、しんから女工をばかにしてるんでなければいえませんよ」と反論される(九八〜九九頁)。里代は女工たちの意見を入れて計一を塾に来させないことを約束するが、この件で「みじめにもうちのめされ」てしまう。

4　愛情の問題と女性間の軋轢

当時の左翼論壇では、コロンタイ・ブームを背景としながら、恋愛と運動との間に発生する葛藤が「愛情の問題」として議論されていた。[25]『モスリン横丁』には、島本里代と夫の計一、永久キヨと恋人の坂田のカップルが登場するが、これらのカップルも「愛情の問題」を免れていない。作中では、男性優位のカップル関係が、運動に関わる女同士の関係に軋轢をもたらす様子が興味深く描かれている。

先述したように、里代の夫の計一は、組合同盟の組織部長である。里代は女学校卒業後、地元の小学校教員を経た上で「社会の不合理をかいけつする方法」を知りたいと考えて上京し、カフェーで女給をしていた間に帝大生の計一に見初められ結婚した。里代は、計一や計一の運動仲間から社会主義や「社会の不合理をかいけつする方法」を学んだ。女学校卒の里代と帝大卒のエリートで左翼運動の先輩でもある計一との間には、学歴と知的レベルにおいて少なからぬ格差があると考えられる。なお、計一のモデルは帯刀貞代の元夫の織本侃であり、後で述べる計一の浮気を含めて実話に基づいている。

計一は労働女塾に顔を出しては、女工たちに向かって資本主義の動向や洋モスの経営状況について講義する。他方で、「煙突女学校の生徒はみんなよくふとつているなあ」などと女工たちの嫌がる軽口を叩く。里代は計一がタイピストの遠藤幸子と浮気をしている上、女工たちから不評を買っていることに気づき、労働女塾を守るために計一と別れることを決心する。しかし計一から別居することを条件として、組合同盟の組織部長としての体面を維持するため夫婦関係を維持して欲しいと「膝をただして嘆願」されると、哀れみを感じ、計一の求めに応じてしまう。けれども里代は、計一が本郷の下宿で幸子と頻繁に会っていることを知ると、不愉快な気持ちになる。里代は「きつぱりと計一と分かれようと決心しながら」、それを実行することができない。

やがて計一は、「遠藤幸子からしぼつていた金がきれ」たため、里代の懐を当てにして亀戸に戻り、再び労働女塾に顔を出すようになる。そこで計一と女工たち、および両者の板挟みとなった里代の間で次のような場面が展開される。

「あなた、もうあつちへ行かれては？」
「まあいいじやないか、一寸ぐらい……」
「だつて、みんなが――」
「みんながどうしたつていうんだ？　一体、ここはだれの家か？」

計一は　手にした新聞をおいて意気まき、女工たちをみわたした。女工たちの顔に、さつといかりの波がつつぱしつた。里代はおろおろとして、なだめにかかつた。
「まあ、そんなことは今いいださなくても……」(九二頁)

この直後に、女工たちは里代に対して島本を塾に来させないように要求する。その後の展開は、前節で確認したとおりである。

次に女工のキヨと恋人の坂田の関係について考察する。相川染工場に勤務する坂田は、かつて評議会の闘士であったが、現在は評議会時代の自慢話をしたり、共産党の合法新聞である『無産者新聞』をキヨに届けたりするのみで、運動にコミットしている気配はない。坂田は組合同盟を「ダラ幹の巣窟」、労働女塾の里代を「合法主義者」として揶揄する一方で、キヨが非合法である組合同盟反対派の運動にコミットし始めると、あからさまな嫌悪を示す。坂田はキヨが警察から呼び出しを受けたことを知ると、民枝を家に呼び、「あんたのやってるようなことに、女工さんたちは心からついていくことはできないよ。そんなものは、まあ千人に一人くらいしかないなあ。不幸にして、キヨちゃんなどは、千人の一人のえらばれたものではなかつたんだ。やめたいといつてるから、あまりひつぱらないでおくれ」(二一七頁)、「僕は女工さんたちがかわいそうだと思う。左翼の運動は無理だ、みんな何もわからないで、ただあんたに引きずられているのだよ。あんたは工場で労働したことはないだろう？　労働者の気持は、労働者でなくちやわからない」(二一八頁)など、保護者然とした態度で民枝を批判する。

当初、キヨは民枝と意気投合して組合同盟反対派の活動に前のめりになっていたが、坂田に「いたわりと愛情」を示され肉体関係を持つと、民枝の「ひたむきな態度」と「坂田とつながる感覚」の間で「振子のようにゆれうごくもの」を感じる。キヨは、坂田が壁にレーニンの写真を貼り、『無産社新聞』をキヨに届け、評議会時代の自慢話をする一方で、「非合法運動」にコミットするキヨを非難することの矛盾と欺瞞を見て取りながらも、坂田の影響から自由になることができない。さらに、「スパイ」（警視庁の労働係の野崎）に遭遇すると、「はやく今のうちに、高木の民枝と手をきらなくちやいけないよ。それにほかの女工たちもみんな、近づけないことだ。女工たちが可哀そうじやない。いいか」（二〇九頁）と叱る坂田に対して「さからう力」が出なくなる。その後、キヨは、求められるままに坂田に身体を委ねながら、「スパイの一撃でくずれた自分のもろさが、自分でも呆れるほどだつたその根底がここにあつた」ことに思い当たる。この時、キヨは坂田に心身共に支配されていることを自覚したのだと言える。

先述のように、キヨは夫に対して迎合的な態度をとる里代を厳しく批判していた。「島本さん、主人は、あなたかと思つてたわ」というキヨの発言は、女性がパートナーの男性によって知らず知らずのうちに主体性を簒奪されることを喝破するものである。けれども、キヨと坂田との関係は、里代と計一の関係をなぞっている。里代もキヨも、自分の意志よりもパートナーの意志を優先してしまい、その結果、女同士の関係に軋轢が生じる。

他方で、女工たちが里代に対して計一を塾に来させないように主張し、里代がそれを約束した先述の場面には、女同士の連帯関係を通じた女性の自己決定権の回復が認められる。この場面は、エリートの権威を振りかざしハラスメント的な言動を行う男性の指導者に対して、女性労働者が共同で反旗を翻す意味を持つ点においても貴重と言える。

5　女性知識人間のライバル関係

『モスリン横丁』において、民枝と里代は女工を奪い合うライバル関係にある。一〇月初めに民枝が亀戸に転居して来た時、里代が主宰する労働女塾はすでに軌道に乗っていた。里代は新居の掃除をする民枝のもとに、塾生の永久キヨと小林イネを手伝いに寄越す。民枝は女工たちと親しくなるために労働女塾で食事をするが、女工たちは民枝に対して心を開かない。民枝が孤立感を抱く一方で、里代は「みながまだまるで民技となじまないのをみて、なぜか安心するものをおぼえ」、「この地盤は何といつても自分のものであるというごかしがたい自信と安定感」を抱く(九頁)。この少し後で、里代が講演会で演説し警察に拘留される事件が発生する。里代が釈放されて塾に戻ると、女工たちは「涙をためてなつかしげに里代の手をとらないばかりにしてむかえ」る(三〇頁)。この様子を見た民枝は、「自分にはまだ里代のように気づかつてくれる女工が一人もいない」ことに、「自分のよつてたつ地盤が少しもないのとおなじような心もとなさ」を感じる(三一頁)。

しかし、民枝が組合同盟反対派の組織活動を始めると、里代を優位とする両者の関係は変化する。里代は一一月半ば頃から民枝が労働女塾に寄りつかなくなったことに、「おもしろくない感じ」を抱くようになる。里代は、民枝が全協のオルグである吉本と連れ立って自宅に訪ねて来た時、民枝が「左翼の活動」に関わっていることを理解する。この訪問の際、吉本は里代が女工相手に行っている啓蒙活動が「日常の斗争」に生かされていないことを指摘し、「斗争のない啓蒙は意義がない」と批判した上で、労働女塾に来る女工たちを全協の組織と「むすびあわせ」ることを提案する。里代は曖昧な返事をするが、民枝は里代の同意を得ないまま、労働女塾の女工たちを組合同盟反対派の活動にリクルートする。民枝は洋モス第三工場で働くキヨに接触し、「しつかりした女工をどんどん獲得してくるよう」頼み、キヨを通じて、労働女塾の塾生でもある、第三工場の女工の木下フサ、服部トキ、垣内カズヨらを組合同盟反対派に引き込むことに成功する。

翌年一月、里代は労働女塾の塾生たちを中間派の合法婦人団体である無産婦人同盟に参加させようとするが、多くの塾生は里代の勧めに耳を傾けようとせず、「彼女(里代)の眼をさけてはこつそりととなりの民枝へのもとへ集つていく」(一八二頁)。里代は助手の小林イネらから、女工たちが民枝の家へ行ったと報告を受ける度に、「煮え湯を胸の中につぎこむような苦痛」が、襟もとにやきつくのをおぼえる。里代にとって、「折角じぶんが育てあげていつた女工たちを、側から民枝が地下うんどうにひきいれるのは、我慢のならないことだつた」(二二二頁)。しかし、キヨとカズヨが警察に呼ばれ運動から離脱した頃から、女工たちは民枝のところに「ばつたりこなくなる。キヨは、里代から「合法的なことからやつていく」よう諭され、無産婦人同盟の発会式で演説する。演説の成功に心を強くしたキヨは、「自分はこの方に発展すべきだ。そうだ、合法的な舞台でかつどうするのが一番いいのだ」と「思考をすべらしてい」く(二五一頁)。その後、トキが警察に拘留され、民枝も拘留される。警察から釈放されたトキは、組合同盟の幹部に頭を下げて、今後は組合同盟の運動のために尽くすことを条件に、解雇を取り消す便宜を図ってもらう。

民枝が釈放されて帰宅すると、近所の空き地に里代と「大ぜい」の女工たちが集まっている。その中に、キヨ、トキ、フサ、カズヨらが混じっているのを目にした民枝は「胸がせま」り、「わきあがる感情をおさえて、唇をかみ、じつとたちつく」す(二八〇頁)。里代から一緒に写真を撮ろうと誘われた民枝は、その誘いを断り家に戻る。「彼女は家の中にたつて、ぎりつと歯ぎしりした、腸がずたずたに切れる思いがした」(二八一頁)という一節には、女工たちを里代に奪われた民枝の寂しさと屈辱感が表現されている。

このように、女工の獲得をめぐる民枝と里代のヘゲモニー争いは、里代の優位に始まり、民枝が優位に立った後、里代が優位を回復するところで終わる。もっとも、この結末は里代がコミットする合法的な運動の勝利を意味するわけではない。

そもそも、里代は「理論的には」共産党との正しさを認めており、民枝に引け目を感じていた。里代は、「けつしてプロレタリアの党がきらいではな」く、塾へくる女工たちに、「その党についての理解をよくあたえていた」。もっとも、里代は「地下においこまれている」ことに共産党の「限界」を感じ、「行動においては」ついて行けない気持ちを抱いていた。他方で、里代は民枝が非合法活動に専心している姿を見ると、「自分もじつとしていられない」ような「圧力」を感じて、民枝に嫉妬心を感じる(七四頁)。

物語の終わりの方で、里代は、会社との手打ちにより争議を収拾する組合同盟に見切りをつけて、「一さいのダラカンときつぱり訣別することだ」、「そうすることは、現在では、やはり左翼のうんどうであり、したがつて地下活動よりほかないのだ。どうしてもそこへおもむかねばならないだろう」と決心する(二七三頁)。こうした里代の心境は、帯刀貞代が洋モス第二次争議の後で地下活動に入ったことをふまえて描かれている可能性もあるが[26]、共産党が主導する非合法活動を肯定する中本の観点を反映していると考えられる。

『モスリン横丁』は、労働運動が過酷な弾圧の下におかれ、未成熟であった時代に、合法活動と非合法活動の各々が強いられたジレンマを巧みに描いている。他方で、中本が、「合法活動」の名の下に組合同盟と労働女塾とを同一視しつつ、「合法活動」を専ら否定的に描いている点に党派主義が感じられる。このことは、合法主義の枠内で啓蒙活動を展開した労働女塾が現実の洋モス争議において重要な貢献を行ったことが一顧だにされていないことからも裏書きされよう。

今日では、共産党が主導した戦前の左翼運動について様々な問題点が指摘されている。「政治と文学」論争では、荒正人と平野謙が、戦前のプロレタリア文学運動を批判的にふり返りながら、運動参加者に滅私奉公的な態度を求め、目的を実現するためには手段を問わない組織の体質を批判した[27]。他方で、戦後も長らく共産党に籍を置いた山代巴は、急進的な理念を振りかざす性急な運動のあり方を反省し、サークルを足場としながら参加者の日常的な意識に地道な働きかけを行う、地に足のついた運動を展開しようとした[28]。

『モスリン横丁』に話を戻すと、民枝を中心とする組合同盟反対派の運動を壊滅状態に追い込んだ要因が会社や官憲による弾圧であることは間違いない。しかし、そうであるならばなおのこと、民枝らが一定の後退を受け入れつつ運動を継続する可能性は存在しなかったのか問うてみたい気持ちになる。他方で、里代がコミットした啓蒙活動と民枝がコミットした実践活動は二者択一であらざるを得ないのかという疑問も覚える。さらに、たとえ組合同盟と全協の組織的な対立が避けられないものであったとしても、いずれの組織においても周縁的な立場におかれていた女同士が、組織から一定の距離をとりながら手を結ぶ余地はあったのではないかとも考えられる。言うは易く行うは難しであろうが、少なくとも『モスリン横丁』を手がかりとして、そのような問題提起を行うことは可能であろう。

おわりに

本章では、中本たか子の小説『モスリン横丁』について考察した。前半（一節）では、『モスリン横丁』に登場する三人の知識人女性（高木民枝、島本里代、小見山千賀子）のモデルである中本たか子、帯刀貞代、内山ちとせが亀戸に移り住み、紡績工場で働く女工を対象とする運動にコミットするに至った足取りを辿った。後半（三〜五節）では、作中において視点人物として設定されている高木民枝、島本里代、永久キヨの関係を中心として、労働運動に従事する女同士の関係がどのように描かれているのかを詳しく考察した。

戦間期の左翼運動では、女性運動家は男性運動家によって周縁的な位置におかれ、女性であることを理由にハウスキーパーであることを強要されたり、レポのような補助的な役割を強いられたりしたことが広く知られている(29)。一方で、男性運動家と女性運動家の関係に比べれば、女性運動家同士の関係に目が向けられる機会は少ない。『モスリン横丁』は、労働運動にコミットする女同士の関係に焦点を定めて、女同士だからといって容易にフラットな連帯関係が成立し得るわけではないことを鮮やかに描き出している。即ち、女性知識人と女性労働者の関係は非対称的であり、それ故の緊張関係を含んでいる。また、女性知識人の間には政治的意見の違いや熾烈なライバル関係が存在する。さらに、恋人や配偶者とのパーソナルな関係は女同士の間に軋轢を生み出し得る。『モスリン横丁』は、女同士の連帯の困難と、それをふまえた上での連帯の可能性を考えていく上で、格好の作品と言える。

注

（1）中本は自伝『わが生は苦悩に灼かれて　わが若き日の生きがい』白石書店、一九七三年の一～三章において亀戸での体験を詳しく回想している。その内容は、『モスリン横丁』のストーリーと、ほぼ完全に一致する。

（2）『モスリン横丁』のほか、①「闘ひ」発表誌不詳、『闘ひ』（新鋭文学叢書第一三編）改造社、一九三〇年所収、②「鎖」発表誌不詳、『闘ひ』所収、③「工場の前衛」『プロレタリア文学』白揚社、一九三〇年七月号、④「卑怯者去らば去れ」『改造』一九三〇年一〇月号、⑤「レポーター年枝」『文学時代』一九三一年一月号、⑥「再び工場へ」『文藝春秋』一九三一年三月号、⑦「東モス第二工場」一～六『女人藝術』五巻一号、一九三二年一月～五巻六号、一九三二年六月、⑧「歴程」一・二『思潮』一三号、一九四八年九月、同一四・一五号、一九四八年一一月、⑨「早春」『新日本文学』一九五〇年二月号がある。拙稿「中本たか子の洋モス関連の小説を読む――「歴程」、「早春」、『モスリン横丁』ほか」『北海道大学文学研究院紀要』一六七号、二〇二二年六月参照。

（3）協調会編『最近の社会運動』協調会、一九二九年、三〇六頁。

（4）鈴木裕子『女工と労働争議――一九三〇年洋モス争議』（日本女性労働運動史論Ⅰ）、れんが書房新社、一九八九年では、洋モス争議に即して労働組合の中の女性の位置づけを詳しく考察している。

（5）女子工員を意味する「女工」には差別的なニュアンスが含まれる場合もあるが、本章では『モスリン横丁』の中で「女工」という言葉が多用されていることをふまえて、「女工」を歴史的用語として用いる。

（6）永久キヨのモデルは、労働女塾のメンバーである時久きよである可能性が高い。

（7）以下の記述は、前掲『わが生は苦悩に灼かれて』および、やまぐち文学回廊構想推進協議会編『やまぐちの文学者たち』（増補版）、二〇一三年による。

（8）『わが生は苦悩に灼かれて』九頁。中本のエッセイ「村八分」（『民主文学』一九九〇年八月号）によれば、中本が小学校四年生の頃、陸軍の退役中尉であった父親は恩給で生活しながら、角島の尾山部落における築港の会計係をしていたという。「いわゆる中尉貧乏で、ひじょうに切りつめた生活だった」とあり、暮らし向きは豊かでなかったようだ。

（9）『女人藝術』二巻六号、一九二九年六月掲載の座談会「女人藝術一年間批判会」のことを指す可能性があるが、帯刀はこの座談会に参加していない。

(10) 前掲鈴木『女工と労働争議』三四―三五頁。
(11) 全協の機関誌『労働新聞』九号、一九二九年一二月三一日および同一〇号、一九三〇年一月二八日には、洋モス分会についての記事が掲載されている。
(12) 以下の記述は、帯刀貞代『ある遍歴の自叙伝』草土文化、一九八〇年、および帯刀貞代・犬丸義一・小池和子「私の女性史研究――婦人運動のなかから――(私の歴史研究・5)」『歴史評論』二六四号、一九七二年七月による。
(13) 「労働女塾開設のお知らせ」鈴木裕子編・解説『日本女性運動資料集成』第五巻「生活・労働Ⅱ　無産婦人運動と労働運動の昂揚」一九九三年、不二出版、所収。
(14) 前掲帯刀『ある遍歴の自叙伝』七七頁。
(15) 労働女塾と洋モス争議の関係については、前掲帯刀『ある遍歴の自叙伝』、前掲帯刀ほか「私の女性史研究」、「〝市街戦〟で闘った洋モス争議と労働女塾――帯刀貞代・熊谷キクコさんに聞く」渡部悦次・鈴木裕子編『たたかいに生きて――戦前婦人労働運動への証言』ドメス出版、一九八〇年、前掲鈴木『女工と労働争議』などを参照。
(16) 以下の記述は、阿部ちとせ「地平からの詩《うた》」一～六『婦人通信』一九八一年一月号～六月号、新日本婦人の会編『より根ぶかく強く　婦人のなかに　阿部ちとせさんを偲ぶ』一九九二年所収の「阿部ちとせ中央委員会顧問の略歴」による。日本女子大学校の入学年、卒業年は日本女子大学成瀬記念館に確認した。なお、阿部は内山の結婚後の姓である。
(17) 当時の日本女子大学校では、一九二一年に新設された社会事業学部女工保全科を中心に、卒業生が紡績会社等に就職し女子労働者の教化係や寄宿舎の舎監となるケースが少なくなかった。本書第五章参照。
(18) 前掲鈴木『女工と労働争議』。
(19) 『日本労働組合運動史――日本労働組合全国協議会を中心として』青木書店、一九五四年、六〇頁。
(20) 前掲帯刀ほか「私の女性史研究」、六六頁。
(21) 本書第二章参照。
(22) 引用は、『モスリン横丁』冬芽書房、一九五〇年による。
(23) モデルは、日本女子大学校の後輩で、内山の紹介で洋モスに入社した春木靖子と推測される。林えり子『日本女子大桂華寮』新潮社、一九八八年参照。
(24) 「東モス第二工場」については、楊佳嘉「階級、性、民族のインターセクショナリティによる新しい関係性の回路――中本たか子「東モス第二工場」論」飯田祐子・中谷いずみ・笹尾佳代編著『プロレタリア文学とジェンダー――階級・ナラティブ・インターセクショナリティ』青弓社、二〇二二年を参照。
(25) 中谷いずみ「階級闘争におけるセクシュアリティ――女性闘士たちと愛情の問題」飯田祐子・中谷いずみ・笹尾佳代編著『女性と闘争――雑誌「女人芸術」と一九三〇年前後の文化生産』青弓社、二〇一九年、呉佩珍「女性解放と恋愛至上主義との間――大正・昭和期のコロンタイ言説の受容」(同所収)、ヘザー・ボーウェン＝ストライク(本部和泉訳)「愛情の問題論――徳永直『赤い恋』以上」前掲飯田・中谷・笹尾編著『プロレタリア文学とジェンダー』など。
(26) 前掲帯刀・犬丸・小池「私の女性史研究」。
(27) 「政治と文学」論争の主な論考は、臼井吉見『戦後文学論争』上巻、番町書房、一九七二年に収録されている。
(28) 牧原憲夫『山代巴　模索の軌跡』而立書房、二〇一五年。
(29) 福永操『あるおんな共産主義者の回想』れんが書房新社、一九八二年など。

第二章　佐多稲子

——女性労働の空間におけるコミュニケーションへの着目

上戸　理恵

はじめに

佐多稲子がはじめて労働に従事したのは小学校五年生のときである。

一九〇四（明治三七）年六月一日、稲子（本名はイネ）は長崎県長崎市で生まれた。彼女の子ども時代[1]は、苦労と困難に満ちたものであった。学生同士の恋愛によって稲子を授かったことで一〇代の内に夫婦となった両親だが、父親・田島正文は中学卒業後に長崎三菱造船所造機課の書記として勤務し、母親・高柳ユキは高等女学校を中退し家庭に入った。稲子が小学校に入学した年に母ユキが亡くなり、父親は一九一五（大正四）年一〇月、気まぐれな思いつきから退社して家族を連れて上京する。稲子の父である正文の放蕩が原因で、父方祖父の遺産を食いつぶしたため、もともと家計は困窮していた。しかし、東京に生活の拠点を移したことで、一家の生活はまったく立ち行かなくなる（親戚の養子になった父親の弟・佐田秀実が早稲田大学の学生であったのを頼りに一家は上京したが、同居してすぐに秀実が病気になってしまうという不幸も重なった）。

稲子は、本所区立牛島小学校に転校したばかりだったが、転校後一ヶ月で中退し、以後学校生活に戻ることはなかった。上京後も職に就かない父親から、家計を支えるべく幼い働き手となるように言われたためである。父・正文が探してきたのは、和泉橋のキャラメル工場の女工の仕事である。そこを辞めたあとも、中華そば屋の「目見得」(見習い)、料亭・清凌亭の小間使い、メリヤス工場の女工と働き続け、それでも貧しさから抜け出せない数年を過ごす。追いつめられた稲子は、兵庫県相生町に職を得てそこで生活していた父に連絡し、相生町の家に身を寄せる。相生では、学校に通うことなく、国内外の文学作品や雑誌を読み漁り、『少女の友』や『女学世界』に短歌や散文を投稿する日々を送った。一九一八(大正七)年、父の再婚を機に稲子は再び上京し、清凌亭で今度は座敷女中として働くようになる。その後、文学への憧れから学歴を偽り日本橋丸善書店洋品部で女店員として働き、一度目の結婚とその破綻を経た後、娘を抱えてカフェーの女給となる。

稲子にとって転機となったのは、一九二六(大正一五)年のことである。自身が女給として勤めるカフェー「紅緑」に客として来ていた中野重治、堀辰雄、のちに夫となる窪川鶴次郎ら『驢馬』の同人たちと知り合い、交流する機会を得る。これまでも文学や思想に関心が深かった稲子は、彼らの影響でエンゲルスやレーニンの著作に触れ、階級意識に目覚めていく。

佐多稲子がプロレタリア文学運動が興隆した時期に作家としての出発を果たしたのは、必然だったと言える。稲子は、幼い頃から学校教育と切り離されて労働に従事してきた自らの半生を、「運動の一環として役立つならば」という動機で小説という形で書き始めた。中野重治のすすめで発表した「キャラメル工場から」(窪川いね子名義。[2]『プロレタリア芸術』一九二八(昭和三)年二月)やその続編である「お目見得」(原題「目見得」。『女人藝術』一九二八(昭和三)年一二月)は、稲子自身の小学生の頃の経験に材を取った作品である。それ以外にも、座敷女中、書店や百貨店の女性店員、カフェーの女給など、稲子自身が実際に従事していた職業の女性たちを小説に描いている。

一方で、稲子自身が経験していない職業の女性たちを描いた作品も多い。[3]煙草専売工場に勤めていた夫婦や東京モスリン亀戸工場の労働争議に関わった人々に取材して書かれた作品のほか、一九二〇年代から三〇年代にかけて注目を集めた女性車掌（バスガール）を描いた作品など、佐多稲子の初期作品にはさまざまな女性たちの労働の姿が描き出されている[4]。

その背景には、序章でも述べたようにこの時期の女性たちの労働・職域をめぐる大きな変動がある。産業化・都市化が進むなかで、もともと男性たちによって占められていた職業に女性が進出していったほか、カフェーなどの新しい風俗・文化の担い手として女性たちが注目されるようになった。また、それ以前から存在していた工場労働（特に紡績業）に従事する女工たちも、日本が昭和恐慌に襲われた一九三〇（昭和五）年には、労働争議の新たな主体として浮かび上がるようになる。佐多稲子は、このような時代と並走するように、自身の経験した仕事を含めた多岐にわたる女性の職業を初期の小説作品に描いていったのである。

鳥木圭太は、一九二〇年末から三〇年のはじめの四年間の稲子の文学活動を、「プロレタリア文学運動の創作理論を体得し、そのイデオロギー性を作品の中に導入していく[5]」過程であったと指摘している。確かに、彼女の文学活動を考える上で、共産党への接近や運動理論への傾倒という視点は無視できない。佐多稲子は、一九二九（昭和四）年二月に日本プロレタリア作家同盟に加盟し、一九三二（昭和七）年には日本共産党に入党し、非合法活動へと進んでいった（その後、一九三四（昭和九）年二月に日本プロレタリア作家同盟が解散し、否応なしに稲子も転向することとなる）。運動へのコミットメントを強めた時期に書かれたものが、イデオロギー性を前面に出すものであったことは否定できない。

しかしながら、佐多稲子の初期作品を、プロレタリア文学運動理論と矛盾し、葛藤する要素が見られると評価する研究も多い[6]。特に、女給を描いた作品や妊娠する女性を描いた作品には、女性が「階級」だけでなく「性」においても抑圧された存在であることを捉えようとする視点が示されている。

プロレタリア文学運動の論理に統御された文学としての評価か、それともそこに回収し得ない「女」の問題を描いたことへの評価か。本稿では、そのどちらかに軸を置くのではなく、両者を結ぶ論点として、作中に描かれた〈言葉〉の役割とコミュニケーション空間に注目したい。佐多稲子の初期作品において、「階級」の問題や女性に対する抑圧や性的搾取は、同じ状況に置かれた人びと同士のコミュニケーション空間の中で描き出されている。その点にこそ、階級問題や女性問題に対する佐多稲子独自の向き合い方があるのではないか。人を動かし、ときには立ち止まらせる〈おしゃべり〉をはじめとする様々なコミュニケーション。政治的主題と日常的・個人的な生活とをつなぐのは、そういったコミュニケーションの試行錯誤の連続に他ならない。佐多の初期作品は、イデオロギー性が強いとされるものも含め、このようなコミュニケーション空間や〈言葉〉の作用や力学をとらえたものとして読むことができるのではないか。

このような仮説にもとづき、本稿は佐多稲子の初期の文学活動を再評価するための視座を示す。階級やジェンダーの問題を、他者と関係をどのように構築するのかという日常のコミュニケーションの位相でとらえようとした点に、佐多稲子の初期作品の現代的意義を探りたい。

1　搾取の空間への着目と孤立からの離脱
――「キャラメル工場から」、「お目見得」、「怒り」、「レストラン洛陽」

佐多稲子は、デビュー作「キャラメル工場から」の主人公ひろ子を、その続編「お目見得」でも登場させている。自伝的エッセイ『年譜の行間』で「プロレタリア文学という場がなかったら、「お目見得」も「キャラメル工場から」も書いていない」(7)と佐多自身が述べるように、セットとして捉えてもよい二作である。しかし、「お目見得」についての先行研究はほとんどなく、「キャラメル工場から」を論じる延長で言及されている論考がわずかにあるのみである。(8)

この二作については、すでに別の論稿(9)で考察を行ったが、本章に関わることを改めて指摘したい。佐多稲子は、キャラメル工場の幼年工として働くことになった経験を「キャラメル工場から」に、そこを辞めたあとすぐに中華そば屋に住み込みで見習いをすることになった経験を「お目見得」に描いており、基本的な設定や作中のいくつかのエピソードは稲子の自伝的な事実と合致している。

共通しているのは、ひろ子の持つ小市民性（プチ・ブル性）が、労働者階級から孤立する要因として描かれている点である。たとえば、「キャラメル工場から」でひろ子は、流行歌を歌ったり職場への不満を口々に話したりする女工たち「みんな」の中には入れず、女工たちのコミュニケーション空間の外部にいる。また、いつも一緒にいる「トラホームの娘」とも深いところでは理解し合えないでいる（学校に行きたいと思っているひろ子は「トラホームの娘」にもそう問いかけるが、「私目が悪いから駄目なの」と返される）。

ひろ子の孤高のヒロイン像は、「転落」というプロット[10]と結びついて少女小説的な要素として結実してもいる。たとえば、両作品で登場する「マント」は、高貴な少女が貧しい境遇に身をやつすという少女小説のヒロイン（バーネット「小公女」など）を想起させる記号として機能している[11]。

一方で、二作の間には差異もある。「お目見得」でひろ子は「髪はお下げにして、靴をはいて、この間まで学校へ通っていたのに」、「銀杏返しなどを頭に載っけていることは、侮辱をのせているのも同じではないか」と感じながらも、「その厭な髪を自分に似合わせようとするのだった」と、自分が働くことになった環境に何とか馴染もうとする。職場に適応しようとする意識が「キャラメル工場から」よりも強いものとなっていることがうかがえる。

語り手とひろ子の距離も両作品では異なっている。「キャラメル工場から」の語り手が、ひろ子の境遇や心理に寄り添っているのとは対照的に、「お目見得」の語り手はひろ子のプチ・ブル的な行動や心情を「金持と同じ」「思い上った」ものだと批判的な距離をとって語る。

「お目見得」では、「キャラメル工場から」で他の労働者たちとの距離を広げる原因となっていたひろ子の「小市民性」が、ひろ子自身の行動や語り手の批判によって相対化される構図が見られる。しかし、「お目見得」のひろ子もまた最終的に孤立してしまい、職場（中華そば屋）から出ていくこととなる。

「お目見得」のひろ子の孤立の背景にあるのが、彼女が見習いとして働いている「中華そば屋」における「性」の搾取である。より端的に述べるなら、それは飲食店における女性の接客が、性的な消費に易々と持ち込まれてしまうという構造である。ある日、ひろ子はある客の話し相手になったことで、「いい姉ちゃん」という評価を得て、五拾銭の祝儀を受け取る。祝儀は、ひろ子がお目見得で得た唯一の報酬となるのだが、この接客の仕事の場面では、正規の労働（料理の下拵えや食事の給仕、配達、掃除など）のときには存在しない競合関係によって女性たちの関係が不穏なものとして示される。

また、この中華そば屋での接客は、客からのセクハラ的な「いたずら」によって生まれる「笑い」の空間を許容することを求められる。客に厭らしいことを囁かれながら抱きつかれるという「いたずら」に対し、姉女中が高い声で「大仰に喚き立て」る場面では、「みんなの笑いに合わせることが出来なかった」ひろ子の姿が描かれる。「笑い」によって生まれるコミュニケーションに入ってこないひろ子の態度に冷ややかな対応をするのは、男たちではなく姉女中である。最終的に、ひろ子の「お目見得」は失敗に終わり、自宅に帰ることとなる。

作品の前半では（表面的には）〈健全〉な中華そば屋として描かれていた中華そば屋の店内は、後半に描かれる二つの場面（接客によって祝儀を得る場面と、姉女中が「いたずら」される場面）を通じて、女性の「性」を商品として囲い込んでいく空間へと変容していく。

「お目見得」でひろ子が垣間見たような、飲食店での接客業における性的消費・性的搾取という構造は、カフェーを描いた作品の中でより深化した主題となっていると言えるだろう。[12]「怒り」（初出誌不明、一九二九（昭和四）年一月）と、「レストラン洛陽」（原題「レストラン・洛陽」『文藝春秋』一九二九（昭和四）年九月）は、これに分類される。

竹内栄美子は、「この二作品は、女給という職業が男性の性的な欲望に満ちたまなざしによって規定され、侮蔑の対象であったことが如実にうかがえるものである」と論じる。[13] この二作品において、性的な存在としてカフェーの女給をまなざす男性の視線が描かれているのは確かである。これに加えて本稿で着目するのは、そこに描き出された女給たちのコミュニケーションの諸相に他ならない。

「怒り」の主人公・お篠は、二十人以上の女給を抱えるカフェーの中で際立って年長であり、四人の子どもと自身の母親を一人で養っているという女性である。夫とは離婚しており、やむにやまれず自分一人で生計を立てなくてはいけないという事情から、若い女給に混じって遠慮がちに働いている。「丁寧な物腰と言葉使い」がお篠の処世術であるが、同僚の女給たちからもその他の従業員たちからも冷ややかに扱われる。ある日店で働く若いコックに「妾してやがるくせに」と罵倒されたことで、お篠は「ちく生！」と叫び、「交番へ来い。交番へ来い」と、激しい怒りをあらわにする。

その後、女給小屋の壁ぎわで泣いているお篠が、子どものことを考え女給の仕事の引け目を感じたり、別れた夫の嫉妬深さや暴力を思い出したりする場面に切り替わる。そこに同僚の女工が客からのチップを届けにくる。途中で抜けたお篠の順番を抜かさずにチップを持ってきてくれたことに気づき、お篠は恐縮し感謝するが、その丁寧な態度や言葉を同僚の女給はうるさそうに躱《かわ》す。そして、お篠は普段どおり仰々しいまでに丁寧な言葉や仕草で仕事に戻るのであった。

「レストラン洛陽」は、震災後に浅草にできたカフェーの一つであるレストラン洛陽で働く女たちの群像劇である。物語の現在時において、レストラン洛陽は、衰退しつつありひどくさびれている。いまだ華やかな人気を誇り景気が良いカフェー・オリオン以外の浅草のカフェーはどこも厳しい経営状況にあることが語られる。[14] 店の経営者は、正月用の着物を揃いにするためにその支払いを女給たちの負担にし、女給たちは「お揃いの代も出やしないわ」と嘆く。それでも女給たちは、かつてライバル関係にあったカフェー・オリオンの女給たちへの対抗意識からお揃いの着物を用意する。うらぶれた店内で、女給たちが交わす会話から彼女たちの日々の出来事が浮かび上がる。

様々な女給たちの事情に触れて彼女たちに寄り添う「お葉」は、夫の失業によって女給となった。女給になって日も浅いため「まだ本当の女給の裏は解らない」。同僚の女給たちはそれぞれに恋人や夫、パトロンやその他の男性客との関係にうす暗いものを抱えている。物語の終盤では、女給の不穏な「痴情関係」の帰結として、三つの「死」が描かれる。一つ目は「お千枝」と彼女の情夫の死である。「お千枝」の情夫は自ら志願し近衛兵となったという。しかし、すぐに脱走してきた彼と「お千枝」は心中するにいたる。「お千枝」が亡くなってから彼女に夫や子どもがいたこと、呉服屋に借金をしていたことなどが明らかになるが、そのことを店の女たちは誰も知らなかった。二つ目は「お芳」の死である。「お芳」は、夫と暮らしていたが、「毒婦ぶったところ」があり、客との情交をくり返し、脳梅毒にかかって死んでしまう。三つ目は、「夏江」[15]の夫の死である。夏江は、肺病で床に臥せている夫と四歳の娘を一人で養っているが、生活の面倒を見てくれる華族のパトロンがいる。病気の夫は、自分の身をなさけなく思う気持ちと、夏江の「仕打ち」に傷つく気持ちから、物語終盤で自ら命を絶つ。臨終の際にも、夏江はパトロンの看病を優先し、意に介さなかった。その後、娘と二人で暮らし始めるが、仕事で泥酔して転がっていた夏江を、夏江の娘が迎えに来る場面で物語は終わる。

「怒り」と「レストラン洛陽」に共通するのが、女給に対する罵倒が、「妾」や「淫売女」（夏江が自分のパトロンの取り巻きから罵倒される場面で発せられる）というような〈性的関係によって金銭を得る女〉という文脈で発せられているということである。それは、女給の提供するサービスにおいて、直接的な性的接触ではなくとも性的魅力の保持や強調が不可欠であるということと結びついている。罵倒された女給たちは、お篠（「怒り」）にしても夏江（「レストラン洛陽」）にしても、心から傷つき、怒り、嘆くのだが、念入りに化粧をし、媚態を身にまとうという行為自体は接客の前提として疑わないのである。

男性の歓心を買うことが、自分の報酬に直結しているため、カフェーの女給たちはそれぞれに競合関係にある。ただ、競合関係にあるからと言って、佐多稲子は、女給たちの間にあるものを単純な敵対関係として描いているわけではない。

群像劇である「レストラン洛陽」では、世間話をして情報を引き出したり、店側への不信を共有したり、同僚の見舞いに連れ立っていったり、と多種多様なコミュニケーションによって相手と関わることで、女給たちが自分たちの日常を成立させている様子が克明に描かれる。前出の谷口絹枝は、特に「お葉」という女給に着目し、「いわば労働者を組織するためのオルガナイザーに擬された存在として設定されている」と論じている(16)。お葉は、自分たちが労働者として直面している問題の所在を言語化し、経営者に対する女給たちの不満を引き出そうとする、煽動者としての役割を担っている。

先ほど「キャラメル工場から」と「お目見得」の主人公・ひろ子は労働の場において「孤立」した存在として設定されていることを指摘した。一方、「怒り」のお篠もいわばカフェーにおいて「孤立」した存在として設定されているが、カフェーで働き続ける限りは他の女給たちとの交渉（チップの順番など）を意識せざるを得ない。処世術としての「丁寧な物腰と言葉使い」は女給同士のやり取りにおいても行使される。さらに、「レストラン洛陽」では、「お葉」を中心にそれぞれの女給たちが、「孤」でありながらも過酷な職場環境を生きていくために、他者とのコミュニケーションを重ねていると言える。

それは、かりそめのコミュニケーションに過ぎず、彼女たちの〈本当の姿〉に届くものではないかもしれない（実際、お千枝とお芳は亡くなってから同僚の女給たちにとっては意外に思えるような私生活に関わる情報が明らかとなるという場面がある）。女給たちは、店や男への不満を口にしながらも、現状を打破するよう行動したり、連帯したりする展開にはなっていない。しかし、「キャラメル工場から」では主人公・ひろ子の外部にあり、「お目見得」ではひろ子が同僚である姉女中とは共有できなかった〈おしゃべり〉の空間が、「怒り」では限定的に、そして「レストラン洛陽」ではより広がりのあるものとして描かれる。さらに「レストラン洛陽」で描かれた「言葉」を通じた共感や反発、煽動は、労働争議を描いた作品における言語実践と通じるものとして考えることができる。

2　労働争議における言語実践
――「女店員とストライキ」、東京モスリン労働争議五部作

本節では、主に、労働の実態ではなく、労働争議を描いた作品を取り上げ、女性労働者たちの表象を分析する。特に、(2)で取り上げる東京モスリン争議五部作は、女工たちの多様な人物像・行動原理・言語実践を描いており、争議の空間がどのように立ち上げられていったのかを考える上で重要な視角を与えてくれる。

(1)　書店争議における言葉の問題――「女店員とストライキ」を中心に

佐多稲子が発表した二作目の小説「女店員とストライキ」(原題「彼女等の会話」『戦旗』一九二八(昭和三)年七月)は、当時頻発していた書店争議を題材に、「杉善書店」なる架空の書店の争議の様子や、争議に参加することを通じて社会運動への意識を強める主人公・みち代の姿を描いている。

前出の竹内栄美子は、「女店員とストライキ」を、「丸善を思わせる書店に勤める女性店員が登場する」作品の一つであるとし、「佐多自身の(中略)丸善勤務(中略)が下敷きになった作品」として捉えている。[17] しかし、「女店員とストライキ」は、書店員の労働実態を描いたものというよりは、書店に対する様々な不満や要求を言語化していく争議の一場面を描いた作品である。背景となっているのは、稲子が丸善で働いていた一九二一(大正一〇)年から一九

だと考えられる。もちろん、丸善勤務の経験が作中に反映されている部分はあるだろうが、全体としては、佐多稲子が婦人同盟の活動をするなかで知り得た書店争議をモチーフにしていると言えるだろう。
二四（大正一三）年当時の出来事ではなく、作品が書かれた一九二八（昭和三）年当時に起きていた複数の書店争議[18]
[19]

主人公のみち代を含め、「合宿所」での集会にきていた者のほとんどが、「杉善書店」で働く少女たちである。争議に関わる大人たちは「組合の人」、「婦人同盟の人」と表現され、若い労働者が労働争議の主体として目覚めていく過程が「言葉」の学習と獲得を通じて描かれる。みち代を通じて、「杉善書店」の争議の様相は、「言葉」に注目するかたちで捉えられている。みち代は、二人の同僚店員の「いつになく丁寧な言葉」、「改まった口調」による誘いに導かれて、緊張しながら争議のための「合宿所」へと向かう。店への要求書には、「封建制度の遺風である、たとえばどん呼称などの廃止と、待遇改善」が記載されている。それを読み上げる店員の「異議ありませんか？」の言葉に対して、一緒に争議に来ていた友人・数江が「異議なし！」と叫ぶのにみち代は驚きを覚える。それ以降も、みち代は驚きの感覚を持って、そこで飛び交う言葉たちを捉える。争議の場で使われる言葉は、みち代の感情を大きく揺さぶるのである。

組合の人だけでなく同僚の店員までもが「今まで旦那様と呼んでいた店主のことを「彼は……」と言った」ことに驚いていたみち代だが、不平演説を繰り広げる周囲の雰囲気に後押しされて、自分も監督に口答えをして頬を強く殴られたことを話そうとする（話している場面は作中に描かれていないが、みち代がみんなの不平演説に加わったことが分かる記述がある）。帰宅後に、「お母さん御主人だなんて昔のことよ。――資本家なんだわ、資本家は私たち貧乏人をこき使って、自分だけもうけて贅沢な暮しをしながら、どんどん財産をふやしているんじゃありませんか」と母親に向けて演説をする。さらに休みが少なすぎる（月に一度）ことに触れ、「御主人だなんてだまされていたのは昔のことだわ、お母さんだってそう言ってるでしょう。お裁縫を習わしたくっても時間がなくって困るって」

と話すと、母親もそれに同調し、みち代は「異議なし！」と答える。母親とのやり取りは、みち代が、争議の論理や言葉を自分や家族の日常生活に広げていこうとしていることを示している。

「異議なし」という言葉は他の場面でも印象的に用いられる。争議の翌日に、「さようなら」と笑いながら話しかけてきた「婦人同盟の人」に一人の小店員が「異議なし！」と返す。それに対し、「いやぁだ、そんなところに異議なしなんて」と争議団所に集っていた書店員たちは笑う。獲得したばかりの言葉を面白がりながら、日常に溶け込ませるかたちで、自分のものにしようとしている若い労働者たちの姿が活写されている。ここにも〈おしゃべり〉の空間があり、争議の緊張感とは別の水準にある日常生活においても争議の言葉が広がっていく様子が描かれている。

栁沢健は、この作品について「労使関係・階級関係・上下関係を「呼称」と「言葉」から問い直す視点に、この小説の斬新さと、佐多稲子の文学性を確認することができるだろう」と論じている。[20] 争議自体は店員の勝利で解決するも、争議の中心になった店員が解雇され、また「共産党のこと」と作中で示される「某重大事件」――一九二八（昭和三）年三月一五日の共産党関係者らの一斉検挙――によって表立った争議は難しくなった現況が語られ、物語は終わる。しかし、この最終場面には「彼女たちは確かに争議を再び始めたいのであった」と、連帯しながら労働運動の主体としての意識を確認し合うみち代と数江の姿が書き込まれている。獲得された言葉やそれを共有することで得られたつながりの強固さは、二人の少女の〈おしゃべり〉を通じて示されるのである。「彼女等の会話」（「女店員とストライキ」の原題でもある）は、「そして新しくはいって来る人をみんなアジっちゃいましょうよ」と結ばれる。軽やかな〈おしゃべり〉の文体（「～ちゃいましょうよ」という女性ジェンダー化された会話体）で、「アジる」という運動の言葉が使われる。この作品内では二人の少女たちは躊躇なく争議に向かうが、その後、現実の労働争議においては内部に複雑な対立や葛藤が生じるようになる。次の（2）では、労働争議における政治的な対立や葛藤を佐多稲子がどのように描出したかを検討する。

（2）　東京モスリン労働争議五部作

一九三〇（昭和五）年七月から八月にかけての東京モスリン亀戸工場での労働争議を題材にした一連の作品――「幹部女工の涙」（『改造』一九三一（昭和六）年一月）、「強制帰国」（『中央公論』一九三一（昭和六）年一月）、「小幹部」（『文藝春秋』一九三一（昭和六）年八月）、「祈祷」（『中央公論』一九三一（昭和六）年一〇月）、「何を為すべきか」（『中央公論』一九三二（昭和七）年三月）――は、「（女工）五部作」と言われるが、本稿では「東京モスリン労働争議五部作」と呼ぶこととする。[21]この連作への評価は長らく限定的であったが、近年「プロレタリア文学」自体の再評価の動きの中で、注目されるようになってきた。佐多は、争議中の工場周りを歩き、寄宿舎に入って取材を行った。また労働組合の女性活動家たちとの交流から作品の着想を得たとも述べている。[22]

「女店員とストライキ」が、左翼運動内部の複雑な抗争をほとんど描かず、運動の実践と現実の生活とが葛藤せずに融和的に描かれていたのに対し、「東京モスリン労働争議五部作」は運動内部の矛盾や葛藤、運動と生活との間の軋みを描いている。背景にあるのは、組合組織の分裂・対立である。共産党の指導下にあり、非合法活動に進む「全協」（日本労働組合全国協議会）と、会社に対し妥協的で日和見的な姿勢を取る「組合同盟」（日本労働組合同盟）は、どちらも労働争議の担い手でありながら、互いに対立し合い、運動内でのヘゲモニー争いをしていた。「東京モスリン労働争議五部作」は、一九三〇（昭和五）年の労働争議が、資本家／労働者という対立軸だけでなく、「全協」派／「組合同盟」派という対立も抱えていたことを示している。佐多の政治的・思想的立場は「全協」派であるが、重要なのは労働運動の内部のさまざまな立場や思惑のせめぎ合いがこの連作において主題化されているという点である。

それぞれの梗概を示す。なお、以下の①〜⑤は雑誌発表順ではなく、『佐多稲子全集　第一巻』（講談社、一九七七年)の掲載順である。

①「幹部女工の涙」

労働争議の機運が高まっている「東邦モスリン西工場」。全協の指導のもとで杉田八重と三村タエは、女工たちに「組合同盟」の下で組織された「友信会」の幹部たちの欺瞞性を訴え、運動を組織しようと考えていた。二人は、組合で開かれる演説会が終わった後、「強制帰国」(女工たちの大量解雇)を容認する友信会の幹部たちを「ダラ幹」として告発し、女工たちをデモへと煽動する。女工たちが、八重の言葉によって「ダラ幹」への怒りや破壊衝動を燃え上がらせて、この計画は成功すると思われたが、友信会の婦人部副部長である古田ナカが「どうぞ、私の立場を考えておくれ」と「悲壮」な涙を流し、それによって女工たちのデモに対する意気は削がれてしまう。秘かにナカは全協側と通じ、デモの計画を事前に知っていたこともあり、八重は「とうとう裏切りやがった」と思うにいたる。

②「小幹部」

八重とタエが全協とつながりのある女工だということは、女工仲間や組合幹部の知るところとなっていた。組合幹部(婦人部長)の増井は二人に警戒するように古田ナカに注意するが、ナカは、「全協だって何も間違ってやしないよ。わたしは正しいと思うよ。わたしは共産党も正しいと思ってる」と返す。その一方で、争議を成功させるためには合法的に交渉できる組合が争議の主体となるべきだという男性幹部の言葉を認める。一方、古田ナカの立ち回りの巧さに苛立つ八重とタエ。ある日、八重とタエはナカと殴り合いの喧嘩になり、拘留されてしまう。その後、ナカは女工たちを煽動し、デモを組織する。次第に、友信会の方針を逸脱するような動きを見せるようになったナカは、ある日増井に呼び出され、酷い暴力を振るわれて半病人のようになり寄宿舎を出ていく。

③「祈祷」

トミヨというキリスト教の信者である女工が視点人物となる。工場に二十名ほどいたキリスト教信者の女工たちはみな、キリスト教の方針である「争議には絶対に、加わらない規約」に従って争議に参加せずにいた。トミヨもその一人であるが、そのことで他の従業員たちから孤立してしまう。ある晩、娯楽室に集まって礼拝を行い祈祷していたトミヨや他の信者たちが、演説会から帰ってきた女工たちによって襲われるという事件が起こる。ダラ幹への苛立ちや争議が思うように進まない焦りを、争議に参加しないキリスト教信者への攻撃のエネルギーに転換したのである。その後、トミヨたちは近くの教会へと一時的に保護されることとなる。教会で生活を送る内に、牧師やその妻、そこを訪れる信者たちが、女工たちの直面している現実（争議や強制帰国）について関心を持っていないことにトミヨは反発を覚える。教会の会堂でトミヨは「安ちゃん」という同僚の女工を見つける。会社を辞めて田舎に帰るわけには行かない事情を抱えているという「安ちゃん」は自分のためだけに祈るのだとトミヨに話す。トミヨは祈ること自体に従えなくなっている自分に気がつき、教会を抜け出し、連帯の意思をもって争議で女工たちが闘っている寄宿舎へと帰ろうとする。

④「強制帰国」

争議終結後の女工たちの群像を描いた作品である。ダラ幹に音頭を取られた争議の結果、多くの女工たちが強制帰国となった。帰国者に二ヶ月分の手当てがつくというのが数少ない成果の一つであったが、田舎に帰る者も、残る者も、生活の程度が落ちるだろうという予感のなかで寄宿舎に鬱屈とした気分が広がっていた。しかし、てるという女工がメーデー歌を歌い出したのをきっかけにそれぞれの窓から女工たちの歌声が合流し、笑い声が重なる。次の日に、警察へと連れていかれたてるを見て、他の女工は八重やタエを思い出す。その頃、八重とタエはそれぞれに警察で尋問を受けていた。この作品の終盤には、運動のオルガナイザーとして八重とタエを左翼運動へと誘い、自身も地下活動をするようになった通勤女工・小林いくの現在も描かれる。いくは、立ち寄った馴染みの雑貨屋で、居合わせた女性労働者たちの苦境を聞きながら「お終いまでわたしらのために争議をしてくれる組合をつくるんだよ」と、権力に立ち向かい労働者の権利を守るための組合の必要性を口にする。二人の女は、黙っていくを見つめて頷く。

⑤「何を為すべきか」

この作品は、①「幹部女工の涙」の少し前のエピソードから始まる。全協の指示を受けてダラ幹批判のビラを使い女工たちを煽動した八重とタエ、古田ナカに接触を試みた小林いくは、全協の活動家たちにそれを報告するために道を歩いていた。そのときに組合幹部(婦人部長)の増井と偶然出会い、怪しんでいる様子を感じる。三人は一軒の家に入り、そこで、各々の報告をする。小林いくが、東モス西工場の全協分会に参入していった(組織化されていった)経緯や、女工を運動へと動員するための「ダラ幹闘争」(組合の幹部を「ダラ幹」として批判・追及して、女工たちに新たな運動の場を求めさせる)というアイデアが共産党員である川野という男との対話から八重にもたらされたこと、八重の意気込み——①「幹部女工の涙」の出来事の背景——が詳細に述べられる。そして、①「幹部女工の涙」の直後にあたる出来事として、八重とタエが無断外泊するにいたった経緯が語られる。その後、八重は、自分たちが寄宿舎を出たことは「誤謬」であり、軽率に非合法活動に入るよりも一度寄宿舎に戻り、自分たちの役割を果たすべきだという思いをタエに伝える。タエもまた「自分らの闘争は正しく行われねばならぬ」と考え、それに同意する。その後、②「小幹部」のエピソードにもあるように、もともと共産党とのつながりを疑われていた八重とタエは、ナカと激しい喧嘩になったことを理由に警察に拘束される。それに加えて、共産党への接近に否定的な女工たちによる非難からタエを庇い、自らも一時期左翼運動の「指導」を受けたと明かして八重とタエの行動に共感を示す名もなき女工仲間や、「自分の部屋」に代表される市民的な生活への執着を自覚し、その上でプロレタリアートの闘争を導く「前衛」たらんと決意する小林いくのエピソードが描かれる。

全協に与する三人の女工（八重・タエ・いく）は、基本的には党の方針に従順であり、⑤「何を為すべきか」における、「前衛」の決意を再確認するいくの姿を描いた最終場面も党の論理に同一化していこうとするものとして捉えることができる。しかし、それでいてこの連作における女工の表象が画一的なものとなっていないのは注目すべき点である。

政治的立場を同じくする三人にしても、三者三様の役割を持っている。演説の仕方でナカに劣等意識を持ち、「ダラ幹闘争」を仕掛けて、論理を言葉で表現しながら女工たちをデモに動員しようとする八重。八重の補佐的な存在で、共感したり論点を提示したりして女工たちの感情を揺さぶろうとするタエ。そして、オルガナイザーとして、さりげなく、そして着実に女工たちの不満を社会運動へとつなげようとするいく。いくは、自分の所に裁縫を習いに集まってくる寄宿舎の若い女工たちに、「女学講義録のあいだに戦旗を重ねて置いて読ませた」という戦略で、女工たちを動員し、工場のなかに全協分会（の前身）を組織化していった。この人物造形は、一九二七（昭和二）年に「労働女塾」を開設し、女工たちに裁縫や料理を教えながら、社会思想や女性問題についての講義を行い、東洋モスリンの労働争議を支援した帯刀貞代[23]を想起させる。[24]いずれにしても、「全協」派の三人の女工たちは、三者三様に「言葉」を使って、まだ運動に組織化されていない女工たちに向けて働きかけようとするのである。

対立する「組合同盟」派の古田ナカの人物造形を考える上でも、「言葉」および非言語コミュニケーションに着目することで、その独自性が明確になる。もともと「男そっくりのドラ声」を出し、東京弁を使って演説するナカは、「組合」の「言葉」を自在に操る点で、八重やタエにはない「強さ」を備えている。さらに、ナカは、必要に応じて「言葉」や「論理」だけでなく「涙」という装われた「弱さ」をも使って、女工たちの感情や行動を巧みにコントロールする。また、ナカは、「ダラ幹」に従順なだけの女性ではない。②「小幹部」の概要で示したように、組合と対立する全協や

共産党への共感を、組合幹部の男性たちにも臆せずに伝えるキャラクターとなっている。(25)

ところで、ナカが女工たちをデモに動員し、それに対する報復として男性幹部から暴力を振るわれるという展開は、読者に対し、八重たちが実行しようとした「ダラ幹」批判よりも強い印象を与える。つまり、ナカの痛めつけられた身体それ自体(を小説の言葉が描くこと)が、組合幹部の卑劣さに対する告発となり得るのである。さらに言えば、議論の上では対等であったはずの男性と女性が、身体的暴力の発動する場面では体格差が際立ち、一方的な関係として再編される。女性幹部であるナカの「強さ」は、男性幹部によって一方的に奪い去られてしまうものとしてとらえ直される。

作中のストーリー展開とは別の位相から暴力を告発するという点では、「祈祷」におけるキリスト教信者である女工たちを、他の女工たちが争議の鬱憤を晴らすために襲うというエピソードも重要である。ストーリー上は、キリスト教の欺瞞性(帰国を強いられる女工たちの苦しみや闘争を等閑視する)にトミヨが気づくという展開だが、むしろ全協派として暗躍するタエやユキの欺瞞性もまたそこには浮かび上がる。「この問題も反幹部の問題に持ってゆこうとするタエの、努力は、ドヤドヤと娯楽室の方へなだれてゆく大衆の力に押されてしまった」と圧倒されるタエだが、この試みは最終的には成功する。しかし、その過程で「裏切りのキリスト教」という言葉によってトミヨたちが規定され、暴力によって痛めつけられるのは、はたして正当な行為と言えるだろうか。このような問いを投げかける作品として、「祈祷」を読むことも可能である。

連作全体としては、全協の政治的立場の正当性が示され、それに対立する者は批判的に描かれるのだが、個々の描写や場面において、そのような図式に回収し得ない多様な関係性(異なる立場の者同士のつながりの可能性や、全協に与するものの煽動によって無抵抗の者が攻撃される理不尽)が浮かび上がるのである。

おわりに

本稿では、佐多稲子の文学活動の初期において、「女性」と「労働」の多様な諸相が作品化されていたことを明らかにした。自身の体験に材を取った作品において、労働する空間において孤立する女性の姿が描かれており、「キャラメル工場から」の続編である「お目見得」において浮上した〈女性の性的搾取〉の問題を、女給を描いた作品にも引き継がれるテーマとして考察した。また、その一つである「レストラン洛陽」において、女給たちの抑圧や不満、雇い主への批判的視点を引き出すようなコミュニケーションが実践されていることを指摘し、それを、争議に取材して書かれた作品群(「女店員とストライキ」、東京モスリン労働争議五部作)につながる論点として捉えた。

取材をもとに争議を描いた作品については、政治的な主題が前景化しているという評価があるが、争議の論理や言葉を自分たちの〈おしゃべり〉の空間に広げていこうとする少女の姿を描いた「女店員とストライキ」は、争議の言葉が、労働する者の日常と無関係ではありえないことを示している。また、東京モスリン争議五部作においては、多様な立場の女性たちが干渉し合い、関係を作り上げ、作り替える場として、争議中の工場や寄宿舎が描かれていた。物語の大まかなプロットが党の論理に収斂していくのに対し、そこに回収されないノイズ(組合同盟に与する古田ナカの全協への共感、タエやユキがキリスト教女工への攻撃を煽動してダラ幹批判につなげようとしたことなど)を通じて、争議の様相が奥行きのあるものとして浮かび上がる。群像劇である作品において、特定の人物の内面に焦点化するのではなく、偽装(弱い者ぶって説得しようとする。会話したり裁縫を教えたりする中でさりげなく左翼思想を摺り込もうとする等)も含めた多様なコミュニケーションの実践を描いた点は、佐多稲子の初期作品の特徴の一つと言えるだろう。かつての自分の投影であるひろ子(「キャラメル工場から」、「お目見得」)が、外部から見ていることしかできなかった女性労働者たちのコミュニケーション空間を、佐多は、内部に視点を置いて書くようになった。そこに佐多稲子自身のプロレタリア作家としての姿勢を重ねることもできるだろう。

今回、取り上げることができなかった論点としては、女性労働者の妊娠（および出産、または中絶）である。佐多は、「煙草工女」（『戦旗』一九二九（昭和四）年二月）で、工場内の託児所に預けながら働く煙草工場の女工を、「生活の権利」（『働く婦人』一九三二（昭和七）年一月）で、妊娠脚気を患いながらそれを理由に休暇を取ることで葛藤するバスガールを描いている。これらは、女性身体を保護する必要性を訴える作品だが、「別れ」（『サンデー毎日』一九三一（昭和六）年一月）では、共産党活動により出産を断念する活動家夫婦が描かれる。これらの作品も含めて、女性身体の問題が今回論じたような作中のコミュニケーション実践という論点とどのように関わるのかを今後考察していきたい。

注

（1）幼少期を含めた佐多稲子の来歴については、佐多稲子『年譜の行間』（中央公論社、一九八三年）を参照した。

（2）窪川鶴次郎との離婚後、鬼籍に入った叔父である佐田秀実の姓を継ぐかたちで「佐田」姓となる（結婚前の姓は「田島」）。筆名も「窪川いね子」から「佐多稲子」と変えた（一九四六年四月）。以上の記述は、「佐多稲子年譜」（著者自筆年譜『筑摩現代文学大系39』筑摩書房、一九七八年一月）を参照。

（3）「煙草工女」（『戦旗』一九二九年二月）を執筆するにあたり、佐多は、淀橋の専売局煙草工場を解雇された活動家男性の手引きで工場の敷地内に潜入し取材を行った。その際、工場内で働く男性の妻のところに、子どもを連れて、授乳させに行くという口実を使ったという（前掲佐多『年譜の行間』）。

（4）長谷川啓「プロレタリア文学とジェンダー——女性表現における〈労働〉の発見」（『国文学　解釈と鑑賞』二〇一〇年四月号）は、「最も多様な女性労働を取り上げたのが林芙美子と佐多稲子」であると述べ、稲子の場合、自身が幼い頃から労働に従事してきたという「さまざまな労働体験・経験値」によって、女給や女工、座敷女中や女店員、バスガールといった女性労働の多様な現実を表現化しえたのだと指摘している。

（5）鳥木圭太『リアリズムと身体——プロレタリア文学運動におけるイデオロギー』風間書房、二〇一三年七月。

（6）プロレタリア文学運動の掲げる「階級」の論理に絡めとられない佐多稲子の問題意識について考察した研究としては、長谷川啓「佐多稲子の感性――「怒り」「レストラン洛陽」から」（『くれない』第三号、一九七一年一〇月）や、竹内栄美子「佐多稲子『怒り』」（『日本文学』六一巻五号、二〇一二年）、谷口絹枝「佐多稲子「怒り」・「レストラン洛陽」の位相――「性」と「階級」の関係から」（『近代文学論集』第四四号、二〇一八年）などがある。また、イデオロギー性が強いとされてきた作品群においても単一の論理に収斂されない多様な女性労働者たちの姿を描いたと評価している研究として、矢澤美佐紀「佐多稲子における戦前の女性労働争議の描かれ方――「女工もの五部作」を視座に」（新・フェミニズム批評の会編『昭和前期女性文学論』翰林書房、二〇一六年）、李珠姫「闘争の記録を織りなす――佐多稲子「モスリン争議五部作」における女工たちの表象」（飯田祐子・中谷いずみ・笹尾佳代編著『プロレタリア文学とジェンダー――階級・ナラティブ・インターセクショナリティ』青弓社、二〇二二年）などがある。

（7）前掲佐多『年譜の行間』。

（8）金原安里「佐多稲子「キャラメル工場から」論――服装・時間・場所からの分析」（『論究日本文学』第九七号、二〇一二年一二月）、矢澤美佐紀「「転落物語」との決別――佐多稲子初期作品をめぐって」（綾目広治・大和田茂・鈴木斌編『経済・労働・格差―文学に見る』冬至書房、二〇〇八年）など。

（9）上戸理恵「佐多稲子「お目見得」論――労働とジェンダーの主題に着目して」『札幌大谷大学社会学部論集』第一二号、二〇二四年三月。

（10）前掲矢澤「佐多稲子における戦前の女性労働争議の描かれ方」は、「明治末から盛んに創刊された『少女界』『少女の友』『少女画報』などの少女雑誌には、「女工」を扱った読み物が登場した」が、「キャラメル工場から」は、「皮肉にも親の言いつけを守ったが故に「女工」として〈転落〉してゆくことになった」点でそれらと峻別されると述べている。

（11）小林裕子「マントという記号」『佐多稲子――体験と時間』（翰林書房、一九九七年）、前掲金原「佐多稲子「キャラメル工場から」論」などにマントの記号性についての分析（他の労働者とひろ子を差異化する記号としてのマント）がある。

（12）多くの先行論や資料で初出『火の鳥』と記載されているが、実際には掲載されておらず、いまだに初出誌は不確定のままである。前掲谷口「佐多稲子「怒り」・「レストラン洛陽」の位相」に詳しい指摘がある。

（13）竹内栄美子「佐多稲子『怒り』」『日本文学』六一巻五号、二〇一二年。

（14）「レストラン洛陽」はかつて稲子が働いていた浅草の「聚楽」を舞台にしており、作中で「レストラン洛陽」とは対照的に華やかな賑わいを見せる「カフェー・オリオン」は、「カフェ・オリエント」をモデルにしている。

（15）「夏江」のモデルは、かつて川端康成の婚約者であった「伊藤ハツ」である。「レストラン洛陽」は雑誌発表時に川端の激賞を受けた(「窪川氏の「レストラン・洛陽」」『文藝春秋』一九二九年一〇月)が、川端本人はそのことを知らなかったという佐多の証言がある(佐多稲子「川端さんとの縁」(『近代作家追悼文集成　高橋和巳・志賀直哉・川端康成』ゆまに書房、一九九九年)。
(16)　前掲谷口「佐多稲子「怒り」・「レストラン洛陽」の位相」。
(17)　前掲竹内「佐多稲子『怒り』」。
(18)　『佐多稲子全集　第十八巻』(講談社、一九七九年)所収の「年譜」には、「一九二八年(昭和三年)二四歳／一月、金属労働組合事務所で開かれた関東婦人同盟の茶話会に出席、巌松堂書店の争議に出会う」と記載がある。この出来事は、詩「新年茶話会の夜」(『詩神』一九三〇年一月)にも描かれている。なお、鳥木圭太は、実際の巌松堂書店争議の時期は、一月ではなく三月であり、佐多の記載と現実とに齟齬があるため、巌松堂書店のみに取材したものというよりは「佐多は当時頻発し、自らも関わっていた複数の書店争議をモデルにしてこの作品を執筆したと考える方が自然であろう」としている(前掲鳥木『リアリズムと身体』)。
(19)　注一八で記したように、佐多は関東婦人同盟の研究会や茶話会を通じて女性労働者との交流を行っていた。
(20)　楜沢健「解説　「蜂起する「集団」の力、神秘、驚異」」楜沢健編『アンソロジー・プロレタリア文学②　蜂起　集団のエネルギー』森話社、二〇一四年。
(21)　作中では、「東邦モスリン西工場」という架空の場所が設定されているが、作中では「東モス」と省略されている箇所も多い。
(22)　「あとがき」『佐多稲子全集　第一巻』(講談社、一九七七年)。
(23)　一方で帯刀貞代は、あくまで「塾をやっているだけ」に過ぎず、争議や階級闘争のための教育を女工たちに行う立場であった(「〝市街戦〟で闘った洋モス争議と労働女塾――帯刀貞代・熊谷キクコさんに聞く」渡部悦次・鈴木裕子編『たたかいに生きて――戦前婦人労働運動への証言』ドメス出版、一九八〇年)。女工たちを全協の活動家につなぎ、自身も地下活動に入った小林いくとは、共産党や全協への政治的・心理的距離が異なる点も指摘しておきたい。
(24)　小林裕子『佐多稲子――政治とジェンダーのはざまで』翰林書房、二〇二一年や、前掲李「闘争の記録を織りなす」にも同様の指摘がある。
(25)　ナカの、「全協」／「組合同盟」の対立図式に回収できない独自性については、矢澤美佐紀「佐多稲子における戦前の女性労働争議の描かれ方――「女工もの五部作」を視座に」(新・フェミニズム批評の会編『昭和前期女性文学論』翰林書房、二〇一六年)や前掲李「闘争の記録を織りなす」が論じている。
※本章における佐多稲子著作の引用はすべて『佐多稲子全集　第一巻』(講談社、一九七七年)による。

第三章　松田解子

──「おりん」三部作における女性労働者像

水溜真由美

はじめに

松田解子(一九〇五(明治三八)年生まれ、本名ハナ)[1]は秋田県荒川村(現大仙市)の荒川鉱山に生まれ育った。[2]荒川村上淀川の没落農家の出身である松田の母スエは、荒川鉱山の土工(後に雑夫)である萬次郎と結婚し、荒川鉱山で選鉱夫として働いたが、松田が一歳になる前に夫と死別したため、六人の子持ちの坑夫と再婚した。しかし、まもなくこの再婚相手とも死別したため、鉱山の製錬所に勤務する飯場頭と再々婚した。

松田は大盛尋常高等小学校を卒業後、荒川鉱山事務所に小使兼タイピストとして三年間勤務した。その後、秋田県女子師範学校本科第二部に入学して小学校教員の免許を取得し、母校の教諭(訓導)となった。師範学校の本科第二部は中等学校卒業者を対象とする一年制の課程であり(本科第一部は四年制)、高等小学校卒の松田の入学は異例であった。なお後述するように、松田が鉱山事務所においてタイピストに抜擢されたことも異例であったと言えよう。

松田は一九六〇年代半ばから七〇年代にかけて、母スエと自身をモデルとする自伝的小説を発表した。『おりん口伝』、『おりん母子伝』、『桃割れのタイピスト』からなる「おりん」三部作である。[3]「おりん」三部作は明治三〇年代から大正期にかけての秋田県荒川鉱山を舞台とする母りんと娘ひろの母娘二代記である。りんの結婚からひろの師範学校入学までを扱う本作品は、鉱山労働に従事するりんと鉱山事務所にタイピストとして勤務するひろの働く姿を中心的に描いている。

「おりん」三部作の主人公であるりんとひろは、いずれも生産労働に従事する女性である。母のりんは、荒川鉱山で二人の子供を育てながら選鉱、運搬、飯場の女中等の仕事に携わる。娘のひろは鉱山事務所でタイピストとして勤務した後、小学校教師を目指して師範学校本科第二部に入学する。つまり一口に働く女性といっても、りんとひろの従事する職業は大きく異なる。

りんは鉱山労働に従事する。鉱山の中でも炭鉱については、森崎和江『まっくら——女坑夫からの聞き書き』理論社、一九六一年を嚆矢として、早くから坑内労働に従事する女性に対して目が向けられてきた。世界遺産に登録されている山本作兵衛の炭鉱記録画に、先山の男性とペアで採炭労働に従事する後山(後向き)の女性の姿が数多く描かれていることも広く知られている。銅山について女性労働の問題が論じられることは稀であるが、戦前は炭鉱と同様に多くの女性が労働に従事していた。

一方で、ひろが従事する(将来従事することになる)タイピストや小学校教師は、鉱山労働者や女工(女子工員)などとは異なる近代的なホワイトカラーの職業である。これらの職業は、戦間期に注目を集めるようになった職業婦人にカテゴリー化されることもあるが、労働者階級の中からひろのような職業婦人が登場する動きも戦間期ならではのものと言える。

松田は『桃割れのタイピスト』新日本出版社、一九七七年の「あとがき」において、「たったひとりでもいい、『明治』の時代から『大正』へ、現代へと生き継いだ、働く女性像を書きたい」と願って『おりん口伝』を執筆したと回想している(二四一頁)。「おりん」三部作は、鉱山というユニークな場を舞台としつつ、明治期の女性労働者と大正期の職業婦人の共通点および相違点や大正期に労働者階級の内部から職業婦人が登場するダイナミズムを、大正期の一時期を荒川鉱山でタイピストと小学校教師として生き、その後プロレタリア作家となった松田の観点から活写した作品である。本章では、こうした点をふまえつつ「おりん」三部作に描かれる女性労働者像について考察したい。なお「おりん」三部作は松田と松田の母スエの人生に基づいて書かれているので（りんについてはフィクションの要素も少なくない）、自伝『女人回想』新日本出版社、二〇〇〇年（『松田解子自選集』第一〇巻、澤田出版・民衆社、二〇〇六年所収）を適宜参照する。

第一節では、鉱山労働者として働くりんの姿がどのように描かれているのかを明らかにする。第二節では、鉱山会社がシングルの女性に社宅の提供を拒否したことをふまえつつ、りんが再婚相手と死別した後に再々婚を拒み、鉱山労働に従事しながら女手一つで子供を育てようとした点に注目する。第三節では、鉱山事務所においてタイピストとして働くひろが、どのように描かれているのかを考察する。第四節では、ひろと小学校教師との関係性に注目しつつ、ひろが小学校教師となる道筋を浮かび上がらせる。

1　鉱山における女性労働

まず、「おりん」三部作において、主人公の一人であるりんがどのような経緯でどのような労働に携わるのかを確認する。

和田りん（一八七八（明治一一）年生まれ）は荒川村上淀川の没落した旧家の生まれである。『おりん口伝』は、一九〇〇（明治三三）年に、りんが三菱が経営する荒川鉱山の土木請負師である東畑家に嫁いで来る場面から始まる。(4) 実は、りんの結婚相手である和田千治郎（りんと千治郎は偶然同姓だった）と義父に当たる東畑家の当主吾作との間には血縁関係はなく（千治郎の母は千治郎を出産した後、千治郎の父に当たる夫と離婚して吾作と再婚した）、千治郎は東畑家の跡取りでもなかった。

東畑家の住居は土工の飯場を兼ねており、結婚当初、りんは飯場の切り盛りを手伝っていたが、やがて荒川鉱山の選鉱夫となる。りんは長男千太（一九〇三（明治三六）年生まれ）と長女ひろ（一九〇五（明治三八）年生まれ）を出産した後も共働きを続けた。それが可能だったのは、千治郎の母である姑のヨネが孫の面倒を見てくれたからである。ヨネは、先夫がヨロケ（珪肺などの鉱山病）で病みついた後、沈澱泥背負《どろしょ》いやガラからみの鉱山労働を担い、その後は東畑組に雇われ、土方仕事をして夫と子供を養った逞しい女性である。先述のように、ヨネは長男の千治郎を出産した後、先夫と離婚し東畑吾作と再婚した。

鉱山の雑夫として働く千治郎は、鉱山の労働運動の先頭に立つ藤田と、会社に鉱毒の補償を求める農民岩谷仁衛門との間の連絡係を務めたことから佐野巡視の恨みを買い、仕事中に殴打されて命を落とす。しかし会社は千治郎の死因を心臓麻痺だと言い募った上、りんを解雇する。寡婦となったりんは東畑家に居づらくなった上、甥が家督を継いでいる実家に戻ることもできず、六人の子供をおいて妻に逃げられた「ヨロケ坑夫」の菅井と再婚するが、まもなく菅井は病死する。

夫を亡くしたりんは長屋から強制的に退去させられ、東畑家に戻る。東畑家ではりんに強く再婚を促すが、自ら働いて子供を育てることを望むりんは、小貫飯場に住み込んで朝夕は炊事などの「下女仕事」を担い、昼は選鉱場で沈澱泥背負いをして生計を立てる。やがてりんは沈澱泥背負いの仕事を失うが、後に鉑背負いやタンパン背負い(5)の仕事を得る。ところがりんは、タンパン背負いの作業中に大怪我をして鉱山労働に耐えない体になったため、妻の死後に執拗にりんに求愛していた飯場頭の小貫の世話を受けることを決める。その五年後、小貫は鉱山の庶務主任から呼び出しを受けて、ひろを鉱山事務所でタイピストして雇用する意向を伝えられた直後に製錬所で事故死する。一九二〇（大正九）年春、りんは、鉱山事務所に勤務する娘のひろと製錬所に勤務する息子の千太と共に親子水入らずの長屋暮らしを始める。

ここで戦前の銅山における女性労働の状況について見ておきたい。戦前の銅山では、多くの女性が選鉱や運搬などの労働に従事していた。鉱山技術が近代化される以前の明治期までは、特にその傾向が強かったとされる。農商務省鉱山局編『鉱夫待遇事例』（一九〇八年）には各地の鉱山の「鉱夫ノ種別及員数」がまとめられているが、多くの銅山において女性が手子（採掘や精錬などの仕事を補助する雑用係）、選鉱夫、製錬夫、運搬夫、雑夫等として就労していたことがうかがえる。荒川鉱山の職種別の労働者数は、手子が男一三二名、女二五名、選鉱夫が男一七九名、女六九名、製錬夫が男一一二名、女三四名、運搬夫（坑外）が男三八名、女一五名である。なお、荒川鉱山と同じ三菱の経営になる尾去沢鉱山（秋田県）では、手子が男三六名、女一七七名、選鉱夫が男七九名、女一四八名、製錬夫が男六九名、女一四五名、運搬夫（坑外）が男三三一名、女六〇名である。

一九二四（大正一三）年六月一六日制定の荒川鉱山鉱夫雇傭労役規則には、[6]「一五才未満ノ者及女子ノ業務」として、手子・選鉱夫（坑内）、選鉱夫・雑夫（坑外）が挙げられている。協和町史編纂委員会編『協和町史』下巻、二〇〇二年によれば、荒川鉱山の男女別労働者数は、一九〇七（明治四〇）年は男一、四四〇名、女二九一名、一九一二（明治四五）年は男一、四三七名、女五〇二名、一九一七（大正六）年は男一、〇〇一名、女二〇九名、一九二五（大正一四）年は七六四名、女一四〇名、一九三六（昭和一一）年は男三〇六名、女三六名と推移した（荒川鉱山は一九四〇年に閉鎖）。なお、女性の坑内労働は、一九二八（昭和三）年の鉱夫労役扶助規則改正により禁止された。

「おりん」三部作において、りんが従事する仕事は、選鉱、沈殿泥背負い、鉑背負い、タンパン背負い、そして小貫飯場での「下女仕事」である。このうち沈殿泥背負いは、飯場頭の小貫が鉱山から請け負った仕事であり、りんの身分は小貫の「手間取人夫」だった。鉑背負いは鉱山直轄だったが、りんは初出勤日に係員から「ホンの臨時」だと釘を刺される（実際に、りんの雇用は短期に終わる）。タンパン背負いも臨時夫の扱いであった。「おりん」三部作では不況時の人員整理により男性労働者が解雇される場面も描かれるものの、りんの立場は多くの男性労働者よりも不安定であり、仕事の内容も周辺的である(選鉱のほかは不熟練労働であると考えられる)。なお、銅山で働く男女の間には大きな賃金格差もあった。先述の『鉱夫待遇事例』によれば、一九〇六(明治三九)年における荒川鉱山の労働者の一日の平均賃金は、手子は男一三五厘、女一〇五厘、選鉱夫は男三〇〇厘、女一〇〇厘、製錬夫は男三二〇厘、女一一〇厘、運搬夫(坑外)は男一六〇厘、女一一〇厘である。ちなみに、男性労働者のみである坑夫の一日の平均賃金は四八〇厘、支柱夫は三四〇厘である。

松田は「おりん」三部作以外にも銅山を舞台とする小説を多数執筆しているが、それらの作品では、女性労働者は手子(「逃げた娘」『文藝公論』一九二八年五月号の美恵子、「A鉱山の娘」『戦旗』一九二九年一月号の澄枝など)や選鉱夫(「風呂場事件」『戦旗』一九三〇年四月号のテル、「勘定日」『婦人戦旗』一九三一年一二月号のはつ坊、「若いボールミル工とダム」『文學界』一九三九年一〇月号のトミとサダなど)として設定されている。[7] 一九四四(昭和一九)年に発生した花岡事件に題材を得た『地底の人々』(世界文化社、一九五三年)では、とく子、かね子、タツ子が手子として働いており、タツ子は「アンコはこび」(削岩に用いるダイナマイト箱を運搬する業務)の作業中に落盤事故で死亡する。「花岡事件おぼえがき」(『日中友好新聞』一九七二年五月一九日～一〇月一三日)では、花岡鉱山の支柱員の証言として、戦争中には女性が坑内労働に従事していたこと、女性労働者の業務として鉱石を鉱車に詰める「詰め子」や発破の際に雷管を固定させるための粘土による「アンコつくり」などがあったことが記録されている。[8]

労働運動史家の塩田庄兵衛が指摘するように、「おりん」三部作には労働現場があまり描かれていないが、[9] 女性が労働する姿を描く印象的な場面がないわけではない。その一つは、選鉱夫となったりんの初出勤日についての記述である。りんが初めて足を踏み入れた選鉱場の光景は、「場内いちめんが重重しくひかりかがやく鉱石の渦。その鉱石にむかってハンマをふる女工の群れの頬っかむり、掛け声、そして労働の音響であった」と描写される(『自選集』第一巻、六二頁)。この後、りんは古参の岩谷のおっかァから、小ハンマで鉱石を割って金属とズリを選り分ける「ガラからみ」の手ほどきを受ける。りんが鉱石を次々と「からむ」ようになると、引いた視点から選鉱場に出入りする鉱石の流れが描写され、りんの耳元には仲間たちの唸るようなからめ節が聞こえてくる。

嗽沢《うがいさわ》坑における鉑背負いの場面も生彩に富んでいる。初めて坑内に下がったりんは、「竪坑百尺くだれば地獄――」という労働歌の一節を「恐怖で吊り上がる臓腑」で実感しつつ、「富鉱《なおり》」の豊かさに心を揺さぶられ、「この富鉱! このタカラで、おらも子を育てなくてどうするだ?――なんぼでも背負おう、なんぼでも出そう。――」と決意を固める(同、四〇〇頁)。この後、作業現場にたどりついたりんは、旧知の「サキ山」の桜井の妻の姿を見つけ、桜井の妻から親切な手助けを得る。りんは感謝のあまり、「――おらには神サマがついている。――小がらみ場では岩谷の母アさま大明神、ここでは又も、桜井のかかさま大明神。――」と独語する(同、四〇三頁)。

2　鉱山における女性労働をめぐるジレンマ

りんは松田の母スエをモデルとして造型されているが、りんの労働経験についてはフィクションの要素が少なくない。りんの最初の夫である千治郎の複雑な家族関係や、[10]りんが千治郎の死後に六人の子を持つ「ヨロケ坑夫」と再婚し、まもなく寡婦となったことなどはスエの実人生と重なるが、スエが実際に経験した鉱山労働は、おそらく選鉱のみである。スエは最初の夫である萬次郎と連れ添っていた間は選鉱夫として鉱山労働に従事したものの、再婚後まもなく寡婦となった後は、すぐに飯場頭兼精錬所勤務の労働者(「おりん」三部作の小貫のモデル)と再々婚し、飯場人夫の世話をしながら子供を育てた。

しかし、これはスエにとって不本意な選択であった。『女人回想』によれば、スエは松田に対して、「お母アもな、ほんとは、お前たち二人のお父さんが死んだあとも坂下のあのおばあさん(姑)の家でお前たち二人をこれまで通り面倒みてもらって、ずうっと選鉱場さ働いて、お前たち二人を大きくしたかったんだ。ンだども、それが出来なかっただ」と吐露したという(『自選集』第一〇巻、二四二頁)。

萬次郎を亡くした後、スエが選鉱夫として働き続けることができなかった理由は、夫の実家に居続けることも実家に戻ることもできなかった上、会社が女性労働者に対して住居の提供を行わなかったためである。鉱山では男性世帯主が亡くなった場合、たとえ配偶者が鉱山で働いていても、残された家族は即座に社宅から退去しなければならなかった。これは、鉱山において女性労働が家計補助とみなされていたこと、即ち女性が自立的な労働力とみなされていなかったことを意味していよう。(11)

しかし、単身の女性が社宅の借り手になれなかったことは、鉱山においては、ことのほか不合理であった。なぜなら、鉱山では「三日にあげず葬式《だみ》出る」と言われたほど労働者の死亡率が高かったため、(12)女性は結婚しても寡婦になる確率が高かったためである。松田は塩田庄兵衛との対談の中で、「七回ぐらい後家になった、という例もあって、「おりん」などは楽なものです、といわれてわたしは、がっくりしたことがあるんです」と述べている。(13)そもそも、りんが選鉱夫として働き始めた動機の一つは、隣人の小太家のばばから、事故で夫を亡くしても会社は「雀の涙コ」しか金銭を出さないと入れ知恵されたためである。つまり、鉱山において女性は経済的に自立する必要に迫られながら、その条件を奪われていた。

りんは千治郎の死後、やむなく二人の子を連れて六人の子持ちの「ヨロケ坑夫」の菅井と再婚する。けれども半年後に菅井が亡くなった後は三度目の結婚を頑なに拒み、小貫飯場に住み込んで「下女仕事」を担いながら鉱山労働に従事する。なお、小貫飯場に女中として住み込むことは、寡婦のりんが住居を確保するために必要な設定であったが、現実において、寡婦が子連れで女中として飯場に住み込むことや、飯場の女中と鉱山労働を兼業することが可能であったかは不明である。ともあれ、松田はフィクションの世界で、再婚せずに女手一つで子供を育てることを望んだ母の願望を実現した。もっとも、りんは再婚を拒んで小貫飯場に住み込みで働くことを決めたため、（元夫の実家である東畑家の意向で）息子の千太を東畑家に預けなければならなくなった。

作中において、りんは働くことに対する執着を繰り返し吐露している。最終的に、りんはタンパン背負いの最中に大怪我をして鉱山労働に耐えない身体になってしまうが、事故後に飯場で養生するりんの胸に渦巻くのは労働の喜びである。

どういう仕事でもいい。自分で働いて、自分の力で子供らを育てあげたかった。〔略〕

タンパン場が恋しくてならなかった。

そのまえ働いた沈殿泥《どろ》運びが恋しく、そのまえに働いた嗽沢《うがいさわ》坑の鉑《はく》背負いが恋しく、そして鉱山に嫁いで、はじめて働いた選鉱場が恋しくてならなかった。〔略〕

それもこれも女の身には重すぎる生業《たつき》にちがいなかったが、なぜそこには、あれほどもあかるい仲間の笑いと、底抜けの語らいがあったろう。それどころか、特に人間を虫けらのようにすりつぶし、小間裂《こまざ》き、水攻めにした岩盤とダイナマイトと晶洞と熱気と湿気の暗黒の室《むろ》さえ、どうしてこうも、忘れられずに心にのこっているのだろうか。……（『自選集』第二巻、一五九～一六〇頁）

とはいえ、総じてりんが働くこと執着するのは、労働の喜びよりも自力で子供を育てたいという切実な思いからである。このことは、りんが従事する労働の中でも特に危険であることが強調される鉑背負いをめぐるエピソードを通じて描かれている。りんは鉑背負いに従事していた間に、舅の葬儀のために久しぶりに東畑家を訪れるのだが、そこで長男の千太が石盤に書いた「シキノガマハ、ミジノバケモノデス。／トツテモ、オツカナイデス。／ヒトガ、シムトキガアリマス」[14]という文章を目にして胸を痛める（『自選集』第一巻、四四三頁、／は改行箇所）。千太に坑内労働の恐怖を吹き込んだ姑のヨネは、東畑家の手伝いをするサヨを介して、りんに改めて再婚を勧める。その際、りんは次のような言葉で自分の気持ちを説明する。

サヨちゃ、おら、お姑《がが》さんの、そういう気持はわかるんす。おらをあくまで心配して千太にまで語る気持はわかるんす。ンだどもおらも、ただすきで嗽沢さ入坑《はい》ったのではねえんすで、これだけは、サヨちゃ、なんとかサヨちゃもわかって下《た》い。たとえ二人の子のうち一人でも、自力《じりき》しぼって育てたい一心で、ついつい入坑《はい》ったのだんすで、そのことだけでも、どうかなんし。それに坑内《しき》働きしてるのは、おらだけではねえんすもの。夫に死なれたり病まれたり、……そういう母親が、えっぱい入坑《はい》っているんだんすもの。……（同、四四四頁）。

「たとえ二人のうち一人でも」自力で子供を育てたいという、りんの切実な思いは、まさしく松田の母スエのものであった。しかしこの願いは、作業中の怪我により潰えてしまう。以後、りんは「おりん」三部作の主役の座を降りる。

『おりん口伝』の続編である『おりん母子伝』は、ひろの小学校入学で幕を開け、働く母と成長する娘の物語として展開する。しかし、りんが仕事中に怪我をして小貫の世話になることを決めた後、物語は五年後に飛んで終章を迎える。終章において、ひろの義父である小貫は、鉱山の庶務主任から高等小学校を卒業したばかりのひろをタイピストとして雇用する意向を伝えられる。初出勤日に、ひろが荒川鉱山事務所の玄関先に立ち、「おまえが和田ひろだな。よし、はいれ」と言われるところで『おりん母子伝』は幕を閉じる。その続編である『桃割れのタイピスト』は、タイピストであるひろの物語として展開する。

3　鉱山事務所のタイピスト

小貫が庶務主任から呼び出しを受けた時、ひろは日本赤十字秋田支社の看護婦見習の試験と師範学校の入学試験に合格しており、数日後に家を出ることになっていた。庶務主任はそれを知りながら、小貫に対して翌朝ひろを事務所に来させるように言い渡す。ひろは、庶務主任の命令を伝えた小貫に対して怒りと沈黙で応じたが、その直後に小貫が製錬所で事故死したために鉱山事務所で働くことを決める。

『女人回想』によれば、松田も高等小学校卒業時に日本赤十字秋田支社が運営する看護婦学校[15]の試験に合格していた。しかし、松田の義父は松田が家を出る数日前に鉱山の庶務主任から呼び出しを受け、タイプライターを見せられた上で「こういう機械で大事の書類や手紙を打つ仕事を――東京の本社でもまだ何人といないパイ《ママ》ピストという仕事を、僕がお前ンとこの娘に仕込んでやるから、必ず四月一日からここへよこすように」と言い渡された(『自選集』第一〇巻、一八三頁)。義父から庶務主任の命令を伝え聞いた松田は、全身を「怒りでふる」わせ、涙を「雨粒さながら」に「モンペの膝」に落とし、家を飛び出した。結局、松田は世話になっていた小学校教師の助言により、三年後に師範学校本科第二部を受験することを目標にして鉱山事務所で働くことを決めた。

「おりん」三部作において、庶務主任の上島は小貫に対してタイピストが最先端の職業であることをアピールする。

「秋田市がなんだ。看護婦、……先生、……そんなありふれたものには、いつだって、なれるんだ。だが、第一、この機械は、まだ日本に幾つもない機械だ、な。機械の名前をおぼえてゆくんだ、タイプライター。打つ人間はタイピスト。……しゃれてるだろう、娘にようくそういって秋田市なんかに行くことは、あきらめさせるんだ。いいね。……」(『自選集』第二巻、一九一頁)

実際、タイピストは大正期に登場した新しい職業だった。日本で広く用いられる邦文タイプライターが発明されたのは一九一五(大正四)年のことである。[16]「最近調査　婦人職業案内」(『婦人之友』第一二巻第三号、一九一八年三月)の「タイピスト」の項目では、「近来邦文タイプライターが発明せられ、前記の模範タイピスト養成所と、此の機械の発売所とでタイピストの養成をしています。此は今の所まだ需要口も俸給も欧文タイピストに及ばない様です」とある。[17]他方で、「東京大阪　婦人の職業と就職案内」『主婦之友』第二三巻第二号、一九三九年二月の「タイピスト」の項目には、「婦人の独占的職業としてタイピストの需要はますます多くなる。女学校卒業後市内の養成所で四ヶ月(月謝五六円)終了すればよく、紹介所でも近く学習会を開く予定。(大阪では既に実施。)欧文と邦文の二種あり、欧文は語学の素養があれば習得が容易であるが、邦文は相当練習を要する。学校を出たばかりの人、常識の豊かな人が最適。待遇は邦文三十五六円、欧文は三十七八円から四十円」とある。[18]昭和初期までにタイピストが女性の職業として定着したことがうかがえる。

ひろは出勤後すぐにタイプライターの前に座らされ、活字表を渡されて三千字を覚えるように命じられる。ひろにタイプライターの打ち方を指導したのは庶務主任の上島であり、『女人回想』によれば、上島のモデルは東京帝国大学卒の法学士だった。ひろ(松田)に白羽の矢が立ったのは、ひろ(松田)の小学校での成績が優秀だったからである。大正期から昭和初期にかけて実施された様々な職業婦人に関する調査によれば、タイピストは高等女学校卒の学歴の者が多かったようだ。[19]高等小学校卒のひろ(松田)が鉱山事務所に新規に導入されたタイピストに命じられたことは抜擢と言え、諸手を挙げてタイピストになったわけではないにせよ、ひろ(松田)には自負があったと考えられる。

だからこそ、ひろは初出勤日に自分の身分が小使にすぎず、他の小使と一緒に小使部屋で昼食の弁当を食べ、

「だんなさんがた」のお茶くみもしなければならないことを知った時に、「焼き鏝でもあてられ」たような強い屈辱を感じる。さらに、ひろは、娘が「字ぃ書く機械」の仕事に携わることに満足げな様子のりんに対して、「おらがタイピストどころか、ただの小使として事務所さやとわれても、お母ァうれしいのだろうか。おらが、あの字ぃ書く機械さ、手繰《たぐ》りついていさえすれば」という疑問を抱く（『自選集』第二巻、二〇七頁）。

しかも、ひろ（松田）の給料は南京米混じりの米一升分に相当する日給二〇銭にすぎなかった。公休日は月二回であるから、ひろ（松田）の一か月の収入総額は六円足らずということになる。中央職業紹介事務局『東京大阪両市に於ける職業婦人調査（タイピスト・事務員・交換手・店員）』（一九二七年三月）によれば、タイピストの給料の月額（賞与を含む）は三五円から四〇円が最も多かった（九六六人中二七八人）。この調査の対象が大都市における官公庁や大規模な会社に勤務する女性に限定されていることを考慮しても、ひろの給料は低いと言わざるを得ない[20]。

そもそも、若い未婚女性が圧倒的に多かったタイピストの給料は低廉であったが、ひろ（松田）を雇った三菱は高等小学校卒の女性を小使として雇用することでコストの削減を図った。しかも松田の場合は、義父と同居していたために手元に残る収入はいっそう少なかった。松田は毎月の給与の中から一円五〇銭だけを残して、残り全額を義父に渡した。しかも帰宅後は、牛の世話など家の手伝いを続けることを余儀なくされた。

もっとも、タイピストの仕事は、向学心旺盛なひろにとって、ある種の知的な刺激を伴うものだった。ひろは仕事を通じて難しい文字や言葉を覚え、鉱業機械などの名称を原語でタイプするためにローマ字や英語の初歩を教わった。また、新聞雑誌の綴じこみや新聞記事の切り抜き作業の折、興味を持った記事を読んだ。他方で、ひろはタイプすることを命じられた文書を通じて会社の内情を知った。たとえば、ひろは会社が結成した労資協調団体である共和会の規約に多くの「ウソ」が含まれることに気づいた。共和会の会員が「荒川鉱山・日三市鉱山労働者」であるにも関わらず、会長を庶務主任もしくは庶務副主任に委嘱する規定に強い疑問を抱いたことは、その一つと言えよう。さらに、ひろの勤務する鉱山事務所は鉱山全体の中心であり、労働者にとっては勤務先企業の窓口でもあったため、ひろは技術革新、海外進出、労使関係など会社の動向を知ることとなった。嗽沢坑の採鉱部で大規模な人員整理が決行された際は、ひろは解雇撤回を求める労働者が鉱山事務所に押し寄せ談判を行う様子を目の当たりにした。

『女人回想』によれば、松田が親しくしていた仕上職工の藤田は、松田が鉱山事務所に勤務することが決まった時、「まず大いに鉱山事務所で働いて、三菱勉強してみて下《た》んせや」と述べたという(『自選集』第一〇巻、一八六頁)。実際に、松田もひろも、鉱山事務所に勤務する過程で徐々に三菱の内情に通じ、労働者に対する搾取構造を身をもって知ることとなった。そうしたひろの知的な成長を描いている点で、『桃割れのタイピスト』は典型的な教養小説の性格を備えている。

ところで、「おりん」三部作において、ひろは残業中に上司の上島からレイプされそうになったため仕事を辞めたいと考え、師範学校本科第二部の受験を決意する。このレイプ未遂事件が松田の実体験に基づくものであったのかどうかは不明である。先述のように、松田自身は鉱山事務所で働き始めた当初より、三年後に師範学校本科第二部を受験することを決意していた。

もっとも、当時タイピストとして働く女性が、男性の上司や同僚からのセクシュアル・ハラスメントに遭遇するケースは珍しくなかったと考えられる。先述の『東京大阪両市に於ける職業婦人調査(タイピスト・事務員・交換手・店員)』(一九二七年三月)におけるタイピストの「感想欄」には、「男子に対する不満及要求」として、「男子の女子の対する態度が不満です。只頭から圧迫し侮辱し而も私達の前で下劣な話を平気で話されることがたまらなく嫌です」、「男子の社員のエゴイストが癪に障ります。技量よりも美しい女がヤンヤと持て囃され他より多くの仕事を与へられ更に昇進させると云ふやり方は職務上無意味です。一般に事務室に於ける男女間の礼儀が失はれてゐます、美醜や感情に依つて待遇を違へたり人を好き嫌ひする男らしくない態度は実に嫌な気がします」、「好まぬ感情を強ひられ之れを拒絶した場合必ず不当な罰を課せられること」などの記述が見られる（五四頁）。

もちろん、女性が職場でセクシュアル・ハラスメントや性暴力に遭遇するのはホワイトカラーに限った話ではない。松田はデビュー作の「逃げた娘」『文藝公論』一九二八年五月において、女性の坑内労働者（手子）に対する男性職員によるレイプ未遂を描いている。この小説では、坑内の手子として働く一七歳の美恵子が、作業中に好色な主任Sに襲われるが、抵抗して難を逃れる。しかしながら、Sは鉱山病を患う父親を解雇すると言って美恵子を脅し、執拗に性的関係を迫る。その後美恵子が鉱山から姿を消したため、美恵子はSとの関係を苦にして自殺したのではないかという噂が広がるが、実は別の鉱山に移って労働組合員として闘っていることが明らかになる。

他方で、「おりん」三部作には居住空間や家庭内で発生する性暴力が多数描かれている。たとえば、りんは結婚して間もない頃に飯場で夫の千治郎の妹の夫からレイプ未遂の被害に遭う。また、りんは、たんぱん場における事故の直後に無抵抗な状態で飯場頭の小貫からレイプされる。他方で、ひろは深夜の山中で父親代わりの小貫からレイプ未遂の被害に遭う。ひろが高等小学校卒業後に家を出て看護婦見習いになろうとする理由は、小貫の性暴力を逃れるためである。

なお、小貫の性暴力事件は実話に基づくものだった。松田は『女人回想』において、高等小学校在学中に、深夜の山中で牛飼いの作業中に義父からレイプされそうになった経験について回想している。松田は鉱山事務所に勤務するようになった後も、毎晩義父と牛飼い作業を行っており、「大寺通りから鉱夫墓地をすぎて武藤牛乳店までの山すそ道と、その先の焼き場の沢の影山への往復時間」は「緊張を要する」「要注意」時間だった」と回想している（『自選集』第一〇巻、一一九五頁）。

4　鉱山における小学校教師

「おりん」三部作において、ひろは高等小学校卒業後にタイピストとして鉱山事務所に勤務するよう命じられたため、看護婦になる道を断念する。しかし、その三年後に小学校教師の免許を取得するために師範学校本科第二部に入学する。「おりん」三部作は、ひろが師範学校に入学する直前で終わっているが、松田は師範学校卒業後に母校の大盛尋常高等小学校の教諭になった。

作中では、ひろの進路選択の積極的な動機は示されていないが、学校の成績が優秀な労働者階級出身の女性の職業として、看護婦や小学校教師は合理的な選択肢と言える。というのも、両者は女性が生涯従事することのできる安定した職業であった上に、試験に合格しさえすれば官費で職業訓練を受けることができたためである。

『女人回想』には、「この鉱山だって、同じ女でも産婆とか看護婦とか学校の先生なら、ちゃんと社宅貸してるだ。おらは、ただの選鉱女工であったためにこのとおり、夫死ねば死ぬたんびに居所追われて、好きでもない男と連れ添って子を泣かせて来ただ」（『自選集』一〇巻、二四六頁）という母の言葉が記録されている。つまり、看護婦や小学校教師は女性であっても独立して世帯を営むことが認められていた。

ただし、小学校教師については、身近な場に魅力的なロールモデルがいたことも影響したのではないかと考えられる。「おりん」三部作では、複数の小学校教師が生徒のみならず地域の労働者をも啓蒙する敬愛すべき指導者として描かれる。このことが小学校教師を目指したひろの進路選択に影響しなかったとは考えにくい。

以下では「おりん」三部作において、小学校教師がどのように描かれているのかを考察したい。それに先立って、ひろの生い立ちと家庭環境について見ておきたい。りんの長女として荒川鉱山に生まれたひろは、ごく幼い頃に実父と義父を亡くし、物心がつく頃には小貫飯場でシングルマザーの母と二人で暮らしていた。小学校入学直前に、三歳年上の兄の千太がそこに合流する。ひろの小学校入学から始まる『おりん母子伝』は、小貫飯場に暮らす親子三人の家族の物語として展開する。なお、『おりん母子伝』に描かれるひろの子供時代は、当初小貫（松田の三人目の父親をモデルとする）に病気がちの妻がいたことを除けば、松田の子供時代をかなり忠実に再現しているようだ。

ひろの飯場での生活はどのようなものだったのか。母のりんは飯場の「下女仕事」に携わっていたが、ひろと千太も学校に通う傍ら、水汲み、土間掃き、ランプ磨き、薪割り、鶏の世話などの雑用をさせられる。小貫はひろと千太に厳しく仕事を命じ、事あるごとに兄妹を罵り、時として火箸や灰ならしを投げつけた。兄妹は暴力的な小貫を恐怖し、千太は小学校卒業後に東京にいる叔父を頼って家を離れることを夢見ていた。なお、小貫は飯場頭と言っても、製錬所で「日がな一日亜硫酸ガスの濃いところをたんまりふりかぶっての重労働」に従事する鉱山労働者でもあった（『自選集』第二巻、二三頁）。つまり小貫の家庭内（飯場内）暴力は、階級搾取を、より弱い立場にある家庭（飯場）内の女性や子供に転嫁するものでもあった。

小学校入学前のひろが帰属する世界は小貫の支配する飯場のみであったが、入学式の日に初めて小学校に足を踏み入れたひろは、飯場とは異質な世界を垣間見る。とりわけひろは、七人の男性教師と肩を並べる四人の女性教師を見て心を躍らせる。[21]

――ああ！　――りんはいまさらため息をついた。

――学があるということは、なんといいもんだろう。ことにも女に学があるということは。――（同、一六頁）

まもなくひろは、四人のうち最も若い女性教師が自分のクラスの担任で、秋田県立女子師範学校を卒業したばかりの鈴木トクであることを知る。ひろは、トク先生から出欠確認のために名前を呼ばれるのだが、「生まれてはじめてワダヒロさんと苗字から名前まで、しかもさんまでつけて」(傍点原文)呼ばれたことに感激する。というのも、ひろはそれまで小貫夫妻から「「こら、ゲホ(おでこ)」「役立たず」「地蔵さまガキ」などとよばれ、なにかといえばそのあとに、「一文にもなりゃがらないで」と、つけたされ、さけばれつづけていた」ためである(同、一七頁)。ひろにとって、学校は「顔を見さえすればどなりつける大人としての飯場のおどさん、おがさんと無縁の場所」であり、それ故に「花園」のような場所となった(同、六九頁)[22]。

もっとも、小学校はひろにとっての逃避先であっただけではない。ひろの通う大成尋常高等小学校の本教員である佐藤作造や初石分教場の代用教員である江藤佐次郎、さらにひろの卒業後に母校に着任する佐藤貢らは、子供たちの良き理解者となるのみならず、補習学校や日曜学校などを通じて労働者と積極的に接触を図り、啓蒙的な役割を果たす。さらに、彼らは校長を通じて鉱山長から支給される特別賞与の受け取りを拒否することで、地域社会に強大な支配力を及ぼす三菱に対する抵抗の姿勢を示す。『桃割れのタイピスト』では、彼らはひろと千太を含む知的好奇心の旺盛な青年グループ(青年団)と接点を持ち、青年たちによるガリ版雑誌の発行にも参加する。なお、こうした学校教師の地域社会に対する啓蒙的な関わりは、大河小説的な趣を持つ「おりん」三部作において大正デモクラシーの潮流と呼応するものとしても描かれている。

『女人回想』によれば、佐藤作造と佐藤貢のモデルは佐藤喜雄、江藤のモデルは伊藤佐太郎である[23]。このうち「初石の先生」こと伊藤は、しばしば松田の暮らす飯場を訪ねてきたという。ある時伊藤は義父に対して、初石分教場の近くに住む父親の中には子供を殴る者が少なくないと告げ、そうした父親に対して「子供をなぐるのだけは、やめてけれ。人の子は鉱山長の子も鉱夫の子も、みんな同ンなじ人間の子で、尊いものだんす。ビョウドウなもんだすから、な」と言い聞かせるのだと語った(『自選集』第一〇巻、二四八頁)。さらに伊藤は、親の言うことを聞くのがよい子供だというわけではなく、「親のいうことでも、鉱山の上の者のいうことでも、もしまちがいだと思ったら『おら、そうは思わねえ』『おらは、それは違うと思う』と、はっきりといえるぐらいの子の方が、よっぽど将来、見込みあるというもんでなんし。……」とも述べた。この時、義父が「ンだだんす、先生、それだば〔それは〕全く、先生のいうとおりだんす。……」と相づちを打つのを聞いて、松田は「おどさんのウソつきィ」と叫び出しそうになったという（同、二四九頁）。義父の相槌はその場限りのものであったに違いないが、重要なことは、幼い松田が世の中には義父が体現する飯場の論理とは異なる論理が存在し、義父でさえも、その論理の正しさを表向き認めざるを得ない場面があることを認識したことだと思われる。そして飯場に対抗する論理を体現するのは小学校教師であった。

松田は高等小学校卒業後に鉱山事務所のタイピストになることを命じられた際、佐藤と伊藤に進路の相談をして、三年間鉱山事務所で働いた後に師範学校本科第二部を受験するようアドバイスを受けた。「おりん」三部作において、ひろに師範学校本科第二部の受験を勧めるのは兄の千太だが、ひろはその志望をすぐに江藤に打ち明ける。この時、江藤はひろが受験勉強の手助けを得られるように佐藤作造に手紙を書くが、この出来事も松田の実体験に基づいている。松田は女学講義録を教材として独学で受験準備を進めるが、苦手な代数と幾何については佐藤喜雄から教えを受けることができた。ここには、地方の小学校教師が卒業生や労働者の進路相談に乗り、小学校教師になることをサポートする再生産の構図を見て取ることができよう。

おわりに

「おりん」三部作は、ひろが師範学校第二部に入学する直前で終わっており、作中には、ひろが小学校教師として働く姿は描かれない。『女人回想』によれば、小学校教師になった後も、松田にとって荒川鉱山での生活は依然として息苦しいものだった。そのため、松田は二年間の義務年限を終えるや義父に内緒で学校を辞め、「鉱山事務所と母校の見えないムチ」から逃げるようにして上京した。粉雪が舞う中、馬ソリに乗って故郷を後にする松田の胸には、「訓導になれば、学校の先生になれば、なんで初恋もできず五行の詩も書けないのか。なんで、仲間にメーデー歌も教えられないのか。そしてまた、男は、なんで満の二十になれば徴兵検査されて兵隊にとられてしまうのか。あの勝郎はなんで連隊から直接「××の現地」なんかにやられるのか」という問いが「あばら骨の奥底から」こみ上げる（『自選集』第一〇巻、三三八頁）。

上京後の松田は左翼運動との接点を持ち、その延長線上でプロレタリア作家となる。選鉱夫の娘として生まれ、鉱山事務所のタイピストを経て小学校教師へと立身出世した松田の職業人生は挫折に終わった。しかし、松田は文学を通じて荒川鉱山に回帰し、生涯荒川鉱山を描き続けた。松田による「おりん」三部作のユニークな点は、こうした松田自身の体験をふまえつつ、企業城下町としての荒川鉱山を舞台として、鉱山労働者、飯場の世話係、鉱山事務所のタイピスト、小学校教師など鉱山で働く多様な女性の姿をリアルに描き出した点にある。母娘二代記として書かれた「おりん」三部作の全体を、母娘二代の職業遍歴の物語として捉えることもできよう。

本章では「おりん」三部作を、女性労働者としてのりんとひろの描かれ方に注目して考察した。鉱山労働に従事する母りんと鉱山事務所にタイピストとして勤務しつつ小学校教師を目指す娘ひろの間には格差が存在する。機械化の途上にあった銅山で事故の危険に晒されながら肉体労働に携わるりんと、当時としては最先端の機器であったタイプライターを用いて事務的な仕事に携わるひろの労働環境と労働内容は大きく異なっている。また、両者の労働環境には福利厚生面でも見過ごせない差異がある。三菱は寡婦のりんに対して社宅の提供を行わないが、未婚のひろに対しては社宅の提供を行う。先に指摘したとおり、住居の提供が得られることはシングルの女性が働き続けるための前提条件であり、雇用者が当該労働力を自立的なものとみなすかどうかのメルクマールでもあった。

他方で、りんとひろの労働条件や労働環境には共通点も見られる。第一に、りんとひろの職場はいずれも三菱の企業城下町にあり、雇用者は三菱だという点である。[24]そのことは、ひろが小使として低賃金で雇用されることに顕著に表れていよう。第二に、いずれの仕事にもセクシュアル・ハラスメントや性暴力がつきまとう点である。りんは、事故に遭遇した後、飯場の雇い人である小貫にレイプされる。他方のひろは上司の上島からレイプ未遂の被害にあう。なお、戦前の松田が書いた「A鉱山の娘」には、坑内で手子として働く女性主人公に対する職員からのレイプ未遂事件が描かれていた。

通常、肉体労働である鉱山労働と事務職であるタイピストは、異なる階層の女性が担う異なるタイプの職業として捉えられがちである。しかしながら、「おりん」三部作は、これらの職業を隣り合わせにあるものとして描き、女性がこれらの職業を担う場合の労働条件や労働環境の差異と共通点を浮かび上がらせた。「おりん」三部作は松田解子の自伝的小説というに止まらず、明治期の後半から大正期にかけての女性労働をとりまくダイナミズムを描き出す点でも大変貴重な作品と言えよう。

注

（1）松田解子の歩みについては、渡邊澄子『気骨の作家　松田解子　百年の軌跡』秋田魁新報社、二〇一四年、松田解子の会編『松田解子　写真で見る愛と闘いの九九年』新日本出版社、二〇一四年、江崎淳編『松田解子年譜』光陽出版社、二〇一九年などを参照。

（2）荒川鉱山の開発は戦国時代に遡る。一八七六年以降は盛岡の商人であった瀬川安五郎によって経営されたが、一八九六年に三菱合資会社に経営が移った。荒川鉱山については、秋田県仙北郡協和町公民館編『荒川鉱山誌』、一九七四年、進藤孝一『協和町の鉱山』秋田文化出版、一九九四年などを参照。

（3）『おりん口伝』は、まず「おりん口伝（上）」（第一章〜第四章）が『文化評論』五一号、一九六六年一月に、「おりん口伝（下）」（第五章〜第八章）が同五二号、一九六六年二月に発表された後、加筆修正の上で『おりん口伝』新日本出版社、一九六六年として刊行された。次に、「続おりん口伝」が『民主文学』一九六七年一月号から一二月号にかけて連載され、加筆修正の上で『続おりん口伝』新日本出版社、一九六八年として刊行された。その後、『おりん口伝』と『続おりん口伝』は合本『おりん口伝』として、一九七四年に新日本出版社より刊行された。『おりん母子伝』は、第一章から第二章第二節まで『民主文学』一九七四年三月号に発表された後、第二章第三節以下は書き下ろされ、同年、新日本出版社から刊行された。『桃割れのタイピスト』は、「桃割れのタイピスト――続・おりん母子伝」として『文化評論』一八二号、一九七六年六月から一九三号、一九七七年五月にかけて連載され、加筆修正の上で同年、新日本出版社から刊行された(本章では、『桃割れのタイピスト』のサブタイトル「続おりん母子伝」は省略する)。なお、『おりん口伝』は『松田解子自選集』第一巻、澤田出版・民衆社、二〇〇六年に、『おりん母子伝』と『桃割れのタイピスト(続　おりん母子伝)』は『松田解子自選集』第二巻、澤田出版・民衆社、二〇〇六年に収録されている。本章では、『松田解子自選集』所収のテキストに依拠する。典拠を示す際は『自選集』と略記する。

(4)『(2)おりん・ひろノート』松田解子文学記念室所蔵には、千治郎、おりん、千太、ひろ(キヌ)の年齢と同時代の出来事が年表にまとめられている。「おりん」三部作の創作ノートについては、『自選集』第二巻の巻末に収録されている江崎淳「解題・解説(おりん口伝・おりん母子伝)」参照。

(5)鉑とは原石のこと、タンパン(胆礬)とは硫酸銅のことである。

(6)前掲進藤『協和町の鉱山』所収。

(7)これらの小説は『松田解子自選集』第五巻、澤田出版・民衆社、二〇〇七年に収録されている。紙幅の関係から詳細は省略する。

(8)『地底の人々』と「花岡事件おぼえがき」は、『松田解子自選集』第六巻、澤田出版・民衆社、二〇〇四年所収。

(9)松田解子・塩田庄兵衛「人民闘争をどうつかむか――小説『おりん口伝』をめぐって」『歴史評論』二四六号、一九七一年一月、一三頁。

(10)松田の実父をめぐる複雑な家族関係については、『女の見た夢』興亜文化協会、一九四一年(『松田解子自選集』第三巻、澤田出版・民衆社、二〇〇四年所収)にも詳しい記述がある。

(11)炭鉱においても状況は同様であったと推測される。野依智子『近代筑豊炭鉱における女性労働と家族――「家族賃金」観念と「家庭イデオロギー」の形成過程』明石書店、二〇一〇年によれば、筑豊では多くの女性が後山として坑内労働に従事したが、後山夫は圧倒的に「一先山一後山」による夫婦共稼ぎが多く、賃金は夫婦一括払いであった。他方で、坑外労働の選炭夫は無配偶者(一〇代の未婚女性)が多かったが、賃金は後山夫の約半分であり「家計補助的労働」であらざるを得なかった。野依は女性世帯主に対する社宅貸与の可能性の有無について言及していないが、以上の点からして、炭鉱においても、女性労働は自立的なものとは見なされておらず、シングルの女性が自立して生計を維持する可能性は低かったと考えられる。
（12）松田解子「〝りん母子〟との一一年――連載を終えて」『文化評論』第一九四号、一九七七年六月、一八二頁。
（13）前掲松田・塩田「人民闘争をどうつかむか」一四頁。
（14）「シキノガマ」とは「坑内の晶洞」を指す。作中では、荒川鉱山には晶洞が多いため坑内湧水が豊富で排水が困難であると説明されている。
（15）一九一四年に発足した日本赤十字社秋田支部病院救護看護婦養成所を指すと思われる。
（16）欧文タイピストの出現はもう少し早かった。鴨田坦『現代女子の職業と其活要』成蹊堂・日本薬学協会、一九一三年には、「タイピスト」の項目がある。
（17）藤田和美編集・解説『女性のみた近代』第一六巻「アンソロジー　女と労働」ゆまに書房、二〇〇一年、一四五頁。
（18）同、一六九頁。
（19）小山静子『高等女学校と女性の近代』勁草書房、二〇二三年、第五章。この傾向は時代が下るほど強まるようである。
（20）『女人回想』によれば、松田の給料は、二年目は日給三〇銭、三年目は日給五〇銭にアップした。
（21）一九一一（明治四四）年時点で、秋田県の小学校教員に占める女子教員の割合は二六・六％に達していた。秋田県教育委員会編『秋田県教育史』第五巻　通史編一、一九八五年、九八五頁。
（22）トク先生はひろが二年に進級する直前に結婚により小学校を去る。高等科二年の時、ひろは嫁ぎ先の寺にトク先生を訪ねるが、かつて輝いていたトク先生が「年をとってしまい」、神経痛によって「片方の頬が、まがるほどひっつらなければならなかった」ことに深い悲しみを覚える（『自選集』第二巻、一九三頁）。
（23）松田はエッセイ「恩師とワタの木」『文化評論』一九八四年一月号では、伊藤佐太郎と佐藤喜雄について、兄萬寿の徴兵忌避のエピソードと絡めて回想している。
（24）りんが従事する飯場の「下女仕事」と沈澱泥背負いについては直接の雇用者は小貫であるが、小貫は三菱から仕事を請け負う立場にあるので、りんにも間接的な支配が及んでいる。

第四章　奥むめお

――「家庭婦人」と「職業婦人」を架橋する女性たちの協同運動

亀口まか

はじめに

一体おまへのやうに乳吞子を抱へてそんな仕事をやらうとすることが、抑々の間ちがいなんだ、出来ないことの方が当りまへの話だ、と云つて、夫は時どき私をたしなめるのであるけれど、とにかく、私のこの仕事の上の無理が、私の家族の生活の上にも、私自身の上にも可なり目に見えて響いてゐることは疑ひ得ない。(1)

これは、一九二六（大正一五・昭和元）年一二月、奥むめお（一八九五～一九九七）が自ら主宰する雑誌『婦人運動』に書いた、夫栄一とのやりとりである。奥は、当時七歳と三歳になる我が子を育てながら、自ら設立した職業婦人社を営み、月刊で雑誌を世に出していた。「戦場のやうな中で私たち親子は、原稿を書き、食べ、眠り、客を迎へる」(2)日々を送っていた。

ちょうどこの頃、奥は進むべき女性運動の道を模索していた。平塚らいてうや市川房枝らと起ち上げた新婦人協会の解散を経て、一九二三（大正一二）年に職業婦人社を設立し、それまで力を注いでいた婦選獲得運動等の政治運動から離れ、無産女性の生活に寄り添うことへと自らの女性運動の方向性を転換させつつあった。奥が向かったのは消費組合運動であり、そして一九三〇年に入ると婦人セツルメント、働く婦人の家を開設していく。

本章は、戦間期を生きた奥むめお自身が幼い子どもたちを抱えて働き、新たな女性運動の道を模索するなかで取り組んだ社会事業――「婦人セツルメント」と「働く婦人の家」の持つ意味を検討するものである。

奥むめおに関する研究は数多く蓄積されてきており、戦間期の奥の女性運動については、生活に根差した実際運動の意義をもっていたことが注目されてきている[3]。その背景には、この時期に自らの女性運動の道を模索していたことがあり、奥が選んだのは消費組合への参加であった。佐治恵美子によれば、奥は消費組合運動によって「当時の無産家庭婦人の解放の方途」を切り開いていったとされる[4]。この時期の奥の運動は、中産階級の女性たちの政治活動に対置する無産階級の女性運動を展開したという見方である。

それに対して成田龍一は、奥は無産階級の女性運動というよりも女性の場の形成を目指したのであって、無産階級の女性たちにかかわりながらも、女性の立場、家庭生活を強調し、その依って立つところを「消費面」に置いたと考察している[5]。つまり奥の女性運動は、家庭生活、生産ではなく消費の観点から女性の置かれた状況に「抵抗」する運動と評価されている。

これらをはじめとして、戦間期の奥の女性運動の展開に焦点を当てた研究は、「無産家庭婦人」の解放、「家庭生活の強調」、「消費の面」からの「抵抗」に着目している。これらの見方は、それぞれ「無産階級の解放・抵抗」（階級論的視点）、「生産／消費」（資本主義の視点）といった観点がこの時期の奥の女性運動にはあったことを指摘するものであり、本章においても着目するが、それだけではこの時期の奥が女性運動で模索していたことの核心に触れることはできない。

この問題意識のもとに本章が検討の視点に置くのは、奥の女性運動は「家庭婦人」のみを対象とするものであったのか、「家庭生活」のみを強調したのか、という点である。(6) なぜなら、職業婦人社設立以降の奥の女性運動には、職業の有無にかかわらず女性が働き、生活することに伴う問題、つまり「家庭婦人」と「職業婦人」を架橋する問題として、わが身にも引きつけて女性労働を捉えようとしていたことが確認できるからである。またこの時期の奥は、政党や団体に依らない女性たちの連帯を切望し、すべての女性が集う組織づくりを熱心に呼びかけたひとりでもあった。

そのため本章では、消費組合運動、婦人セツルメントへとシフトしていった戦間期の奥の女性運動について、奥が「家庭婦人」と「職業婦人」という女性を括り分けるカテゴリーにどのように接近したのかに注目して考察する。具体的には、この時期の奥が、無産階級、資本主義の問題を鋭く捉えつつ、働き、生活する女性が直面する問題に対峙する運動へと乗り出していったこと、その運動において、職業の有無、階級を超えて女性に共通する問題として、資本主義と家族制度の二つの搾取を捉える論理が示されていたこと、そこから実際運動としての女性たちの協同運動を目指したことを跡づける。

1　新たな女性運動の道へ

一九二三(大正一二)年四月、職業婦人社は東京市神田区表神保町に事務所を構え、月刊雑誌『職業婦人』の発行をはじめとして、研究講座・懇話会・講演会などの開催、「職を求める人」と「人を求める人」が利用できる職の相互救援、そして職業婦人組合の促成を掲げて事業を開始した。(7) 六月に創刊した『職業婦人』において奥は、「私たちはみんな、自分は職業婦人であるといふ意識の上に立つて働いてゐます。それは、きまつた俸給をもらつて働いてゐるか、さうでないかの別はあつても、とにかく、自分は働いて生きてゐる、といふはつきりした気持の上に立つて生きてゐるといふ点では、みんな同じであります」と述べて、「職業婦人」とは「狭義の職業婦人と所謂家庭婦人との全般を含む」と述べた。[8] この「職業婦人」の捉え方からは、女性は職業に就き、家事を担うことですでに働いているのであって、「職業婦人問題」はすべての女性の問題であるということこの時期の奥の立場が確認できる。

ところが同年九月一日の関東大震災によって、職業婦人社は灰と化す。出産を控えていた奥は夫、長男杏一と夫の故郷の新宮で避難生活を送り、翌年三月に長女紀伊を出産して帰京した。[9] 四月には雑誌名を『婦人と労働』に改題して再刊を果たす。東京に戻るまでの間、奥は「所謂流行雑誌の広告」に目を通すことに努めてきたと述べている。そして、どれもこれも「婦人職業の手引」に力を入れていることに注目し、それらが「売らん哉主義」のもとで「婦人職業の問題」を「たゞ、歯の浮くやうな恋愛物や、安価な自己満足にすぎない告白物やに代えて、時節柄やかましい職業婦人ものを持つてきたにすぎない」と評し、そういう雑誌が、あてもなくさ迷う「求職者のたよりなさ」、自分一人養うのも難しい「職業婦人の惨めさ」が雑誌の「供給者」に眼に入ることもないまま売れていく限り、職業婦人問題は解決されないと投げかけた。[10]「流行雑誌の広告」に対する奥の批判的考察から、職業婦人社の雑誌の役割は、女性労働の現実を読者に伝えることにあると確かめて再刊に奮起したことがうかがえる。

一九二五(大正一四)年九月、雑誌名が再度改められ『婦人運動』となった。創刊から三年、ようやく人手が揃い、仕事上の基礎ができたとして、「熱心な読者、ありがたい友人、未知の同志らの手紙に励まされては……『これらの人々が一つになつて、そして社会的に動くこと、随分大きな力として動くことが出来るな』こんなことを考へては、私は、一層勇敢に働き出す」[11]と綴った。奥は「これからほんもの、婦人運動」が起こっていかなければならないと呼びかけた。

それは、ほんとうに婦人各個人の生活に根ざして初められるところの、生活即ち運動への協力です。問題はいつも、私たちの、この今日の生活をどうしたらいゝか、の中にあるのです。私たちの生活を深く掘下げることにお互ひに真剣でありませう。[12]

そして男性主導の政治運動と離れて、女性運動の組織化に意欲を示していった。一九二四(大正一三)年六月、嶋中雄三、大山郁夫らとともに無産政党組織を準備する目的で設立された政治研究会に参加したが、翌年発足した婦人部の中央委員に推挙されるも辞退し、その理由を次のように述べた。

私が何故辞退したか?……いそがしすぎるから。家庭といふ重荷と、職業婦人社といふ大仕事と、今の私に、その上責任ある地位を与へられてもこれ以上に働く余裕がどこにあらうか、と。政治運動に就いて、あくまで実際的に、大衆と共にコツコツ進んでゆきたいと考へる私には、ともすれば主義主張に捉はれすぎる政治研究会の傾向に同じかねるといふ心もあつた。[13]

「主義主張に捉はれすぎる」という奥の批判は、職業婦人問題の考え方にも貫かれていた。奥には、「欧州戦後の世界的不景気」が大量の失業者を生み出し、その結果、「今まで一家の戸主の働きだけで食べてゐた多数の婦人も、亦自分で生活の道を見出さねばならなくった」のであり、「働く事を卑む愚しい習俗」から飛び出してきた、あるいは「結婚といふものが、無条件で、非常に幸福なものであるといふ夢想」から醒めなければならなくなったという認識があった。[14]このような認識に立ち、奥は「婦人が何らかの職業に就くといふ事が、いゝ事であるか、悪い事であるかといふやうな抽象的な議論は、現在、生きてゆかなければならない多数の無産婦人の生活の前には、第二義第三義的な問題となつてしまつた」[15]と述べていた。

このように奥は職業婦人問題について、性別役割分業の是非を論じようとはせず、働かざるを得ない女性の生活問題として捉えていたことがわかる。大衆とともに進む実際的な女性運動として奥が歩んでいったのは、消費組合運動であった。

一九二五（大正一四）年一〇月、住まいを蒲田から中野に移し、同じ番地にある西郊協働社に参加して消費組合運動に入っていった[16]。奥はその理由を次のように述べる。

消費組合運動についてはわが国では未だ、男子の間にだけしか熱心な人がないやうですがこれは当然、直接消費を司つてゐる婦人が中心になつてやるべき仕事だと思ひます。外国などでも初めは男子に依つて企てられたやうですが、何れも、熱心な婦人の働きが加つて、はじめて大きな社会的力となる事が出来たやうです。又消費組合運動の精神は、婦人が一番で理解し易い立場にある者であるし、婦人に理解されることなしにこの運動を進めてゆくことは出来ないと思はれます。婦人運動として、この消費組合運動が一番しつくりとした、そして誰にも参加し得る実際運動であると、私に考へられます[17]。

一九二七（昭和二）年六月には関東消費組合連盟中央委員となり、婦人部設置にともない初代婦人部長に就任した[18]。同年結成の関東婦人同盟では執行委員に、同年設置の東京共働社婦人会では創立幹事となった。

佐治恵美子はこの時期に奥が消費組合運動に参加していった理由について、「むめおは消費組合活動が、家庭婦人の解放にとって必須と考えられていた家庭生活改善に家庭婦人の協力で迫っていける運動形態と思われたから」と指摘している[19]。確かに奥はこの時期、「家庭婦人」のための運動と「職業婦人」のための運動が別の道に分かれていくという考えに立ち、「労働婦人、職業婦人は労働組合へ、家庭婦人は消費組合へ、明日からの婦人運動は、この二つの道を両々相励ましつゝ、進まねばならないのであ」り、「婦人の解放運動もこの両面から行ふ」という認識を持っていた[20]。

しかしこの時期の奥の女性運動への認識は、「家庭婦人」のための運動と「職業婦人」のための運動の二つの道があったことをただ示しただけではないことが、この時期の奥自身が書いた文章から確認できる。そのひとつが、消費組合運動に見出した資本主義の搾取と闘う生活運動の論理である。

人を見たら泥棒と思へ、といふ諺は浅ましい資本主義社会の人間根性をさらけ出したものでせうが、消費組合運動の精神は、かういふ世渡り術に疲れた私たちに、新しい生活道を与へてくれる光だと私には思はれます[21]。

そして二つ目が、婦人職業問題が対峙すべき問題として、家族制度から解放する家事の社会化の論理を指摘していたことである。

それから我国の職業婦人問題の今一つの大きな暗礁をなすものは、現在の封建的家族制度である。むろんこれは一般婦人問題、社会問題、経済問題にその根柢をおくものであるが、直接職業生活に携はる婦人としては、前に述べた様な経済的負担に加うるに、何らかの形式で未婚者にも既婚者にも封建的家族制度に依つて課せられてゐる所の二重の負担を背負はなければならないのである。従つて婦人が、真に職業生活に成功するためにはこの封建的家族制度の桎梏から完全に解放されなければならない[22]。

以後、ここからの数年間、すなわち一九三〇(昭和五)年に婦人セツルメントを開始するまでの間、奥は、女性による消費組合運動の結成に取り組む傍らで、働く女性の協同の場である「職業婦人の家」を作ろうとまい進していった。

2　協同運動への模索

奥は「職業婦人」に関する仕事も「家庭婦人」のための運動もどちらも緊要かつ切実な当面の運動と捉えていた。そして両者をともに取り組む女性運動が現れていないと考え、それらを職業婦人社の仕事としていった。婦人消費組合協会の結成、職業婦人の家の建設構想にみられるように、一九三〇(昭和五)年の婦人セツルメント開始までの数年間は、女性による組織化に向けて模索していった時期であったとみることができる。

一九二七(昭和二)年二月、婦人政治運動促進会に参加した。婦人之友社に同会の名称で社会民衆党系を除く女性たちが集まり、全国組織「婦人同盟」の創立が呼びかけられた[23]。この時の様子について奥は、「あの大雪に降りこめられた晩であつたにも拘らず、百人ほどの婦人が場内にあふれて、婦人ばかりの会合には嘗つて見なかった位盛んに気勢があがつた」[24]と記している。奥は、「私は痛切にさう思ひました。婦人の問題は結局婦人がやつてゆくより外ない。無産政党がまじめに私たち婦人の問題を取り扱つていてくれるとは云ふもの丶、その態度はまことに抽象的なものである」[25]として、「婦人の問題」は「婦人」が取り組むという意識を鮮明にしていった。また、婦人政治運動促進会を非難する主張を行った婦選獲得同盟の市川房枝に対して、「婦選運動が今迄通りな請願や懇願の形式で出てゐる限り見込みがないと云ふべきであらう。要は婦人大衆の政治的覚醒と、それに依る根強い要求の示威でなくてはならないと私は思ひます」と述べて、「対議会運動」に依らない女性運動の必要性を表明した[26]。奥は、「私は、婦人は外から(内部から動かしてゆく事が出来ない代りに)無産政党の発展のために力を籍すばかりでなく、特に婦人の立場から無産政党を励まし、これに提案し、又絶えず監視さへしてゐなければならないと思ふ」[27]と述べて、政党運動とは別に、党派を超えた女性の単一組織を作ることを主張したのであった。ただし、女性の単一組織化は第一回の会合の席上で早くも党派間の意見の衝突が起こり、以降行き悩んでしまう。奥自身、「第四回準備委員会を無期延期の通知を出した責任者」であるとしたうえで、参加した女性たちが所属する政党、組合組織の存在を指摘し、そうした「背後に働く男子の大きな指導権」に対して女性たちが自分たちの立場を持てないと嘆いたように、党派対立によってまとまらなくなっていった。(28) 以後この動きは、七月に労農党の支持による「関東婦人同盟」の結成へと至るが、それに対抗して、社会民衆党系の「労働婦人同盟」、続いて日本労農党系の「全国婦人同盟」が結成され、二月の準備会結成時に奥らが目指した党派を超えた女性の単一組織化は実現しなかった。

これ以降奥は、政党の運動とは完全に距離を置き、女性たちと協同する独自の道を切り拓いていったと思われる。そのひとつが、一九二七(昭和二)年七月発行の『婦人運動』誌上で発表した「職業婦人の家」の建設であった。

職業婦人社の事務所に大分若い人たちがたづねてみえる様になつた。然したつた二脚しかないけちな椅子で、さあお掛けなさいとも云い兼ねて、いつも私たちは辛かつた。殊に一日の勤務を終えて来られるもの、昼休みのちよつとの間を駆けて来て遊んでゆかれる人たちが多いのであるのに、かういふ人たちのためにもつとゆつくりと気休めが出来るやうな相当の設備を持ちたい、私たちは仲間同士で始終かう云い〳〵してゐた。(29)

職業婦人の家は、婦人娯楽休憩室、図書室、婦人講座講習会室、共同炊事場、共同洗濯所、簡易宿泊室、事務室を設置し、婦人職業相談所と調査部を併設することが構想されていた。(30) 翌年には建設のための募金も開始された。

時を同じくして手掛けたもうひとつの試みが、一九二八(昭和三)年五月に結成した婦人消費組合協会であった。「消費者としての主婦の立場」から「家庭生活の改善」を図って「主婦であり母である私たちが日ごろ願つてゐますことどもを主婦同盟、母の同盟の力で世に実現しながら家庭生活の延長であるところの社会の改造にまで御一緒に携つてゆきたいと思ひます」と結成の意図が示され、多くの女性の参加が呼びかけられた[31]。委員長、常務委員、一般委員から成る役員は、当分これまで知り合った者から決めたとして、委員長に奥、一般委員に赤松常子、丸岡秀子、平田のぶ子らが就任した[32]。

奥は自らの女性運動の道を明確にしていく過程で折に触れて述べていたことがあった。家事仕事と子どもを育てることについてである。まず家事仕事については次のように述べた。

とにかく煮ることや、洗ふことや、縫ふことらの雑労働を小さく仕切られた家庭々々の中でめい〳〵に行つて、沢山の女の時間と労力とを奪い去つてゐる現在の方法は、ぜひ考案されなければならないこと、思う[33]。

奥の女性運動には、女性が担う膨大で途切れなく続く家事仕事を解決しないことには女性の解放は達成されないという問題意識があり、先述の通り、家事の社会化は奥の女性運動における重要な論点であった。そしてこの論点は、もうひとつの論点である生活運動と地続きで捉えられていた。奥にとって、無産階級の生活苦、女性の家事仕事の困苦は資本主義社会の問題であった。

春夏秋冬、米を作るためにその労役をささげて来た百姓が、何故、ジヤガ芋や麦で腹を充たさねばならないか。家庭的に重宝ないろいろな文化機具を、むなしく陳列の棚の中に見流しながら、何故、私たちはそれを自分たちの日常生活の利便に供することが出来ないでせうか。……眼を、私たちの家庭から一歩外にうつして、今の社会の諸相をみつめて考へてみたいものであります[34]。

奥が家事の社会化に問題意識を持ち、それを運動や仕事にしていこうとした原点には、自らの日本女子大学校家政科での学びへの批判があった。

> 女子大学の三年間、私は家事、料理のために授業時間を多くとられすぎるのを、よく憤慨したものである。漠然とした頭でゞはあるが、その当時の私には、人間がたゞ、食ふて、生きてゆくといふだけの仕事に一日中の――いや一生の精根をすりへらしてゐるのが腹立たしかつた。それと同じやうな心で、女である私が、家事や料理のために、沢山の時間を使って好きでもないお稽古をさせられるのがいま〳〵しかつた。『卒業したら、炊飯会社を拵えて配達してあげますよ』といふやうなことを私が云ひ初めたのは、それから大分経つてからである。(35)

家庭の中で家事育児を担うことが女性の一生の役割であることを前提に置いていた高等教育の学びを批判的に捉え、その後の自らの運動や仕事の原動力にしていったことがうかがえる。

もうひとつの奥の関心として注目されるのが、家事育児を担う女性の運動参加であった。消費組合の会合に子連れで参加する女性たちに奥はかつての自分の姿を重ねて、「消費組合で催す婦人の会合にはどこでも、お母さん達が子供つれで来、そして、子供をあやし乍ら話を聞いてゐるのが私には堪らなく嬉しい」(36)と述べた。嬉しさの背景で奥が思い出すのは、「独身の生活をつゞけてゐる人はとにかく、子供を育てた経験が満更ないわけでもなさそうな婦人たちさえが私の子供を邪魔さうに、そして子供のおしつこを汚さうにして、必要以上にこのかわいさうな母親を臆病にし、しよげ込ませて「母たることの歎き」を歎かせたあの時分の気持」(37)であった。

この母の歎きを通じて奥は、「何も知らない無心な子供の心の中にも、必ず何かの形で澱んでゐさうな怒り」、すなわち「可愛さうなお母さんに対する環境への怒り、身綺麗にして呑気さうに会合なんかではしやいでゐる婦人たちへの怒り、又、自分を邪魔さうにしてゐる人たち全てに対する（お母さんまでがその一人だ！）その怒り」を見出す[38]。奥は、「私は一体、あまり子供が好きでない」と吐露したうえで、しかし「子供と共に嘗めて来た私のこれまでの経験」が「いつでも自分の問題として同時に、子供の問題を広く一般問題として考へないではゐられないやうにしてしまつた」と述べて、「母親が、特に貧しき母親が、その子供の権利をあくまで強く、世に主張すべきである」と訴えかけた[39]。

奥の経験に裏打ちされた家事の社会化、家事育児を担う女性の運動参加への関心は、奥の女性の協同運動の模索において深められていったと思われる。次にみるセツルメント運動、職業婦人の家の事業は、そのひとつの応答であったといえよう。

3　婦人セツルメントの開始

一九三〇（昭和五）年一〇月、東京市本所区林町二丁目で婦人セツルメント事業が開始された。「階上階下計百坪程のバラック」の家で、「この家を開放して子供たちのためによい勉強室となり、遊戯室となり、主婦のためにはクラブを、娘たちには学校を、実習室を、授産場を、等々、隅々に取残される一分のスキもないまでに生かして、みんなで働いて勉強し合はう[40]」ことを目指した。

婦人セツルメントと称することについて奥は、「特に婦人、と冠称する以上、いはゆる玄人の専門家の寄り合でないこと」、「素人が協力する社会事業であり社会運動である」ことを強調し、「大きな自負」をもっていると述べていた[41]。また、婦人セツルメントを「強いて漢字に直して書くならば婦人協同会館とでも云ふのが今の私たちの気持を最もよく現はしてをりませうか[42]」というように、女性の協同運動と位置づけていたことがわかる。

婦人セツルメント事業の先鞭を切ったのは、託児所と健康相談を行う「林町保育園」であった。以後、一二月には妊娠調節相談、編物講習、毎月一回の婦人社会問題講座というように、順次事業が開始されていった。ここでは一九三一（昭和六）年七月刊行の『婦人運動』に掲載された「婦人セツルメント報告」をもとに、保育部、健康相談部、妊娠調節部、栄養部の事業の様子をみておきたい。

【保育部】

一九三〇（昭和五）年一〇月の開園時の園児の人数は総数八七名、園児の居住区域は、セツルメントのある林町二丁目が四二名と最も多く、次いで林町三丁目二二名、富川町七名、林町一丁目五名、森下町五名、徳右衛門町三名、緑町三名であった。三歳から五歳が紅組、六歳、七歳が白組で紅組は四〇名（男子一八名、女子二二名）、白組は四七名（男子二四名、女子二三名）の子どもたちが通園していた。(43)「園児の家庭の職業調べ」(44)によれば、商業が二一名と最も多く、次に失業と不明が七名、化学工業が六名、職工、大工・左官、飲食店、ブリキ金網がそれぞれ四名であった。母親の職業状況について、通勤または内職が三五名、家業が二七名と報告された。保育部の収入は保育料と寄付金であったが、ほぼ毎月赤字であった。保育料は一ヶ月一円五〇銭、日納は六銭で「二割以上三割の徴収不可能分が出来るのを常としてゐます」と開園当初にして厳しい経営状況であった。(45)

【健康相談部】

婦人セツルメントでは「健康第一主義をモットー」に掲げて、園児の健康指導を中心に、「偏食の矯正、戸外のよい空気を吸ふこと、虫歯の矯正、買食ひ防止等」が保育部と連携して行われた。(46)嘱託医からこの辺りの子どもが偏食による栄養不良児が多く、また買食いするため虫歯となる傾向があると診断されたとして、来年度より独立の組織と会計で当部を行っていく計画であるとした。(47)

【妊娠調節部】

妊娠調節部は、「一般婦人に正しい妊娠調節の方法を理解させること」が婦人セツルメントの重要な役割の一つであるとの認識を持って開始された。相談は週三回午後に行われ、多い時は一日十余名、平均一日四名、創設五ヶ月間で延べ三七八名(内男性六名)が訪れた。一方で相当な相談者があるものの、方面委員の紹介による「カード階級」の人には全て無料としたことから、創設当初から赤字の月が散見される状況であった。中流階級を対象に、あるいは収益を目的とするものが多いこの種の事業を、「幸にして重要なる隣保地域をもつ婦人セツルメントが金もうけをはなれて、全く、母と子の生命をより健かならしめるために、心ない多産が齎らすところの貧乏から無産階級を防衛するために、出来る限り安い料金で、最も丁寧親切に、特に、貧しい母、無知なる人妻を対象にして働いていることは、やがて、広く一般に認めらる丶日の遠からぬことを期待してやまぬものであります」として、婦人セツルメントの基幹に位置づく事業であることが述べられている。(48) 婦人セツルメントで行う事業は、受益者負担では賄えない事業的特質をもつことへの社会的理解を求めて活動していたことがわかる。

その他、和洋裁及び編物講習、婦人講座、講習会、講演会も行われた。

【栄養部】

婦人セツルメントでは、「炊事当番制度」によって朝昼晩の食事の支度を行っていた。すなわち「炊事婦」を置かず、朝食は泊まりの者四名の一週間交替制、昼食は保育部に働く人以外の者から都合のつく人が担い、夜分は一日交替、買い出しは会計事務担当者の受持で「現金制」としていた。(49)

その後も実施事業は増加していく。「仕事としては、最初、託児部と、健康相談部と妊娠調節相談部とだけしか持つてゐいなかつたものが、母の会、消費組合、夜間女学部、小学生おさらい会、和洋裁縫授産部と、次々部門が殖えて行つて接触面が多くなり、多勢の人を吸収消化するようになりました」(50)というように、近隣住民、とりわけ母と子どもの多方面に及ぶニーズを受けとめて厳しい経営状態の中で事業が続けられていった。

4　働く婦人の家の設立

先述の通り、職業婦人社は職業婦人の家の建設を数年にわたり構想してきたという経緯があった。しかしその計画は思うように進まず、奥は「平生忙しすぎる、とは云ひながら、一年あまりも投げ出してゐた事を心で詫びてゐます」と述べていた[51]。ところがそこへ思いがけなく土地の提供が持ちかけられる。奥はその話に乗り、職業婦人の家に先行して始めたのが婦人セツルメント事業であった[52]。

このような事情もあって、この時奥は両事業の相違について次のような説明を行っている。婦人セツルメントを職業婦人の家の代わりに始めたのではないこと、来るべき時に第二のセツルメントである職業婦人の家を持ちたいと考えていることである。そして当面、婦人セツルメントはその一部を「一般職業婦人」のために提供するので利用してほしいとも呼びかけた[53]。しかし職業婦人社では職業婦人の家の建設のための募金をすでに開始してきており、その募金内から婦人セツルメントの新設のために融通したことが報告されている。このことからも募金に応じた人々に対して両事業に対する奥の姿勢を明確にする必要があったものと思われる。

セツルメント開始から三年が経とうとする一九三三（昭和八）年七月、大阪市北区澤上町六丁目に「働く婦人の家」（後に「大阪働く婦人の家」と称された）が設立された。次いで一九三五（昭和一〇）年三月には東京市牛込区市ヶ谷田町二丁目に「東京働く婦人の家」、同年九月には福井市佐佳枝町に「福井働く婦人の家」を設立した。一九三六（昭和一一）年三月には「大阪働く婦人の家」の近くで職業婦人アパート「ひまわり寮」を開館した。

奥が着手した女性の協同運動は、婦人セツルメント、働く婦人の家を相次いで生み出していった。その後両事業は、婦人セツルメントとして集約されるに至る。一九三八（昭和一三）年九月三〇日に東京市に届け出た「社会事業法ノ規定ニ依ル届書」には、事業名称の「婦人セツルメント」のもとに、「一、婦人セツルメント本館　東京市本所区菊川一丁目一九番地」、「二、婦人セツルメント働く婦人の家　牛込区市ヶ谷田町二丁目七番地」と記された[54]。

奥は婦人セツルメント設立の当初から消費組合に力を注いでいった。先述の通り、すでに、自らが委員長となって婦人消費組合協会を結成していたが、同会の供給部を開始当初の婦人セツルメント内に設置したことが報告されている。しかし婦人消費組合協会は、婦人セツルメント開始に前後して消滅していったとされる。佐治恵美子は、一九三〇（昭和五）年五月刊行の『婦人運動』においてたどれる最後の活動が同年五月の第二回婦人講座の開催であり、奥自身が消費組合運動の抗争分裂を受けて婦人消費組合協会のメンバーも分散してしまった経緯を述べていることから、婦人消費組合協会はその後まもなく消滅したと結論づけている[55]。

5　消費組合運動の継続

ただし、奥の消費組合運動への意欲は消えることはなく、母の会の指導目標に消費組合の実行を掲げて婦人セツルメント事業のなかで取り組んでいったことが確認できる[56]。実際のところ、婦人消費組合協会がどうなったのかは不明だが、奥は婦人セツルメントにおいて、後継に当たる事業を展開しようと母の会を基盤に尽力していった。「母の会消費組合」を出資金一口一〇銭で発足し、さらに生産部と授産部を設置していった（図1）。「これは、仕立物や洗濯物洋服類の注文を出して下さることに依つて協力して貰ふのですが、仕事をほしがつてゐる人たちへの授産にもあてるのです[57]」として、消費組合との両輪で成り立たせていきたいと意気込んでいた。

このような消費組合と仕事の創出を担うセツルメント事業について奥は、「村に一つ、町に一つ、ぜひ婦人の力でセツルメントを築きませう！[58]」と訴えた。これは奥が婦人消費組合協会を結成した際に示していたことでもあった。「婦人消費組合協会は飽くまでも地域的にあちこちに散在して働く会であるといふ事である。班とか、支部とか、がいつも活動の中心になつて、その近所の婦人と互ひに協力して進めて行つてほしい。……農村向きに、都会向きに、地方小都市向きに、又、同じく都会向きといつても工場町向きもあり、商家町向きもあり、山の手向きもあろう[59]」と述べていた。その後奥は、「婦人消費組合協会のメンバーも右し左する対立の気配をみせて、自信なく事前に散つて行きました」と述べたうえで、「なほ、諦めきれないものがある」として婦人セツルメント事業の仕事に位置づけていったのである[60]。

図1　婦人セツルメント開始当初の「母の会消費組合」
出所）国立女性教育会館奥むめおコレクション所蔵

暗礁に乗り上げた東京の消費組合の運動、打ちのめされた失望の中からやつと一つ、私たちが自分自身のものとしてしつかり掴んで浮び上つて来た光明の彼岸こそは、実に、今日のこのセツルメント・ウオーク協同事業でありました[61]。

消費組合運動を女性の協同運動として実現させていくという奥の願いは、セツルメント事業に受け継がれていったといえよう[62]。

6　協同運動の試み

婦人セツルメント開設当初、奥は協同運動の趣旨のもと、事業に集う「協力者」による組織運営として「協力制度」の体制を敷いた。

第一　婦人セツルメントには全体の仕事の中心となるしつかりした専任者が一人あれば、あとはみんなの自由協力で面白いほど活発に回転してゆく様に、組織立てる必要があります。……第二、婦人の生活を、成べく職業化したルツボの中へ投込みたくない、というのは、私の愚かな希ひでせうか。[63]

そこには、「われ〳〵の生活の一切を、営利業者の手にかけたくない。子供の着る物も、食べるものも、健康も、病気も、趣味と娯楽も、読書も、等々、セツルメントの希ひはこの原理につきてゐはしますまいか」と述べるように、資本主義社会の搾取と闘う生活運動の論理を見出すことができる。[64]

そしてもうひとつ、奥が目指したのは女性に重くのしかかる家事や子育ての労働から解放する職業女性運動であった。「婦人は今日の時代になほ、旧制度のまゝの家庭様式を背負つて歩いてゐるのではないか。一人の婦人の頭上に必ず一つの台所があるではないか。一つの洗濯たらひと一つの裁板と針箱があるのではないか。母たる婦人であればそのまはりに更に数人のその人の生んだ子供がゐるのだ」[65]。その上で職業に就くとき、「一日の勤労に疲れ切つた身体が、家にかへつてまた二つ目のこの重荷を背おひつゝ喘いでゐるのである。この上に貧乏の重石でがつしり頭を押しつぶされてゐるプロレタリア婦人の生活の何と暗いことであろう。さうして、これが普通一般の女の生活なのである」と。[66]

奥が目指していったのは、資本主義の搾取や家事・育児と職業との二重負担を女性の相互協力によって乗り越えていく新しい職業生活の創出であった。

即ち、私たちの職業婦人セツルメントとは、職業婦人自身の自発的な相互協力の上に、今日の職業生活では、一人の力を以てしては期待することの出来ない様な諸設備をいろ〳〵に持つて、それに繋がり、それらに励まされて、退屈な職業生活の中にも、輝しき生の喜びを加へてゆかうとするものでなければならないのであります。[67]

婦人セツルメントでは、協力者が「公費生」として産婆学校や保母学校に通うことや、[68]子どもを育てる協力者の休日の設置など、[69]全員一致の決議で進めたことが報告された。セツルメントではこういう点で自由がきくこと、雇われて働くこととは違うことを強調した。開設時から恒常的な経営難に陥りながらも、「婦人セツルメントは、ほんとうは、消費組合や、生産組合、利用組合等の協力事業の余剰金の上に打立てらるべき仕事である」[70]との信念を掲げ、女性が働き、子どもを育てて生活していく協同の道を探る女性たちによる社会事業であった。

おわりに

本所へ帰れば百人の子供に取巻かれる私である。

子供たちよ、お母さんは何をしてゐる。お父さんのお帰りは何時頃か。

父母に代はるべく、私たちも余りにこゝろ重たく、気忙しい。家には、私の子供たちも待つてゐるのである。

人の子の母として、悲しみに徹して私は祈る。

ことしも元気で三百六十五日よく働きたいと――[71]。


奥むめおは後年、戦前から戦後にかけた自らの歩みは、「毎日の暮らしに四苦八苦する婦人たち」のために注いだものであったと振り返っている。[72]「毎日の暮らしに四苦八苦する婦人たち」とはだれか。それは「無産婦人運動に身を投じた人たち、あるいは婦選獲得に東奔西走する人たち、そうした第一線で活躍する婦人たち」ではない、「一般大衆」の女性たちであり、[73]そのなかに生活と子育てと運動を一身に背負う奥自身がいた。

図 2　婦人セツルメント学芸会に集う子どもたち（1938 年）

出所）国立女性教育会館奥むめおコレクション所蔵

この時期に一人の生活者として、一人の女性労働者として奥自身が捉えようとしていた問題は、自身も生活と労働のなかで感じ取っていた「資本主義と家族制度の二つの搾取」であり、奥の運動は、これを「捉える論理」を示していたと考える。奥は、「この世情に於て、たゞ漫然と、母性主義を強調することは、昔の女大学式の三従の訓へに似た隷属者女性の地位を肯定する恐れが多分にあ」り、一方で、「職業を奨励し、社会的に進出すべきことを説くにしても、婦人本来の性たるべき母性生活を少しも尊重しやうとしない、全く資本主義社会の打算から来た搾取だけがある職業生活を肯定する様な結果を招来する心配が、又非常に多いのであります」と述べて、「今日の資本主義社会に女として私たちの生きる道は如何?」と問いかけた[74]。奥が発した今日まで通底するこの問いに、自ら応えて取り組んだのが、女性労働者の協同運動としての婦人セツルメントと働く婦人の家であったように思われる。「家庭婦人」と「職業婦人」を異なる運動の対象に分けてしまっては見えなくなる問題を、戦間期の奥の運動は見ようとしたのではないだろうか。

注

（1）奥むめお「身辺雑記」『婦人運動』第四巻一一号、一九二六年一二月、三七頁。
（2）同前。
（3）戦間期の運動の展開については、橋本紀子「職業婦人社」民間教育史料研究会編『教育の世紀社の総合的研究』一光社、一九八四年、伊東滋子「奥むめおにみる女性解放論の軌跡――母性と職業をめぐって」民衆史研究会編『民衆運動と差別・女性』一九八五年、田代美江子「近代日本における産児制限運動と性教育――一九二〇〜三〇年代を中心に」『日本の教育史学』第三六巻、一九九三年一〇月、志村明子「奥むめおによる戦前の女性運動――セツルメント活動とバース・コントロール運動を中心に」『中京大学社会学部紀要』第一五巻第一号、二〇〇〇年一〇月、村上淳子「奥むめおの志――「後衛」の思想」筑波大学歴史・人類学系編『年報日本史叢』二〇〇〇年一二月、橋本紀子「一九二〇―三〇年代日本の成人教育としての産児調節運動――奥むめおの活動を中心に」橋本紀子・逸見勝亮編『ジェンダーと教育の歴史』川島書店、二〇〇三年、安藤丈将「戦間期における婦人運動のコミューン化――奥むめおの組織化戦略の転換を中心にして」『早稲田政治公法研究』第七四号、二〇〇三年一二月、今井小の実「社会運動としての社会福祉――奥むめおの活動を通して」『キリスト教社会問題研究』第五五号、二〇〇六年一二月などを参照。先行研究の網羅的な整理を行ったものとして、上村千賀子「奥むめおに見る複合キャリアの形成過程――戦前の活動を中心として」『NWEC実践研究』第二号、二〇一二年二月を参照。
（4）佐治恵美子「奥むめおと無産家庭婦人」『歴史評論』第三五九号、一九八〇年三月、二九頁。
（5）阿部恒久・成田龍一「婦人運動の展開」鹿野政直・由井正臣編『近代日本の統合と抵抗』三、日本評論社、一九八二年、二五七頁。
（6）これは戦前、戦時、戦後にわたる奥の女性運動の通史的検討とその歴史的意義にかかわる論点であり、たとえば成田龍一は、「女性＝生活＝消費の結合を実体化」する「男性社会の原理」をうけいれ、そこから女性解放を図ったという点で、奥の女性運動は「性別役割分担と母性とを容認し、受容していた」こと（一七一頁）、それが一九二〇年代、とくに一九三〇年代を契機とした奥の「主婦の論理」であり、戦後に至り継続して論じられていったこと（一八一頁）を指摘している（成田龍一「母の国の女たち――奥むめおの〈戦時と戦後〉」山之内靖編『総力戦と現代化』（パルマケイア叢書　四）、柏書房、一九九五年）。このことは、戦時から敗戦への女性運動の連続と断絶の問題から、奥の女性運動の検証が必要であることを示すものである。上野千鶴子は戦後のフェミニズムの戦後責任という課題を掲げて、奥自身が、戦時と敗戦後の「断絶」を意識していない問題性を指摘している（上野千鶴子「戦後女性運動の地政学――「平和」と「女性」のあいだ」西川祐子編『戦後という地政学』（歴史の描き方　二）、東京大学出版会、二〇〇六年、一四〇〜一四二頁）。一方で石崎昇子、山村淑子は、奥が戦後の主婦連合会の活動も含めて戦前から一貫して多数派の女性、「大衆婦人」に寄り添う運動を展開していたとの見方を示している（石崎昇子「奥むめおが捉えた「大衆婦人」――一九二〇年代、三〇年代、四〇年代」総合女性史研究会『総合女性史研究』第二八号、二〇一一年三月、一二八～一三一頁。山村淑子「奥むめおが捉えた「大衆婦人」――一九二〇年代から一九五〇年代にみる」同、一三一～一三三頁）。

（7）自伝では、職業婦人社の設立、職業婦人の雑誌の刊行を奥に勧めたのは平凡社社長の下中弥三郎であり、事務所は平凡社近くの仲間の下宿を借り、当初の資金は奥の『婦人問題十六講』（一九二五）の前借り、下中の援助でやりくりしたと説明されている（奥むめお『野火あかあかと――奥むめお自伝』ドメス出版、一九八八年、七五～七六頁）。

（8）奥むめお「私たちの立場」『職業婦人』第一巻第一号、一九二三年六月、四七～四八頁。

（9）前掲奥『野火あかあかと』七九頁。

（10）奥むめお「南紀伊より」『婦人と労働』第二巻第三号、一九二四年六月、三八～三九頁。

（11）奥むめお「近況おたより」『婦人と労働』第三巻第六号、一九二五年六月、二三頁。

（12）同前。

（13）奥むめお「近況おたより」『婦人運動』第三巻第一〇号、一九二五年一二月、三〇頁。

（14）奥むめお「無名の婦人運動――それがよくっても悪くっても」『婦人と労働』第二巻第七号、一九二四年一一月、二頁。

（15）同前、三頁。

（16）奥を消費組合活動に誘ったのは新居格であったという（前掲奥『野火あかあかと』八九頁）。

（17）奥むめお「西郊中野へ移り住む」『婦人運動』第四巻第一〇号、一九二六年一一月、三五頁。

（18）大寺恵美子「主婦層と消費組合運動――一九二〇―三〇年代婦人運動の底流」『歴史評論』第四一〇号、一九八四年六月、三八頁。

（19）前掲佐治「奥むめおと無産家庭婦人」五九頁。

（20）奥むめお「ことし一年の婦人界を回顧す」『婦人運動』第四巻第一一号、一九二六年一二月、八～九頁。

（21）前掲奥「西郊中野へ移り住む」三六頁。

（22）奥むめお「職業婦人問題の二方面」『婦人運動』第五巻第八号、一九二七年九月、二〇頁。

（23）法政大学大原社会問題研究所編『労働組合婦人部設置をめぐる論争と「婦人同盟」関係資料（一九二六―八年）』（婦人運動史資料一）、一九五五年、四三～四五頁。

（24）奥むめお「婦人政治運動促進会から婦人同盟まで」『婦人運動』第五巻第四号、一九二七年四月、三三頁。

（25）奥むめお「わが婦人運動の進むべき道――婦人は、無産政党を援けよ、これに提案せよ、監視せよ」『婦人運動』第五巻第三号、一九二七年三月、一二頁。
(26) 奥むめお「婦選獲得同盟の対政党対策を読む」『婦人運動』第五巻第四号、一九二七年四月、一九頁。
(27) 前掲奥「わが婦人運動の進むべき道」一二頁。
(28) 前掲奥「婦人政治運動促進会から婦人同盟まで」四五頁。
(29) 奥むめお「近時三題」『婦人運動』第五巻第七号、一九二七年七月、一八頁。
(30) 「職業婦人社の基礎拡充のために」『婦人運動』第五巻第七号、一九二七年七月、四四頁。
(31) 春子「婦人消費組合協会の生れるまで」『婦人運動』第六巻第五号、一九二八年六月、一九頁。
(32) 同前、二〇頁。
(33) 奥むめお「思うことども」『婦人運動』第四巻第五号、一九二六年六月、二七〜二八頁。
(34) 奥むめお「眼を移してみよ」『婦人運動』第三巻第一〇号、一九二五年一二月、二三〜二六頁。
(35) 前掲奥「思うことども」二六頁。
(36) 奥むめお「身辺雑記」『婦人運動』第五巻第一一号、一九二七年一二月、四四頁。
(37) 同前、四五頁。
(38) 同前。
(39) 同前。なお、奥の「母たることの歎き」の主張は、「母子」を一体に捉えて疑わない認識が垣間見えるのであり、このことついては、戦時に奥が示していった国家的母性論の展開と合わせてさらに検討していく必要がある。
(40) 奥むめお「婦人セツルメントを開始す」『婦人運動』第八巻第七号、一九三〇年七月、三八頁。
(41) 奥むめお「セツルメント運動私見」『婦人運動』第九巻第五号、一九三一年七月、一〇頁。
(42) 奥むめお「婦人セツルメント運動の発足」『婦人運動』第八巻第八号、一九三〇年一〇月、二三頁。
(43) 「婦人セツルメント報告」『婦人運動』第九巻第五号、一九三一年七月、二五頁。
(44) 同前、二六頁。
(45) 同前、二七〜二八頁。
(46) 同前、二八頁。
(47) 同前。
(48) 同前、三〇頁。

(49) 同前、一三三頁。
(50)「婦人セツルメント日誌抄」『婦人運動』第一〇巻第九号、一九三二年一〇月、七一頁。
(51)「巻末に」『婦人運動』第八巻第六号、一九三〇年七月、六二頁。
(52)「敬隣館(一燈園系統の団体)で使うつもりで建てられた」バラックを使ってみてはとの誘いを奥が受けたという経緯で開始されていったという(「婦人セツルメントだより」『婦人運動』第八巻第七号、一九三〇年九月、四七頁)。
(53)「職業婦人の家に就て」『婦人運動』第八巻第九号(附録)、一九三〇年一一月、四頁。
(54)「婦人セツルメント社会事業法(第二條又ハ附則第二項)ノ規定ニ依ル届書」(一九三八年九月三〇日)、国立女性教育会館奥むめおコレクション所蔵。
(55) 前掲佐治「奥むめおと無産家庭婦人」七一頁。
(56)「婦人セツルメント日誌」『婦人運動』第九巻第四号、一九三一年五月、四〇頁。
(57)「婦人セツルメント日記抄」『婦人運動』第九巻第七号、一九三一年一〇月、四三頁。
(58) 同前。
(59) 奥むめお「婦人消費組合協会に就て」『婦人運動』第六巻第五号、一九二八年六月、二六頁。
(60) 奥むめお「協力者に呼びかける!」『婦人運動』第一〇巻第五号、一九三二年六月、九頁。
(61) 奥むめお「婦人の働らく仕事に就いて――特にその財源をどうするかの問題」『婦人運動』第一一巻第四号、一九三三年五月、七頁。
(62) 母の会と一体となって始めた消費組合は、その後は分かれて活動していったようである。前者は旅行などの親睦会の要素を強めていったのであり、消費組合は奥が主導で進めていったと思われる。多忙を極める身にその任は重かったように思われるが、その後も婦人セツルメントの拠点で活動する江東消費組合との交流が報告されている(「日記抄」『婦人運動』第一三巻第一号、一九三五年一月、五一頁)。
(63) 奥むめお「婦人セツルメントへの希ひ」『婦人運動』第一〇巻第一号、一九三二年一月、五二頁。
(64) 同前、五三頁。
(65) 奥むめお「家庭の再建問題」『婦人運動』第一〇巻第二号、一九三二年二月、四頁。
(66) 同前。
(67) 奥むめお「職業婦人セツルメントに就いて」『婦人運動』第一二巻第二号、一九三四年二月、一〇頁。

(68) 「婦人セツルメント日記抄」『婦人運動』第一一巻第四号、一九三三年五月、四九頁。
(69) 「婦人セツルメント日記抄」『婦人運動』第一二巻第五号、一九三四年五月、五五頁。
(70) 前掲奥「婦人の働らく仕事に就いて」六～七頁。
(71) 『婦人運動』第一三巻第一号、一九三五年一月、表紙。
(72) 前掲奥『野火あかあかと』一〇二頁。
(73) 日本経済新聞社編『私の履歴書』第六集、日本経済新聞社、一九五八年、二五三～二五四頁。
(74) 奥むめお「婦人生活の基本を論ず」『婦人運動』第一二巻第四号、一九三四年四月、九頁。

第五章　栈敷ジョセフィン（よし子）
――倉紡万寿工場の女子寄宿舎・教化係として

岸　伸子

はじめに

栈敷《さんじき》ジョセフィン（よし子）は一九〇二（明治三五）年八月二日、北海道札幌の豊平に生まれた(1)。一九一五（大正四）年、よし子は札幌のミッションスクール北星女学校へ給費生として入学。義務年限を小樽のロース幼稚園保母として終え、病弱の治療と勉学のために梅光女学院英語専攻科（下関）に在籍するが、関東大震災で「下関への帰校は不可能」になった。一九二四（大正一三）年に住み込み家庭教師として、余市で「手広く漁業を営む」実業家の娘（日本女子大学校付属女学校生）を教えながら日本女子大学校社会事業学部女工保全科を卒業した。

一九二八（昭和三）年五月に倉敷紡績（倉紡）へ万寿《ます》工場事務課員寄宿教化係として赴任した。自修寮で指導しつつ、企業内厚生事業でも女子労働者からの信頼を集めていた。「産業合理化」に抗した一九三〇（昭和五）年の倉紡万寿工場争議において、栈敷は「主謀者」と目され解雇された。一九三三（昭和八）年には、全協（日本労働組合全国協議会）大阪繊維の活動に加わり、翌年一〇月に札幌刑務所で服役した。

一九三七（昭和一二）年に東京品川区の病院につとめながら看護婦免許を取得。そして、先輩谷野せつの援助で愛媛県の農村結核予防（模範地区の出目《いづめ》結核予防会、現鬼北町）に携わり（一九四一～一九四五年）、保健婦資格などを取った。一九四五(昭和二〇)年五月、中国東北部の満州開拓科学研究所にて満州開拓団の結核予防対策に就き、終戦を迎えた。一九四六(昭和二一)年に八路軍の日本人医務員となり、帰国は一九五八(昭和三三)年、東京で同窓の苅田アサノ・阿部ちとせ、帯刀貞代らに会い、北海道で肉親と再会した。保健婦活動を晩年までつづけた。以上のように長期にわたる栈敷の活動のうち、本章では、日本女子大学校在学時と倉紡万寿工場在職時に焦点をあてる。

栈敷よし子は、一九七五(昭和五〇)年に自伝『永遠なる青春――ある保健婦の昭和史』(青春社)を著している(以後、『自伝』と記す)。『自伝』に記された栈敷の生き様に多くの人が感動している一方、学術的な研究はあまり進んでいないと思われる。数少ない先行研究のうち、栈敷について社会福祉実践と労働争議の側面から論じたものとして、以下が挙げられる。

栈敷よし子の「社会福祉実践に果たした役割を問い」かけたのは、井上和子「社会福祉実践と女性(その一)――大衆とともに歩んだ栈敷よし子の軌跡」[2]である。井上は、栈敷が生涯にわたって「大衆の側に立って平和を求め」たその「底に流れるボランタリズムの精神」をさぐっている[3]。

労働争議の側面から論じているのは、鈴木裕子『女工と労働争議　一九三〇年洋モス争議――日本女性労働運動史論I』[4]である。鈴木は一九三〇(昭和五)年の日本女性労働運動について、日本最大の紡績会社である鐘紡にはじめて「争議の烽火があがったばかりでなく、一連の大中の紡績会社に飛火した」[5]、その一例が倉紡万寿工場争議であると位置づける。さらに倉紡万寿工場争議の特徴の第一に「生理休暇要求」をあげ、「この時期の他の紡績争議」には見られない独自要求とする。第二に教化係栈敷が「自己の地位を最大限活用して蒔いた種が争議のとき、みごとに結実」[6]したことをあげる。

本章では、栈敷が倉敷紡績の教化係であったことをふまえつつ万寿工場争議において果たした役割に注目する。

なお、栈敷の日本女子大学校時代は、関東大震災後の社会事業への社会的な必要性が増大した時期であったことから、学生たちは社会事業学部という「新しい学問」への期待を抱いた世代であった。したがって同窓生たちが回想する当時の社会認識に目を向ける時、理想と現実の間《はざま》の青春像が浮かび上がり、桟敷もその中の一人であったことを知らされる。

本章で用いる主な資料は、前述の『自伝』、日本女子大学校社会事業学部卒業生による回想を収めた『めじろ路』(7)、倉敷紡績㈱社内報『倉敷時報』(8)、板野勝次『嵐に耐えた歳月』(9)である。桟敷の生い立ち、北星女学校時代、炭鉱調査に関する研究ノートに拙稿(10)がある。倉紡万寿工場争議に関しては『山陽新報』などの新聞を参考引用した。

1　桟敷よし子と日本女子大学校社会事業学部

桟敷よし子は一九二四（大正一三）年、開設四年目の日本女子大学校社会事業部四回生として入学した。日本女子大学校は、「日本で最初の日本を代表する女子大学」として一九〇一（明治三四）年誕生し、「女子大」といえば東京女子大学発足の一九一八（大正七）年までは日本女子大学校を指していた。成瀬仁蔵を初代学長に、家政学部・国文学部・英文学部から発足した(11)。同窓会組織の桜楓会は機関紙『家庭週報』を発刊した。

一九一九（大正八）年、建学の精神を受け継いだ二代目総長、麻生正蔵は従来の慈善事業に対して、これからの「国民の社会生活改善の事業」を実行あるものとするためには「女子の参加が必要」であり「時期は今や正に熟しきった」と判断した。そして日本女子大学校こそが、まさに〝公器〟としてその〝社会の要望、国家の希求〟にこたえるもの」として、社会事業学部を一九二一（大正一〇）年に開設した(12)。すでに国の体制は一九一七（大正六）年に内務省の救護課が発足し、米騒動勃発をはさみ、一九二〇（大正九）年社会局を設置した。『東京日日新聞』、『東京朝日新聞』（各々一九二一年九月二七日付）による社会事業学部の開設報道は、高等教育を志す国内外の女性たちの向学心をかきたてた。

日本女子大学校でも社会事業学部発足以前の一九一八年から生江孝之を講師として招き「社会事業講座」を開催してきた経緯がある。同年「社会事業関係講座」が東京女子大学社会学部に設置され、一九二〇年には日本大学に社会科が設置された[13]。日本における高等教育機関の社会事業関係の講座創設は一九二〇年代のほぼ同じ頃であった。

日本女子大学校では、社会事業学部設置にあたり、生江孝之や山室軍平、留岡幸助らの社会事業の専門家、新進気鋭の社会学者（戸田貞三・綿貫哲男）、社会政策の永井亨らの意見を参考に学部が編成された。一九二一年発足のカリキュラムでは基礎科目を第一・二学年で、専門科目を第三・四学年で、観察実習科目を主として第三・四学年で修めた。第一・二学年は共通科目を学び、第三学年から児童保全科、女工保全科それぞれの専門に分かれた。女工保全科には、「工場法・青年女子の研究・女子職業問題、女工の教育及び娯楽問題、女工使用問題、婦人問題、労資問題など」の科目がおかれた。だが、一九三一（昭和六）年、「社会の状況の変化」などから社会事業学部は家政学部第三類へと移行した[14]。

社会事業学部の存続期間中、すなわち一九二一（大正一〇）年の一回生の入学から一九三二（昭和七）年入学の一二回生が卒業した一九三六（昭和一一）年までの、一五年間の入学生総数は四四一名、卒業生総数は二五四名であった。そして在学生数のピークは一九二五（大正一四）年の二〇九名で、一九二八（昭和三）年の一二〇名以降は激減した[15]。同学部には、職場経験を経た者、家族の反対を押しきって入学した者など、一〇代から三〇代までの幅広い年齢層、既婚者、留学生などの多様な属性の女子学生が新しい社会事業分野に期待して入学し、学んだ。したがって、桟敷は同学部在籍数がもっとも多い時期に、自由で活発な論議を交わす学生時代を過ごしていたと思われる。

社会事業学部の学生たちは同時代の一九二〇～三〇年代をどのように捉えていたであろうか。『めじろ路』に収められた各回生の代表の回想には、日本社会を敏感に捉えた五つの特徴をみることができる。

その第一は、第一次世界大戦後の政治経済の変化、友愛会の創設、米騒動の発生、日本の資本主義の急速な発展にともなう労働運動や社会運動の活発化と治安維持法施行・男子普通選挙実現などの社会的影響。

第二に、一九二三（大正一二）年の関東大震災が一～三回生の在籍時であったこと。学生たちは牛乳の配給、救援物資の整頓・配布など、東京市社会局からの要請にたいして学校・桜楓会と協力して救援活動に奔走した。生活困難者の生活実態をも知ることになった。

第三には、婦人参政権運動が盛り上がり、市川房枝の演説を聴き感激する学生もいた。他大学の学生たちと学ぶ社会科学研究会へ参加する女子学生に対する政治活動への弾圧は強化され、その影響は学内そして寮生や寮監にも及んだ(16)。

第四に、一九三三（昭和八）年に社会事業学部は家政学部第三類へと移行された。その背景には「社会」と名のつくことが「社会主義」と混同されるとの当局からの指摘と、一九二八年以降の入学者の激減や中途退学者の増加があった。学生たちは修業年限が四ヶ年制から三ヶ年制への短縮をともなう学部改革に「憤慨」し、校長と「団交」もしたが、講師陣が変わらないことには安堵した。

第五に、日本の植民地であった「満州国」、朝鮮、台湾などからの留学生が在学した（『めじろ路』によると一五年間に一七名）。卒業後に帰国し、母国での社会的な活躍も見られた(17)。

さらに、在学時の社会運動を卒業生がどのように回顧しているかをみていきたい。一九七八（昭和五三）年に発行された『めじろ路』は約二六〇名の回想記だが、何らかの社会運動への感想・体験を記述しているのは約三〇名で寄稿者の約一割である。入学動機や卒業後の進路等に関わりなく社会運動に言及している者は一九二四（大正一三）～一九二七（昭和二）年入学の四～七回生が最も多く、六割であった。

八例をあげておく。「六四名の同級生と理想に燃えて入学。しかし講演会参加など〝前例がない〟と許されない。抗議をすると〝不良学生〟〝危険人物〟と敵視、国会傍聴願には〝社会主義者〟と不許可」（一回生）、「社会科学研究会を西村桜東洋（おとよ）と結成。学内外の仲間と政治に対する批判・運動に参加。級友たちからのあまり実際運動に躍らぬようにとの忠告も馬耳東風」（三回生）、「当時は左翼運動はなやかな時代、私も友人と多少勉強もしたが、所詮は小娘のお遊び、貫く力も自信もないまま卒業と同時に結婚」（四回生）、「社会思想を反映、社会主義運動に没頭、学校に反抗、社会主義者と同棲、検挙、放校、退学の学友。無産階級の側に立ち真剣に働く学生もいた」（四回生）、「弾圧も激しく、そこをくぐりぬける若者のスリル等もあったと思う」（五回生）、「当時は、特高警察の盛んな時代でクラスでも中退者が出たりした。東北の冷害もあり農村の娘達の身売りなどもあり、苦しい時代だった」（五回生）、「社会の歪みに関心をもち……おもちゃ箱をひっくりかえした様な混沌とした世代、こうした世相の中でどうしたならば少しでも住みよい社会になるかしら？と考え就職」（六回生）、「ゴーリキイの『母』のような小説を読んでいる人には注意（訓話）、〝あの人を監視しなさい〟の寮・学校からの命令でスパイのような行動もした」（一〇回生）。

では、新しい分野に期待して入学した社会事業学部生の進路はどうであっただろうか。社会事業学部卒業生の卒業直後の進路は、「卒業後職業についた者は半数を超え」、卒業後も勉学を続けた者も多い特徴があった[18]。大正期の卒業直後の職種に関して最も多いのが官吏である（他学科では高等女学校教員が多い）。昭和前期においても公務関係が多く、福祉・保健の分野が多い。その勤続年数は一～五年、比較的短い勤続年数の者が傾向にある反面、一六～二〇年勤続も多く、かなり長期にわたって職業を継続している者もいるという特徴も示されている[19]。『めじろ路』にみる卒業生の卒業直後の進路を一覧にしたのが表1である。表1の民間企業における紡績業に、鐘淵紡績（鐘紡）・倉敷紡績（倉紡）・日清紡績（日清紡）がある。社会事業学部（女工保全科・児童保全科）の初期の卒業生は次々と紡績業界へ就職した。

桟敷よし子はその一人で、倉紡へ就職した。桟敷は卒論を書いた頃から、「労働者の現場に入って活動したい」と

表 1　社会事業学部卒業直後の就職先(1-12 回生、1925-1936 年)

種類	具体的な事業所名(所在地、職種など)
官公庁	内務省職業紹介事務局、東京府少年職業相談所、職業紹介所、職業紹介所(神田橋)、東京市社会局職業課、内務省社会局保険部、内務省社会局、内務省衛生局、内務省衛生局保険課、内務省、司法省東京審判所、厚生省社会局、鉄道省、東京府訪問婦、東京府児童保護員、東京市社会局教育庶務課調査係(児童読物・貧困家庭調査)、東京市社会局方面事業(訪問婦)、東京市社会局(富川町スラム街の託児所保母)、東京市社会局保護課(保母)、東京市社会局(訪問婦)、東京市社会局(方面事務所・相談保護事業)、東京市社会局、東京少年審判所、大阪市職業紹介所婦人部室、神戸市市役所児童相談所(書記)、愛知県庁社会課、京都市社会課託児所(保母の指導)、大阪方面事業、愛知県庁、大阪市立市民館、司法省勤務(岡山)、兵庫県立児童研究所(心理学の補助業務)、大阪市役所社会部(託児所所長)
民間企業	鐘紡(寮監、本社女工係)、倉敷紡績(女工監督・舎監・教化係)、日清紡績(情操教育担当教師)、三越本店(女子店員監督見習い)、モスリン工場寄宿舎(女工世話係)、そごう本店(宝塚・店員監督)、銀行(補助)、満鉄社会事業部
病院	聖路加病院(メディカルケースーワーカー、結核患者相談・訪問)、聖路加国際メディカルセンター(社会事業部：医療ケースワーカー)
学校・大学関係	日本女子大学校(指導者＝リーダー・教員・教授の助手)、桜楓会(事務局)*、日本女子大学校寮、桜楓会(事業部)*、ブラックマーホーム(義務年限勤務)*、日本女子大学校寮(販売会)、日大社会学科(勤務)、大阪府女子師範学校(家庭科教授)、国立聾唖学校(小石川)(教諭)、小学校(教員)、東大医学部付属脳研究室(ソーシャルワーカー、勤務)、東京府下東松小学校(教員)
(進学)	東大(2 回生へ編入)、上野図書館学校、太平洋美術学校、女子神学校(岡山)、新聞学院、医学(学校名不明)
社会事業団体	済生会(医療社会事業・保母)、一宮学園(虚弱児童施設・保母)、浴風会(養老施設寮母)、桜楓会(城南地区活動)*、桜楓会日暮里・巣鴨託児所(保母)*、桜楓会託児所(保母)*、付属豊明幼稚園*、日本 YWCA 労働調査部、東京 YWCA、東京 YWCA 有職婦人部(職業婦人対策)、YWCA 労働調査部、YWCA(書籍整理)、東大セツルメント託児所(保母)、東京府大井隣保館(保母)、中央社会事業協会、隣保館、東京府社会事業協会(府のセツルメントで児童・健康相談)、東京都大島隣保館、精神文化研究所所長(大倉国彦先生)経営の幼稚園(保母)、東京少年審判所(実家の社会福祉施設・司法省管轄)、同仁ハウス(社会事業・隣保事業)、「子どもの家」開設(雑司ヶ谷・子どもの一時預かり)、中央社会事業協会(社会事業研究生)、同情園(実家の養護施設・助手)、大阪府乳児幼児保護協会(小児保健所の主任保健婦)、愛染園(託児所・大阪天王寺)、満鉄婦人協会(社宅の児童館保母)
協同組合	産業組合中央会(農村婦人教育)
マスコミ(新聞・出版)	国民新聞社(婦人記者)、朝日新聞社(記者)、美術誌『美之国』(編集)、婦人毎日新聞(新聞記者見習い)、日刊ラジオ新聞
団体	「労資協調会」、愛国婦人会大阪府本部(編集係)、労働農民党(書記)、大阪愛国婦人会、愛国婦人会台湾支部、キリスト教団体(勤務)
その他	札幌新善光寺(僧侶)、ソビエト大使館(日本語 1 等書記官のセクレタリー)、河上丈太郎(衆議院議員・兄)の手伝い、石井綾子ベビールーム手伝い、仏教史学研究(実父と共著)、家業経営(造り酒屋・鉄道部品・旅館：ハルピン)、大阪方面で夫婦で社会事業、実家事業手伝い、(就職先不明 10 数名)

(出所)回想手記『めじろ路』より作成(岸伸子)
(注 1)就職先の名称は記載のまま
(注 2)日本女子大学校関係の学校・事業等には* を付した
(注 3)留学生の卒業直後の動向は、不明が多く省いている思いながら、卒業後の一九二八（昭和三）年五月一日、倉敷紡績に職を得た。倉紡へ「世話係」として大学の「先輩」が辞めた後に入ることになっていたが、ひと月たっても採用通知がなかなか来なかった。そこで父は、知人であり、女子大学校入学時の保証人でもあった実業家（日銀副総裁）「深井英五氏から大原孫三郎社長へ手紙を依頼」し、「深井英五氏の紹介状で倉敷紡績万寿工場の警戒線を突破することができた」[20]。

紡績業界では高等教育を受けた世話係に期待していた。橋本隆太『凌雲漫談　紡織人事の話』[21]によると、紡績業の人事管理の側面からの「世話係」について「女工寄宿舎の女工を日日指導し世話をする世話係は女である」としている。世話係は永年工場で働いた女工を登用する場合と、高等女学校、女子師範学校、女子大を卒業した者を採用する場合がある。なかでも「二四、五歳の落つきの出来た年齢」の「女子大学の卒業生」が「敬虔の念」から親しみがわくという。しかし、本人の「自分は最高学府を出たという誇りが意識しないまでも表面にあらわれている」懸念もあったという。倉紡は「寄宿舎世話係にも労働問題に十分理解をもった」女子大学出身の数名が「人事の刷新」の機会に一九一九（大正八）年、二〇（大正九）年と採用され「進歩的な女子寄宿職工の管理にあたらせることを試みた」[22]。なお、倉紡は産業界からみると、明治末には「人道主義、慈善主義の下に極めて完全な職工待遇法を実行しつつあって、其事業上に於ける成績の顕著である」と工業教育会の「職工問題講演」（宇野利右衛門）で紹介され、模範とされた[23]。

2　「先進的」倉紡万寿工場の特徴――寄宿舎と自治制

「模範」とされる倉敷紡績を創り上げてきたのは、倉紡二代目社長大原孫三郎である。孫三郎は、一九〇六（明治三九）年、寄宿舎内での腸チフス発生や賃上げ要求のストライキなど労働問題に対応した。ロバート・オーエンやキリスト教の思想に影響を受けた倉敷の大地主であり、産業資本家であり、社会事業家である。一九一七（大正六）年に「共同作業場の理念」を打ち出し、労働者も資本家も「双方共に偏らない利益」によって労資協調を図った。その諸施策は「労働理想主義」といわれた[24]。一九一五（大正四）年の万寿工場始業など事業の拡大と共に、企業内教育、炊事・医療設備の改善、分散式寄宿舎などをすすめた。

倉紡企業内の教育養成は、「従来は女子職工」を対象としていたが工場設備の拡張に伴い「男子職工」が学ぶための倉紡工手学校が一九一一（明治四四）年に設立された[25]。義務教育を修了した女子を対象に倉敷成徳補修女学校なども開校された。万寿工場では「一般教育及び技芸・職業教育とは異なり、婦人の知徳涵養・修養」を目的とした教育で、女子一五〇人を対象に三ヶ月間・毎週八時間の時間割（算術・珠算・修身・裁縫・音楽・読み方・作文・ペン習字・家事）が組まれた。自修デーには「日給者の参加者には半額を支給」した[26]。

倉紡の「万寿工場の職工教育」を紹介したものに、『労働者教育の根本思想と其方法』[27]がある。同書の調査（一九二九年）は「倉紡の『家事研究特待生』制度」を取り上げている。対象は契約期間満了者で、目的は「退社帰国前一定の期間家事全般の学芸を研究実習」した女子労働者に対して「主婦」の教養を補足すること。資格は、勤続満二年以上、年齢一八歳以上、精勤・「成績優良品行方正」の父兄の許可を得た者。すでに修了者は九〇名。「家事特待生」は六ヶ月の修養を終えると、職場に戻り就労、寄宿舎では寮長・寮長補佐となる。「もはや、単なる世話係は不要となる」と「家事研究特待生」の養成の効果があらわれているという。

倉紡の「先進的」特徴の第一は、万寿工場の「分散式家族的寄宿舎」である。その始まりは一九〇七（明治四〇）年で、当時の一般的な寄宿舎のような「工場法の規定通り、女工一人に一畳半」という狭さではない「寄宿舎らしくない寄宿舎」であり、四戸一棟に四人定員であった。倉敷本社工場の分散式寄宿舎の経験を活かし「大原自らが立案した」万寿式分散寄宿舎は各室の日照に気を配り、中庭で四季の草花を楽しめるよう、家庭的な雰囲気に配慮したものだった[28]。

「先進的」特徴の第二は自治制で、自修寮の運営に反映された。『倉敷時報』一九二二（大正一一）年一二月一五日付の特集によると、自修寮は常に寄宿舎生が将来家庭に於て「必須なる家事上の知能を授け婦徳を養成する目的、教化機関」として「修身、家事、衛生、作法、裁縫、その他、炊事一般、配膳、給仕、園芸、洗濯、掃除、整頓」を習得した。自修寮は収容人員八〇名、四〇日間を一期、長期勤労者より、順次入寮した。寮舎は一〇畳三間、六畳一間、四畳半一間の建物四棟、中間に四〇畳の食堂であった。

「先進的」倉紡万寿工場は紡績産業の視察対象となっていった。とくに第一次世界大戦後の一九一九(大正八)年、第一回国際労働会議(ILO)の代表派遣にあたり「婦人顧問」が視察に訪れている。「労働問題の激化・ロシア革命や日本紡績業の劣悪な条件に対する非難」を背景に開催されることから、女性に関する議題が審議されるときは顧問の一人は女性を選出する必要があり、政府代表に婦人顧問田中孝子(日本女子大学校教授)が決まった。田中はILO参加に先立ち、深夜業廃止、八時間制を主張する立場から「先進的」とされる倉紡万寿工場を来訪した(『山陽新報』一九一九年一〇月五日付)。山内みな(東京モスリン)[29]が田中孝子の随行員になれなかったことで知られている、一〇月五日開催の友愛会婦人部主催婦人労働者大会(東京)に先立ち、田中は岸和田紡績を視察し倉紡まで足をのばしていた。翌一九二〇(大正九)年四月下旬には、『婦人公論』で母性保護論争に加わった山川菊栄が夫山川均と共に万寿工場を見学し[30]、菊栄は倉敷工場内の倉紡学校を参観(『倉敷時報』一九二〇年六月一日付)した。さらに、一九二三(大正一二)年、第三回ILOの婦人顧問となった石原きよ子も[31]「一年半程」倉紡を「見学」している(『山陽新報』一九二三年八月二三日付)。

倉紡万寿工場の教化係に就いた日本女子大学校出身者の職務とその回想を追ってみる。一九二五(大正一四)年には栄木《さかえぎ》三浦《みうら》、一九二六(大正一五)年に石山清子と松本房江、内山(阿部)ちとせ、一九二八(昭和三)年に桟敷よし子の五人が入社した(内山のみ国文学部、ほか四人は社会事業学部)。五人の回想には「教化係」、「工場監督」、「寮監」の職務名が記されているが同様の仕事と思われる。入社すると、自修寮における先輩の教化係から半年ほど講義を受け、工場を見学。そして「若い女子大卒の人達に委ねられたカリキュラム」を分担し、松本は染色・音楽・料理・そろばん・ローマ字を、栄木は労働問題・婦人問題を受け持った[32]。栈敷は、職場を離れて自修寮で学ぶ一五人の女子労働者(三年以上勤務)と六ヶ月間起居をともにした。生花・音楽・国語・算数を担当する「先生」たちと女子労働者の「花嫁教育」にあたった。「花嫁専修生は会社の誇りでもあった」[33]。また、栈敷は自修寮教育の計画を夜と昼の二交替制にあうように一日二時間ずつ片番で週一二時間、「女工さん」たちの希望も入れて「高等小学校程度」の国語・算数などに常識講話も組み、三ヶ月を一期とした自修寮での合宿も行っている。

しかし教化係等についた彼女たちは、職務を通した矛盾について語っている。工場内の「綿ぼこり、高温、湿気、騒音」にはなじめなかった、『女工哀史』にでてくる通りで「女工さんたちの生活は、他の紡績と大してちがっていなかった」(内山)[34]。また、「ハイカラな食事を苦心」して作ったりしたが、それは女子大で「自分達が受けてきたもの、そのまま女工さんたちに押し付けて教育したことになり、女工さん達にはついていけないものがあった」のではないか。そして「会社から給料をもらいながら好き勝手に教育に携り、会社から云われる合理化に反対する矛盾」を感じた。さらに「女工さんに同情的になるだけの矛盾」も身にしみたのだった(松本)[35]。

3　企業内厚生事業を担った「栈敷良子」

栈敷は、二年七ヶ月間、倉紡万寿工場女子労働者の学習・教育に関わった。同時に人事課配属の社員として、企業内厚生福利活動に、他の教化係、各教科の「先生」、寮の区長、「主婦」「主婦助手」らと共に関わっている。栈敷のかかわりを社内報『倉敷時報』の記述から一九二八(昭和三)年について見てみよう[36]。交友会、従業員の部活動、寄宿寮に関わる行事についての記事、そして栈敷個人の寄稿が含まれる。なお栈敷の記名は「栈敷良子」が用いられている。

交友会（倉紡交友会）は、一九二六（大正一五）年に発足し会社従業員で組織され、「会員相互の交友」によって「品性」「知識」を養い会員の「福利を増進」させるために「学芸・娯楽・保健・衛生・金融・その他」の事業を行った。[37] 同時期に「労資協調懇談の機関」として「工場委員会」の設置が検討されたこともあった。栈敷は、一九二八年一一月二六日に交友会改選が行われた際、二一名の候補者中、一三一票を集めて評議員に当選し、次点は六五票であった。翌月には第三回交友会評議員会などにも参加している。

自修寮の職務では、一九二八年九月二九日に自修寮入寮式、翌春四月にも自修寮入寮式と、入寮式が定期的に行なわれている。六月、一一月の寄宿区長会議では「安全週間中の行事打合せ、風紀、貯送金その他の経済問題」を協議。六月末に自治研究会を学校講堂にて開催し、「寄宿事務、自治、養成教化各区長、主婦、主婦心得等全員一五〇名」が集って安全週間・風紀などの課題を協議した。九月にはご大典について協議した。九月九日、「倉紡万寿女学校入学式午前七時から入学者九〇名」、栈敷教化係が開会を述べ唱歌「金剛石」を合唱した。

「女工さんたち」[38] との交流が伝わってくるのは、「すみれ婦人会」の活動である。六月三日、午前七時からバザーを自修寮にて開催し日用品（石鹸・洗粉・便箋・封筒・筆紙など）を販売し、飲食部が軽食（ウドン・すし類・汁粉・ラムネ）を提供した。総会が六月二四日に学校講堂にて開催され、手料理、菓子も添えられた。栈敷は役員に選出され、「婦人会新役員会長に栈敷良子、副会長二名、幹事一八名」との記載。さらに、会長として、すみれ婦人慰安旅行では七月に「乙番」、八月に「甲番」で一二〇名を引率した。八月の慰安旅行は、午前五時四七分に倉敷を出発して笠岡・白石島へ行き、白石公園山頂から瀬戸内海をのぞみ、阿伏兎《あぶと》観音へ、鞆仙酔島で海水浴をして祇園神社に詣でて夜八時に「無事帰倉」している。

文化的な集まりには花友会、句会、カメラ部などがあった。体育系の女子の球技（庭球・卓球）の部長には栈敷がついた。

修養団の活動も活発であった。一九二八（昭和三）年一一月一一日の修養団万寿工場支部の結成を前にした『泉の花』誌友会は、読者のつどいを同年六月に甲、乙班それぞれに集って行っている。栈敷が「疑問の箇所」を「理解のゆくよう丁寧に説明」しているので「一同益するところ大」であるという。九月七日の誌友会では栈敷がトルストイ生誕百年日に因んで『復活』について話をしている。また、『自伝』によれば毎月一回後藤静香の「修養団」がやって来て講演をした。徹夜作業後の疲れた「女工さん」たちは大広間で正座して目をとじ、組んだ手を上下に動かしながら「流汗鍛錬、同胞相愛」と唱和した。「女工さんが貧血で倒れうつぶ」すので寮へ連れ戻すこともあった(39)。

ところで、栈敷は入社後まもない時期に、『倉敷時報』の文芸欄に長文の「友に語る」を寄稿している。故郷北海道の木々プラタナス・アカシヤ・ポプラの思い出に託して女性の自立について「友」に語りかけるスタイルのエッセイである。

友よ、私が□日常の日々を持っているように貴女方は一人一人□った世界をもっている。……若き時代に□まず学び務めよう。社会に□□□□自己の使命をし□□者となる為に。（□は判読不明）(40)。

なお、栈敷の前任者で退職後に母校日本女子大学校へ戻った栄木三浦（社会事業学部一回生）の在任時の紹介には「自修寮の先生、スミレ婦人会会長、泉の花、希の誌友会、修養団の指導者、保健組合理事、交友会委員」を務め、さらに「寄宿舎の為、工場のため、非常に真面目に」活動したとある。後任の教化係として栈敷は、栄木と同様の役割を任されたことになる。

4 「産業合理化」に直面した栈敷よし子と女子労働者

紡績業界が深夜業の撤廃を実施するのは、一九二三（大正一二）年に公布された改正工場法施行の一九二九（昭和四）年七月一日である。だが倉紡の深夜業撤廃は一足早く、同年四月一日の実施であった。紡績業界は日本の深夜業に対する国際的批判への対応を迫られてきた経緯があった。一方、紡績連合会は、夜業廃止による減産とコスト高に備え、一九二六（大正一五）年末から一九二八年四月までの「合理化試験期間」を設け、「据付台数増加・工場新設、回転数増加・新鋭機備付、能率増加」をスローガンに「生産性の向上」を図った[41]。倉紡は「産業の合理化」を業界他社に先んじて取り組んでいた。

ここで、倉紡に働く女子労働者の意識をさぐってみる。紡績工場の労働と生活についての断片的な資料から、向学心、好奇心、不満が伝わってくる。『倉敷時報』に掲載された一九二二（大正一一）年の「手紙」には、「女学校だけは済まして退社したい」[42]という女子労働者の切望が書かれている。裁縫が全体の半分で残りの半分は修身、家事、国語、地歴、唱歌など二年間の修業年限であった。さらに倉紡の寄宿舎から工場の外へ、新聞の投書によって積極的な願いをあらわした女性に「亀山うた」がいる。一九一九（大正八）年一一月の第一回全関西婦人連合大会（大阪）に出席したい、臨時会員に入れてもらいたい、大会に間に合うように「上阪」すると訴えている[43]。また、女性労働者の不満が一九二四（大正一三）年五月二六日に発生した「倉敷工場女学校一棟放火全焼」にあらわれている。放火犯の「女工」（二一歳）は、昨年まで優良成績であったが、職場が変わってから仕事も「思う様に出来ず」にいたという[44]。「産業の合理化」への不満の爆発とみることが出来るのではなかろうか。

深夜業撤廃を前にした倉紡万寿工場の労働実態をみることにする。教化係であった内山ちとせは、一週間ごとの昼夜交代で「雨戸を閉ざして」日中休む場合は眠りが浅く、「一週間つづけると、一七g《ママ》も体重が減る。よほど頑丈な人でないと、次の一週間ひる作業しても、ぜんぶはとりかえせない」[45]状態にあったと後年記している。さらに、深夜業廃止前後の万寿工場で働く社宅から通う通勤工は、午前六時に就業後に戻っても、妹弟の世話や家事もあり、また道路を歩く人々の足音で眠れず、職場でのうたたねともなった。「優等工女」で親元に近い寄宿舎にいても「工場の生活は決して楽なもの」ではなく、九州から来ている女子工員（朝鮮から来ている者もいたが）は帰りたくても「日給三五銭で、食費一五銭引かれると残りは二〇銭」で旅費はその一ヶ月分が必要で帰れなかった[46]。

食堂ではご飯と漬物は食べたいだけ食べる事が出来たが、五分か一〇分でご飯をかきこむ。不熟練の「女工さん」たちは、食事時間を削って、糸切れさせないために機械にたまった綿ぼこりを払った。「女工さん」たちの病気の多くは結核、胃腸病となってあらわれた。深夜業は、夕方六時から翌朝までの「一二時間に休憩時間は一五分ずつの二回」であった。深夜の休憩に綿ぼこりのまま機械の傍に眠り込む「娘」もいる。学習グループの国方トミは「糸きれて／綿ぼこ山の／台掃除／五分で済ます／三碗のめし」[47]と詠んでいる。

桟敷も離職後に労働実態を告発した。「女工さんたち」の休日は、深夜業廃止前は「月四回」であったものが、廃止後は二日となった。また、通常、休日は一二、三日から一七、八日の間隔でめぐってくるが、最長は二一日に及んだ人もいた。また、休憩時間は深夜業廃止前には一時間あったが、廃止後は三〇分のみと半減した。持ち台数の急激な増加は「機械を使って居るべき彼女達をして反対に機械のために追い回される」。「便所」も「水飲み」時間も与えられない。「休憩の合図を待って用便に殺到」した。桟敷は、こうした倉紡の「深夜業廃止」前後における労働現場の著しい変化を論述した[48]。

桟敷は以上のような実態におかれた労働者の自覚を高めるため、学習グループを組織した。板野勝次は「桟敷よし子から寄せられた手記」を元にして、次のようにまとめている[49]。

一九二九（昭和四）年春、自修寮の教育を受けた人々のなかから積極的に社会科学の学習を深め、工場内の不合理な問題をとらえて、これをなくするたたかいを考え始めた数人が、桟敷の周囲に集まりだした。小林多喜二の小説を借りて読む人、『賃労働と資本』をくりかえし読む女子労働者が、二人、三人とふえはじめ、ついに万寿工場内の第一工場から第三工場までの各職場に、信頼できる学習グループができるにいたった。

会社の中で労働強化の動きが強まると、学習グループは非公然グループとしてストライキの準備を始め、ビラを作成して工場内に貼ったりまいたりする活動を開始する。『自伝』によれば、桟敷らのグループは、倉紡構外の倉敷一般労働組合の協力を得てガリ版印刷のビラをつくり、早朝に工場内に持ち込んで、まいたり、機械や便所に貼りつけたりした。[50]こうした成果は、「川向こうの山に入って、ビラの貼り方、まき方を真剣に工夫、研究した結果得られたものだった」。桟敷は次のように回想している。

休日にハイキングを装って山に入ったわたし達は、今までの学習をどのように実践にうつすか、おもいおもいの姿勢で車座になり相談し討論した。そしておもいつくとすぐその格好をしてみたり、真剣さのなかにも若さがみなぎっていた（四六頁）。

なお、『自伝』によれば、桟敷らは争議の二ヶ月前から、詩やうた、散文、『賃労働と資本』の感想文なども掲載したガリ版雑誌『星』を公然と発行するようになったという。

ところで、一九三〇（昭和五）年は、「日本最大の紡績会社である鐘紡にはじめて争議の烽火《のろし》があがった」のみならず、倉敷万寿工場等の「大中の紡績会社に飛火」[51]し、紡績労働争議が激発した年だった。四月には岡山県の鐘紡西大寺工場でも賃金四割引下げに抗議した五七日間争議[52]があった。女子労働者の給料は、出来高払いで支払われ、度重なる操業短縮(操短)は労働時間の減少となり収入減少となった。「賃金引上げ」と「食費引き下げ」要求は必然であった。

倉紡万寿工場における争議は大正期にも起こっていたが、一九三〇年四月には「社宅から通う主婦」中心に寄宿舎の少数の「女工」が働く第一工場で、「残業一時間に一銭だす」という残業命令に対して、翌日の一日スト決行により残業を「さたやみ」とさせた争議も起こっている。さらに労働災害も続発した。生理でおなかが「にがる」(いたい・岡山の方言)ことから寄宿舎で寝ているところを引っ張り出されて「気が変になった」悲劇[53]などを栈敷は目の当たりにした。

一九三〇(昭和五)年八月、九月と賃金が引き下げられた。加えて一〇月三〇日に一一月から一割引下げ(昨年と比べて「三割から四割の減収」)を会社から知らされた。同日夜に「電動部の労働者が一斉スト」にはいった。一〇月三一日早朝、学習グループの国方トミが「はじまった、お秀姉やおきよさん、おすえさんも入って、要求をまとめているんよ」と争議が勃発したことを栈敷のもとに知らせに来た[54]。

5　争議団六二一名とともに〝起つ〟

倉紡万寿工場争議の経過を『自伝』、『山陽新報』他も参照して記すことにしたい。

一九三〇(昭和五)年一〇月三一日、午前四時、万寿工場女子寄宿舎の女子労働者「修養団幹部一人を除く全員六二一名(栈敷の入社時には「一千余名」いたが合理化で減少)が、起床汽笛を合図に、構内の大講堂に集合した[55]。争議団を結成し会社による「暴力と切崩し」に備えた。「首切り絶対反対、賃金二割増額、寄宿舎食費(五銭を三銭に)引下げ、織機等級品の罰を無くすること、時間外仕事に反対、犠牲者は絶対にださぬこと」の六ヶ条についで、「生理休暇要求」・「浴槽の湯の入れ替え」などの待遇改善要求を会社の「信頼のあつい川上トメら代表一〇名」が工場長へ提出した[56]。しかし会社側が要求を一蹴したことから、争議団は、倉敷労働組合へ応援を求め、市内の大衆食堂に応援団事務所を置いた。

同日、さらに新たな代表を先頭に要求項目を追加して事務所へ向かった。そこへ「会社雇の暴力団と警官」が襲い、争議団は中心的指導者が引き抜かれ「暴行と脅迫」をうけた。それでも結束をかため争議団員は「全争議団員が代表者だ」といって「工場長直接即時回答願う」の一文をそえて要求書提出に「成功」し、講堂で籠城作戦に入った。

一一月四日、会社側が親元へ連絡をして娘たちを連れ戻させて三六名が切り崩された。しかし、朝から諸芸（かくし芸）大会をはじめ五八〇余名は、三味線・バイオリンに安来節や浪花節を披露しあって賑やかであった。「石油缶叩いて」「解雇するなら、全員解雇を」と叫び「会社側は大狼狽して、最も強硬な一〇名に解雇通知」を出した（『大阪毎日新聞』一九三〇年一一月四日付）。大原社長は「非常手段は可成避けた」と語りながら、「ステッキを持った荒くれ男」が争議本部を遠巻きに威嚇（『山陽新報』一九三〇年一一月四日付）。争議団は声高らかに応酬した[57]。

会社は鬼か人でなし
病気になったら首にするよ
親が死んでも帰りがせぬょ
おいらの願いの通るまで
おいらがいなけりゃ
世間は闇ょ
賃金値上げをなぜきかぬ。

会社側は、大原美術博物館の竣工式を目前に、岡山県下の「陸軍特別大演習並地方行幸」に予定された労働科学研究所視察もあり、争議解決を急ぐ一方持久戦も考えねばならなかった。倉敷の救世軍が「籠城女工」に「神の教」を説いても「神の教で飯が喰えるか」と野次られる。争議団員にとって必要な日用品（チリ紙・脱脂綿・石けん・新聞・菓子餅・歯磨き粉など）を販売する「構内売店」は遮断され、市民や倉敷労働組合からの慰問品も会社側の妨害で争議団に渡されなかった。そこで自由法曹団に救援を求めてもいた。

だが、「何でも百二三十名はどうしても首をきらねばならん女工さんがいる」との報道や、一一月八日、工場側による「斬首者約三〇名」のリストが争議団に判明するに及んで、「もはやこれまで」と判断に至った。八日朝、三七〇名の争議団は「最後の要求」としてリストにある者たちは「いさぎよく工場をでていく」ので「会社の規程による解雇手当と帰郷手当」支給を迫った。九日、午前一〇時から闘争本部の大講堂で「悲壮なる解団式」を行い倉紡万寿工場争議は終わった。第一工場の国本カメ（仮名二一歳）は「主要要求は得られなかった」が、「資本の迫力に対して私ども婦人労働者の結束によって九日間対峙してきたことは精神的に大きな勝利」と確信を語った。[58]「桟敷を中心に一二〇名」の女子労働者は事実上、馘首された。

首になった仲間たちの中には「散った花火は行く先ざきで燃えるんよ」と東京・大阪へと活動の地を求めて行った者もいた。それでも一九三〇（昭和五）年一二月末に国方トミと思われる「國方□□（□は判読不明）」が自動車に乗車して東山峠を越えるところを逮捕された。[59] 倉紡にとっては「永く寄宿舎内に根を残しその清掃に殆ど半年を要した」争議であった。[60]

桟敷よし子の退社を『倉敷時報』（一九三〇年一二月一五日号）は、「一身上の御都合」によるものとして、本名「桟敷ジョセフィン」の「職員異動」を記載した。一一月一九日、午後六時から「学校裁縫普通科教室」にて新任者との送迎会がもたれた。桟敷は「自修寮に於て、学校に於て、甲番に於て非常に御親切に御世話が出来一般より惜しまれた次第で御座います」と紹介された。修養団有志主催で大講堂にて行われた日本女子大学校先輩の栄木三浦の送別の内容とは雲泥の差があるにせよ、大争議の「主謀者」とされた桟敷の紹介記事には簡潔に桟敷の仕事振りが読み取れる。

倉紡万寿工場争議要求の特徴に「月経時の一日を公休と認めること」がある。会社は争議の初日から争議団の要求項目に「生理休暇」という「進歩的な要求」が出されたことにより、「主謀者」を特定する戦術を執拗にとった。「背後に隠然たる組織」の存在をあぶり出そうとした。要求の「月経中最高潮時の一日を休みとして取り扱って貰いたい」に対しては、会社側は申し出があれば「適当な取り扱いをする」という争議団への懐柔策ともとれる回答を与えながら、一方で主謀者六名を解雇した。争議団はひるむことなく、会社側が要求するように「鉛筆の走り書き」から「ペン書き」に改めて、「月経時の一日を公休」とするなど九ケ条の正式な要求書を提出した。

一九二一（大正一〇）年、倉紡大原社長の「労働理想主義」を具体化していくために倉敷労働科学研究所（労研）が設立された。[61] そして同研究所創設時の研究は深夜作業と女子・若年労働、工場作業場の温湿度問題、作業員の仕事適性検査等であった。[62] 争議要求に「生理休暇」要求をいれる事が出来た要因は、自修寮での「常識講話」に月に一回同研究所長の暉峻義等による「性科学を中心に生理学」講義が組まれていたことであると思われる。暉峻による講義が、「産業合理化」の労働過重の現場に働く若年女子労働者が自らの要求として生理休暇要求を提出することへと結実したのである。そして、この万寿工場争議要求が「この時期の他の紡績労働争議にはみられない独自の要求」となった。「月経時の休養」が具体的に要求される時期は「一九三〇年前後の昭和初期」[63]とされ、倉敷万寿工場争議要求はその先駆けであった。

桟敷よし子は、「女工さん達の自発的な行動をただ援助しただけ」と語っているが、[64] 桟敷は「産業合理化」から「女工さん」を守るためには「団結」による他はないことを自覚していた。そのための「援助」すなわち女子労働者自身の自発性を促すために、倉紡の教育の機会、自主的な活動をとらえて学習を重ね彼女たちの結束をはかった。[65]

おわりに

本章では、桟敷ジョセフィン(よし子)が日本女子大学校社会事業学部に入学し、高等教育をうけ、社会事業や社会的活動に関心をもつ一人であったことを明らかにすると共に「職業婦人」の新しい職種であった紡績業女子寄宿舎の教化係として増大した女子労働者とどのように関わりあったのかを探った。

桟敷は倉紡万寿工場に赴任し、紡績女子労働者の現実、「小学校を出たばかりの一二、三歳の娘が、からだをカタに五〇円、百円と前借して家族の生活をささえなければならない」という事実を知った。[66]桟敷の入社は、深夜業禁止が実施される前年の一九二八(昭和三)年である。桟敷は、深夜業撤廃にそなえた「産業合理化」推進の時期の教化係であった。その任務は、「模範的」倉紡の労務管理方針である「自修寮」における学習企画・指導する一方で、「自治制」にもとづく企業内厚生事業の全般に関わりつつ、女子労働者の労働と生活全般を見守ることにあった。「生産性の向上」を図る倉紡のシステムであった。

本章では、倉紡社内報『倉敷時報』紙面から桟敷が担った「交友会」、「すみれ婦人会」、文化部活動などを紹介した。桟敷の関わった文化・厚生活動とは、治安維持法施行後、社会運動が弾圧され、運動が分裂をきたす中での女性労働者の連帯・共同の模索そのものではなかろうか。

桟敷は倉紡万寿工場の女子労働者の教育にあたり、知識人としての素養も発揮しながら、倉紡の厚生事業を通して交流を深め、さらに社会科学を学ぶ仲間を組織した。一九三〇(昭和五)年、彼女たちは「賃上げ」と「食費値下げ」、「生理休暇」などの要求をかかげるに至った積極性と切崩しにも負けない結束と創造力を生かした戦術をとった。桟敷は倉紡万寿工場争議を通して女子労働者の「素晴らしさ」を知ることになった。[67]一方で倉紡大原孫三郎の「資本家個人の善意とか温情などは、もうけ主義の恥部をおおう〝いちじくの葉〟に過ぎないこと」[68]を栈敷は認識するに至った。

倉紡万寿工場争議は、「岡山全協のオルグと指導による一九三〇年の県下の最大の争議であった」[69]という。とはいえ、倉紡万寿工場における全協の組織化には大きな困難が伴った。[70]『自伝』によれば栈敷は東京から『無産者新聞』を取り寄せて読んでいた。[71]万寿工場争議の「生理休暇」要求は、全協労働運動が掲げた「生理休暇要求」の一環でもあったといえよう。

万寿工場争議では、他の紡績工場で働く女性労働者と連帯の動きも見られた。『山陽新報』(一九三〇年一一月二日付)によれば「鐘紡あたりで訓練された二〇名ばかりの女工が入り込み指揮」をしていた。また一九二八(昭和三)年には「赤松常子女史」を迎えた笠岡福山紡績工場の総同盟福山労働組合の結成式の動きもあった。[72]一九三〇(昭和五)年四月の鐘紡西大寺工場争議に参加した女子労働者と倉紡万寿工場争議の協力関係の解明などの課題が残されている。

最後に、倉敷の街を「震撼させた」倉紡万寿工場争議の展開が年明けの一九三一(昭和六)年には倉敷の女性の書き手二名[73]によって伝えられ、運動の広がりと連帯が示されたことを指摘しておきたい。

栈敷ジョセフイン(よし子)は社会運動家を志す生き方を貫いた。晩年に己を顧みて「キリスト教育ちの弁証法的唯物論者」とあらわしている。[74]倉紡に働く女性たちと意気投合した連帯の強みは、社会運動を実践する土台となった。

注

(1) 桟敷は、本名に父の願いから外国名ジョセフィンをもつが、後によし子に改名。本章では「よし子」を用いる。父(桟敷新松・私立北海中学校の教師)と母(志乃)の第三子。母は乳児死亡八人を含む一五人の子を産み、非戦論者の父は職を辞し開拓民となった。
(2) 井上和子「社会福祉実践と女性(その一)——大衆とともに歩んだ桟敷よし子の軌跡」『大阪女子短期大学紀要』第九号、一九八四年。
(3) 同前、六一頁。
(4) 鈴木裕子『女工と労働争議　一九三〇年洋モス争議——日本女性労働史論I』れんが書房新社、一九八九年。
(5) 同前、一四九頁。
(6) 同前、一五一頁。
(7) 日本女子大学社会福祉学科の会　みどり会編・発行『めじろ路——日本女子大学校社会事業学部卒業生のあゆみ』一九七八年。
(8) 『倉敷時報』(創刊一九一七年)、『倉紡婦人の友』(倉紡学校向けに一九一二年発行、表紙一部以外は未詳)。
(9) 板野勝次『嵐に耐えた歳月』新日本出版社、一九七七年。著者宛「桟敷よし子「回想手記」(一九七三年一月記)を引用収録。
(10) 岸伸子「社会運動家を志した保健婦　桟敷よし子への〝旅〟」『女性史研究ほっかいどう』第四号、札幌女性史研究会、二〇一〇年。
(11) 以下を参照。日本女子大学編『日本女子大学学園事典　創立一〇〇年の軌跡』日本女子大学、二〇〇一年。日本女子大学社会福祉学科五十年史編纂委員会『日本女子大学社会福祉学科五十年史』日本女子大学社会福祉学科、一九八一年。
(12) 前掲『日本女子大学社会福祉学科五十年史』六六頁。
(13) 『日本女子大学総合研究所紀要』五号、二〇〇二年、一四二頁。
(14) 前掲『日本女子大学社会福祉学科五十年史』八五頁、一二八頁。
(15) 『日本女子大学校四拾年史』付録(入学・在学・卒業の学生数)、日本女子大学校、一九四二年。
(16) 桟敷は卒業直前に学校から『始末書』を強要された。一九二七(昭和二)年一二月から翌年一月にかけて学内で「女子及び一六歳未満の少年の深夜業並びに坑内作業撤廃」の要請署名活動による。「日本女子大学生」の署名活動を『大阪毎日新聞』等(一九二八年一月二〇日付)が報道。『家庭週報』桜楓会、第九二一号(一九二八年一月二七日付)は「事実無根」と記載した。林えり子『日本女子大桂華寮』新潮社、一九八八年。
(17) 二回生の黄信徳・朴順天・李賢郷は、国際女性デーを記念して一九二五年に三月会を結成。以下の資料に、山川菊栄が一九二三年初夏、「朝鮮人女子留学生と交流」したことについての記載がある。鈴木裕子『忘れられた思想家山川菊栄――フェミニズムと戦時下の抵抗』梨の木舎、二〇二二年三月、年譜⑭。寺尾とし（齢）『傳説の時代』未来社、一九六〇年、五〇頁。なお、朝鮮人女子留学生に関する以下の研究がある。朴宣美「女性たちの「知の回遊」――戦前朝鮮人女子日本留学生の役割」「女性百年」刊行委員会編『女性百年――教育・結婚・職業：いかに生きたか、いかに生きるか』東北大学出版会、二〇〇九年、七九頁。宋連玉「朝鮮女性の視点から見た三・一独立運動」『大原社会問題研究所雑誌』No.七二七、二〇一九年五月。黄信徳「労働婦人の現状と組合運動」（日本女子大学校卒論、一九二六年）、太田孝子「植民地下朝鮮からの女子内地留学生（Ⅳ）」『岐阜大学留学生センター紀要』二〇一三年。

(18) 真橋美智子・須之内玲子「Ⅱ　日本社会事業・社会福祉の発達に貢献した卒業生」『日本女子大学総合研究所紀要』五号、二〇〇二年、一一一～一一八頁。

(19) 山田知子「方面委員制度における女性の位置――女性は排除されたのか」『放送大学研究年報』第四〇号、二〇二二年、四〇頁。

(20) 『自伝』三八頁。なお、東京女子大学の福永操（社会科学研究会グループのリーダー）は、桟敷が卒業時に「学校当局をうまくごまかして学校推薦」を受けたと記す（『あるおんな共産主義者の回想』れんが書房新社、一九八二年、一五七頁）。

(21) 工場世界社、一九三一年、二〇頁。

(22) 『回顧六十五年』倉敷紡績㈱、一九五三年、二一五頁。

(23) 「倉敷紡績に於ける職工待遇法」『東京大学社会科学研究調査報告』第一二集「倉敷紡績の資本蓄積と大原家の土地所有・第二部」一九七〇年、八頁。

(24) 『倉敷紡績百年史』倉敷紡績㈱、一九八八年、一三〇～一三一頁。前掲『回顧六十五年』二一一頁、二二二頁。坂本忠次「大正デモクラシーと倉敷の人びと――「米騒動日記」から「労研饅頭」まで」『倉敷の歴史』創刊号、一九九一年。生田頼孝「倉敷の大原家――戦前の労農階級と「市民社会」からの考察（上）」『立命館文学』六五三号、二〇一七年ほか。

(25) 南智「私立青年学校の教育――倉紡の青年学校を中心に」『倉敷の歴史』一七号、二〇〇七年、六二頁。

(26) 『新修倉敷市史』第六巻「通史編近代（下）」倉敷市、二〇〇四年、四五〇～四五一頁。『新修倉敷市史』第一二巻「史料編近代（下）現代」倉敷市、二〇〇一年、一〇五二～一〇五四頁、ほか。

(27) 宇野利右衛門、工業教育会出版、一九三二年、三三三頁。

(28) 大津寄勝典『大原孫三郎の経営展開と社会貢献』日本図書センター、二〇〇四年、六〇頁。浦邊鎮太郎「寄宿舎建築様式の変遷――倉敷絹織会社の場合」『月刊民藝』一九四一年三月特集号・女子労務者の生活様式、三七頁、ほか。

(29) 山内みな著『山内みな自伝　一二歳の紡績女工からの生涯』新宿書房、一九七五年、六一頁。

(30) 伊藤セツ「山川菊栄の年譜と関連年表」『山川菊栄研究——過去を読み　未来を拓く』ドメス出版、二〇一八年、五四〇頁。

(31) 石原（旧姓稲見）きよ（日本女子大学校家政学部一五回生）「倉敷自修寮と女工寄宿舎見学記」『家庭週報』第六二二号、一九二一年七月二二日付）。「所謂紡績女工らしい青い顔」は見当たらなかったと記す。稲見は卒業後に協調会社会政策学院の講習をうけ、倉敷紡績の「女工監督」となった（篭山京編集・解説『女工と結核』（生活古典叢書　第五巻）、光生館、一九七〇年、四四頁）。

(32) 前掲『めじろ路』二七頁、松本房江による回想。

(33) 『自伝』四二頁。

(34) 阿部ちとせ「地平からの詩《うた》（三）」『婦人通信』日本婦人団体連合会、一九八一年三月号、四五頁。阿部（内山千登世）は「一九二九年四月東京亀戸東洋モスリン第二工場寮長」（偲ぶ会、略歴一九九二年）。一九六二年「新婦人しんぶん」初代編集長。

(35) 前掲『めじろ路』二七頁。

(36) 『倉敷時報』は倉紡記念館にてマイクロフィルム閲覧のみ可能。引用は不明箇所、見落としにより限られる。当該期の社会的な話題の編集は興味深い。

(37) 交友会及び交友会の前身の倉紡共済組合（一九一五年）については前掲大津寄『大原孫三郎の経営展開と社会貢献』七四頁。坂口茂『近代日本の企業内教育訓練』下巻、一九九二年、四五〇頁を参照。

(38) 「女工さん」の名称は、桟敷が『自伝』にて使用している表現を当該箇所で用いた。

(39) 『自伝』四一～四二頁。大島栄子「両大戦間の女子労働——紡績・製糸女工を中心に」（女性史総合研究会編『日本女性史』第五巻「現代」、東京大学出版会、一九八二年）の一二～一三頁を参照すると、深夜業廃止前後に紡績独占企業が「労働組合対策」として「修養団という教化団体を工場や寄宿舎内に組織化した。企業は福利施設の一環として「女子補習教育」・「花嫁教育」などによって「女工の余暇時間を管理」した。深夜業廃止後には「この修養時間を強制的に増加させて、女工から組合活動をするすきを奪いとった」。

(40) 『倉敷時報』一九二八年九月一五日号。

(41) 前掲大島「両大戦間の女子労働」八頁。

(42) 『倉敷時報』一九二三年二月一日号、筆者「和子」による作文（倉敷市歴史資料整備室調査、二〇二四年七月一七日）である。前掲『新修倉敷市史』第六巻、四一九頁。

(43) 『大阪朝日新聞』一九一九年一一月二〇日付朝刊。亀山は、全関西婦人連合会の「婦人大会」へ期待する投稿者九名のうちの一人である。
(44) 前掲『回顧六十五年』三一六頁。『山陽新報』一九二四年五月二六日付夕刊、六月一二日付)。
(45) 前掲阿部「地平からの詩(三)」四五頁。『自伝』の四三頁にも同様の記載がある。単位が匁の誤記とすると約六四g。倉紡万寿工場女子労働者を調査研究した八木高次は、夜業の平均体重は昼業に比べ「約七〇〇~九〇〇g低い結果」と発表している、「女工手体重の研究から得た二三重要事項」『労働科学研究』第一巻第三号、一九二四年。
(46) 「工場の綿ぼこりのなかで——女工たち」岡山女性史研究会編『近代岡山の女たち』三省堂、一九八七年、一四六、一五三頁。
(47) 『自伝』四一頁。
(48) 上田芳子「深夜業廃止後に於ける紡績婦人労働者の状態」『社会事業研究』第一九巻、第一一・一二月号、一九三一年)所収。赤松良子、原田冴子監修『戦前婦人労働論文資料集成』第二巻「労働条件、適性」、クレス出版、二〇〇二年所収。上田芳子は栈敷よし子の筆名。
(49) 前掲『嵐に耐えた歳月』三二四~三二五頁。
(50) 『自伝』四五~四六頁。倉敷一般労働組合の執行委員長・重井鹿治(敏郎)は、トコトン煎餅(南部せんべい)を販売しながら争議を支援。重井は妻しげ子とともに日本農民組合北海道聯合会の草創期に活躍し、一九二七(昭和二)年秋、岡山へ帰郷。
(51) 前掲鈴木『女工と労働争議』一四九頁。鈴木裕子編著『日本女性運動資料集成』第五巻「生活・労働II」、不二出版、一九九三年、五二二頁。
(52) 『岡山県史』第一一巻近代III、二〇四頁。
(53) 「栈敷よし子さんの話(三)——母の歴史(四〇〇)」『新婦人しんぶん』新日本婦人の会、一九七一年八月一二日。
(54) 『自伝』四四頁。
(55) 前掲『嵐に耐えた歳月』三二六頁。
(56) 『山陽新報』一九三〇年十一月一日付(なお、同紙一面の社名タイトル日付は「十月三一日夕刊」と表記)。前掲鈴木『日本女性運動資料集成』第五巻、七四八頁。『萬朝報』一九三〇年一一月七日付夕刊。
(57) 前掲『嵐に耐えた歳月』三二七頁。
(58) 『山陽新報』一九三〇年一一月一〇日付。
(59) 「倉紡争議 女闘士 東署へ引致」『中国民報』一九三〇年一二月一一日付。
(60) 前掲『回顧六十五年』四〇三頁。

（61）前掲坂本「大正デモクラシーと倉敷の人びと」。

（62）前掲大津寄『大原孫三郎の経営展開と社会貢献』三二六頁。『労働科学研究』第一巻四号（一九二五年三月）から第四巻三号（一九二七年一一月）までの報告に桐原葆見《しげみ》「婦人に於ける生理的周期と作業能」（その一～その九）がある。「その四、紡績仕上部作業（晝間）」同第三巻二号（一九二六年八月）と「その五、紡績仕上部作業（昼夜交代）」第三巻四号（一九二七年四月）は紡績作業の調査報告である。中山いづみ「大原社会問題研究所と労働科学の誕生」『大原社会問題研究所雑誌』№五九・、二〇〇八年二月。

（63）田口亜紗『生理休暇の誕生』青弓社ライブラリー、二〇〇三年、八八頁。

（64）前掲井上「社会福祉実践と女性（その一）」、六三頁。井上は、桟敷の関東大震災救援活動（一九二三年秋）も聞き取っているが、『自伝』には救援活動は不記載。

（65）前掲上田「深夜業廃止後に於ける紡績婦人労働者の状態」一一月号、六一頁。

（66）水野秋『岡山県社会運動史』七、岡山県労働組合総評議会、一九七八年、一八二頁。「最近の『赤旗』への寄稿」とあるが、年・日・付は未詳。

（67）女子労働者の「素晴らしさ」への共感は一九三〇年洋モス亀戸争議における帯刀貞代に通ずるものがある（帯刀貞代『ある遍歴の自叙伝』草土文化、一九八〇年、八三頁）。

（68）『自伝』五〇頁。

（69）前掲『岡山県史』第一二巻近代三、一九八九年、二〇九頁。

（70）前掲『嵐に耐えた歳月』三二三頁。桟敷は「まぼろしの人」と噂されていた。

（71）『自伝』四五頁。

（72）『岡山県労働運動史資料』上巻、岡山県労働運動史資料編集委員会、一九五一年、二七三頁。

（73）エスペラントのルポライター大倉斐子《あや》「日本紡績婦人労働者のストライキ」（『リングヴォ・インテルナツィースト』一九三一年へ通信）。大島義夫「はみがき粉のおしろい――大倉斐子を偲ぶ」に大倉の通信文を掲載『Nova Rondo　エスペラントとエスペラント運動のための雑誌』一九七四年、沖縄県立図書館所蔵）。「エスペランチストの女たち――大倉斐子の青春」前掲『近代岡山の女たち』二一八頁。「倉紡マス工場女工　山本花子」による「倉敷紡績萬壽工場ストライキ」『戦旗』一九三一年一月号、五一～六一頁。

（74）『れ・ふぁむ　女性問題研究』№二〇、女性問題研究会（正路怜子）、一九八七年版、四四頁。

第六章　丸岡秀子

――『日本農村婦人問題』が描いた悲惨な農村母性

広瀬玲子

はじめに

引用から始めたい。

当時の農村を歩きますと、人間の基本を揺さぶられるような情景ばかりでしたね。赤ん坊が田んぼの畔で、捨て児みたいに寝かされているとか、東北へ行けば、エヅメなんていう、ザルみたいな中へ入れられ、お尻はいつも濡れているとか、間引きが陰のほうで行われていましたしね。子供の育てられ方なんてのは、無いも同様で、ほんとに放りっぱなしでしたね。〔中略〕その当時、ほんとに子供は足手まといみたいな状態に置かれているんです。全国的にそういう状態だったと言えるんじゃないでしょうかね。このことは、裏を返せば、母親としての人権はまったく認められていないことにもなります。いったい妊娠、出産、保育という母親の機能はどういうものなのか。どう理解されているのか。それを働くものの人権的主張と婦人差別の廃絶とはどういう関係にあるのか。問題は、いくらでも湧いてくるんです(1)

丸岡秀子が一九七六（昭和五一）年に語った言葉である。「当時の農村」というのは、一九三〇年前後の農村を指す。農村調査を行いながら、子どもとそれを育てる母親の人権が全く認められていない状況を目の当たりにして苦悩した心情がうかがわれる。

丸岡が著した『日本農村婦人問題——主婦・母性篇』（高陽書院、一九三七年、以下『日本農村婦人問題』と記す）は農村女性問題の古典的著作といわれる。(2) 本章では『日本農村婦人問題』を女性が生み出した学問的成果ととらえてその内容を考察する。

行論に必要な限りで丸岡についての先行研究に触れておきたい。村田晶子は、自己教育思想という視点から丸岡をとらえ、産業組合中央会に接近した理由と農村への接近のしかたに、産業組合の政策的意図とは異なることがあったと指摘した。(3) 成澤むつ子は、丸岡を「自立の開拓者」としてその生涯をとらえた。(4) 金子幸子は、丸岡が戦前・戦後を通して農村女性と接するなかで、農村女性のそして自らの主体形成を（困難さをも含めて）どのように考えてきたのかに焦点をあてた。(5)

序章でも述べたように、戦間期は「婦人問題」が社会に登場し、ジャーナリズムの関心を引き、論議を呼び研究が積まれ始めた時期である。しかしその焦点は主として労働婦人・職業婦人に当てられており、農村婦人への関心は極めて希薄であった。本章では丸岡がなぜ農村婦人に焦点を当てたか、そこに込められた主張は何であったのかを論じる。

1　丸岡秀子の生い立ち——原点としての農村

丸岡秀子は一九〇三（明治三六）年長野県南佐久郡の酒造業、井出今朝平・つぎの長女として生まれた。乳児期に生母に死別し、同郡中込村の農家である母方の祖父母に養育される。県立長野高等女学校を卒業し、県知事の推薦で奈良女子高等師範学校に入学する。そこでの良妻賢母主義教育に反発する半面、奈良在住の富本憲吉・一枝夫妻を訪ね、対等な夫婦の関係に感銘を受けた。一九二四（大正一三）年卒業後、三重県亀山女子師範学校の教師に赴任。翌年退職し、東洋経済新報記者の丸岡重堯と結婚上京する。一九二八（昭和三）年長女誕生。翌年夫が急逝し、産業組合中央会に勤務することになる。戦時中は中国へ渡り敗戦後に帰国し、戦後の女性運動に深くかかわることになった。

丸岡は生い立ちについて、さまざまな問題に突き当たり思索を深めていく過程を描いた『ひとすじの道』三部作(6)を著している。愛情薄い父との葛藤、農家女性の日々の労働の厳しさ、とりわけ嫁の労働の大変さ、収穫の喜びとともに小作に対する搾取の凄まじさ、そこについてまわる貧乏などである。半面、成長する過程で様々な人物との出会いが自立への志を育んでいく過程も描いた。

丸岡は後年、『ひとすじの道』で一番言いたかったことは「わたし自身の一番根っこのところを掘り下げたい」という事だったという。厳しい労働に明け暮れながら育ててくれた祖母から学んだのは、女が威張れるときを見たことだった。祖母は養蚕の名手であった。寝る間もない養蚕の一時期を乗り切るとお金が入る。そのときの祖母の誇らしさは、「経済的に自分が主になったとき」こそが「女が威張れるとき」だと認識させたのである。

しかし、どんなに働いても小作農家の暮らしは貧しかった。「なぜ貧しいのかってことに対しては、いつも深い疑いを持っていましたね」と語っている。また、女性と男性の扱いの違い、女を「かたづける」という言い方にたいして、「絶対、かたづいてなんかやらない。かたづけられるような形での結婚はしない」と思ったと。(7)この思いは、富本憲吉・一枝夫妻との交流のなかで自由・平等・権利という人間的要求に目覚めていくことにつながる。

このように丸岡の原点は貧しい農村・貧しい中小作農のそれも女性にあった。そこからの脱出は、自らにとっては経済的自立を遂げる事であったが、それは自分一人のことだった。多くの農村女性の境涯はどうしたらよいのか、その惨めな境遇を抜け出す道はないのかという問いは残されたままだった。

2　丸岡重堯との出会いと理論の模索時代

奈良女子高等師範学校を卒業後、就職した亀山女子師範学校の同僚の紹介で丸岡重堯と出会う。丸岡は早稲田大学を卒業、一九二〇(大正九)年に大原社会問題研究所で消費組合、労働組合の研究調査に従事したのち東京に転居し、一九二三年から東洋経済新報の記者となっていた。手紙による交際が始まるが、この様子は『ひとすじの道第三部』に詳しい。手紙とともにクロポトキンの『青年に訴う』が送られてきた。秀子は「これまで読んだこともない内容に心惹かれて」読みふけったという。そして河上肇の『貧乏物語』『社会問題管見』、さらにエンゲルス『空想から科学へ』と続いた。「何か順序だてられ、計画立てられていると思えるような、読書指導がされているのではないか」と記している。長塚節『土』に同封された手紙には、「日清、日露の両戦争を経て、どんどん発展してきた日本の資本主義にとってその給源になっていたのが農村であり、したがって、農村の貧困、疲弊、立ちおくれは、ますます一方的にその給源となったからです」と書かれていた。(8)「読書指導」によって農村の貧しさを捉えるヒントを与えられたと言ってもよい。

結婚条件も率直に書かれていた。「何よりもいっしょに勉強できる女性」を求めていること。「だから、相手が僕に、世俗的な意味の立身出世を求めたり、経済的な貧しさに耐えられなかったり、世の中の苦しみを避けようとする」人は相手にできない。「可能なかぎり、人生を真摯に生きたいと願っている」と。(9)

結婚生活の初めに重堯は毎日二時間を勉強にあてることを命じた。「家事なんて、どうでもいい」が、本だけは毎日読むようにと言った。(10)二人の勉強会の様子は秀子の後年の語りによってわかる。

文学もいいが婦人問題、経済問題など、もっと勉強しなければといって、先ず福田徳三さんの『経済学原論』〔一九二七年刊〕の学習がはじまりました。社から帰ってくると、二時間はキチンと座って勉強です。何がなんだか、さっぱりわからないのでねむくなっちゃって……、すると叱られて……。〔中略〕内外の婦人問題の本もよく集めていました。ローザ〔ローザ・ルクセンブルク〕の手紙も読まされたし[11]

勉強する中で秀子は次のような喜びを感じた。

もうひとつ嬉しかったのは、これまで開かれなかった目といいますか、それがだんだん開かれはじめたということでした。幼いころの体験の中で社会の不合理や貧しさに対する漠然とした疑問が、次第に一つの体系のなかでとらえられてゆくような喜びがありました[12]

秀子は重堯との結婚生活の中で社会科学の理論へと導かれていった。重堯を通して接した講座派の歴史観は、日本農業における半封建的地主制度の支配を認め、近代天皇制を絶対主義的天皇制と規定する見方であった。それは幼いころからの疑問である「農民はなぜ貧しいのか」ということへの解答を求める一歩を踏み出したことを意味していた。だが、この勉強会は突然断ち切られる。一九二八（昭和三）年重堯が急逝したからである。秀子のもとには生後一〇ヵ月の乳児が残された。

3　産業組合中央会に勤務――全国の農村を歩く

秀子は「死なれてから、どうしようかとかなり迷った」が、「農業問題を少し勉強しよう」と考えて産業組合中央会の扉をたたいた[13]。重堯の死によって学習は中断したが、社会の矛盾を社会科学の理論によって考えるという扉を開かれた丸岡は、自らの原点である農村女性の問題をさらに突き詰めようと考えた[14]。丸岡は真の自立と農村問題との格闘というスタート地点に立った。産業組合とは一九〇〇(明治三三)年の産業組合法により設立された協同組合である。イギリスの共同組合運動が資本主義への抵抗の一つであり、社会改良の運動として発展したのに対して、日本では政府の保護監督下に農村の安定化をはかるために地主層を中心に普及した[15]。日露戦後には社会政策的小生産者保護政策を持つことになる。法改正を重ねて全国的組織として、指導事業については産業組合中央会(一九〇一年)、信用事業については産業組合中央金庫(一九二三年)、購買事業については全国購買事業連合会(一九二三年)、販売事業については全国米穀販売購買組合連合会(一九三一年)となり、一九三〇(昭和五)年段階で農業者組合員数三六六万人(対農家戸数比六五％超)となり、地主・自作を中心とする「上層組合」から自小作・小作を含む「全層組合」へと脱皮しつつあった[16]。

この時期、一九二七(昭和二)年には金融恐慌が起こり、三〇年には昭和恐慌が続き農家経済は破綻に瀕し、産業組合経営も急速に悪化しつつあった。恐慌から脱出する過程で日本は国家独占資本主義へと移行するが、そのもとで社会政策的小生産者保護政策はさらに強化され、その重要な一環として三二(昭和七)年から農山漁村経済更生計画が開始、産業組合はその中心機関に位置づけられることになる[17]。

丸岡が産業組合中央会に就職したのは一九二九(昭和四)年であった。当初の勤務生活は、トップの千石興太郎の秘書として書簡の整理や、インタナショナル・コオペラティーブ・ウィメンズ・ギルド(International Co-operative Women's Guild 国際協同組合婦人組織)から送られるパンフレットやリーフレットの翻訳を担当した[18]。その他流通機構の調査・デパートの調査・農村婦人生活の調査を担当した。これが理論的な勉強と併行してできたために「たいへん勉強になりました」という[19]。勤務しながら勉強できたことが農村婦人問題への、「なぜ農村は貧しいのか」という問いへの接近を可能にしていった。

さらに、約一〇年間にわたって日本の農村を歩いたことが農村をとりまく現実への目を、その問題をえぐりだす理論を養うことになる。後年に、「各地の農村を歩いて見たものは、激しい労働と家族制度のわくにしっかりしばられた婦人の姿でした」[20]「それでいて憤りを忘れたような無表情な顔を上げてくれない。せつないでしたね。」と語っている。[21]悲惨な状況にありながら声をあげられない農村女性、これは貧しさの中で彼女を育てた祖母の姿であり、若くして世を去った母の姿であった。

4　権利としての母子保護――「母子保護の一視角」

丸岡の著作の検討に移る前に、当時母と子の問題がどのように注目を集め、改善のための方策が立てられていたのか、そうした動向を丸岡がどのように見ていたのかを押さえておきたい。

一九三七（昭和一二）年に女性たちの運動の成果として母子保護法が公布された（三八年一月施行）。これは恐慌によって惹き起こされた経済的困窮のなかで母子心中が頻発し、社会問題となったことに端を発していた。一三歳以下の子どもをかかえる貧困の母または祖母の生活扶助・子どもの養育扶助などを規定していた。

丸岡はこの動向を歓迎しつつも、母子保護問題は貧困者に対する「恩恵的慈善事業」ではなく、「一千万勤労婦人の生活擁護の問題と結びついた一つの社会問題として理解されねばならない」。「それは生産に従事し、勤労に服している一千万勤労婦人の社会的要求として提起されてゐるものであり、これを中心としての母子保護の運動こそ真に具体的に問題の核心に触れるものと云ふべきであらう」と述べて、ともすれば母子保護の問題が貧困層の救済とみなされることへ警鐘を鳴らした。「母性保護の問題は、工場労働婦人を中心とする農村婦人、一般勤労婦人の問題であり、更に一般勤労者の問題である」と、すべての社会的労働に従事する勤労者を対象とすべきであり、同時に「社会的労働に従事する婦人の母性の問題、児童の問題を社会的に解決する」ためのものである。「それにはいふまでもなく、現経済秩序の矛盾を解決する道とその軌を共にする」と、救済ではなく社会改革を経て達成されなければならないと指摘した。[22] こうした指摘の背後にうかがわれるのは、「間引き」が密かに行われている農村母子の問題が認知されていないことへの違和感である。

5　『日本農村婦人問題』初版の序文[23]

『日本農村婦人問題』は一九三七(昭和一二)年に高陽書院から刊行される。[24] その序文の前に丸岡は次のように献詞を記している。[25]

亡き祖母に捧ぐ
　生涯をただ耐えることに
　終始したあなたは
　いま静かに
　千曲の川べりに眠る
　あなたの顔は
　書き終える日まで　私の
　まなぞこにあった

序文の冒頭は、「私たちの生活のあらゆる領域に亘って、農村とそこに育まれた観念が強い背景となっていることとに就いては多くを云う必要は無い」で始まる。都市労働婦人・職業婦人・都市生活者の主婦のいずれもが農村に根を持っており、農村の観念・伝統に縛られざるを得ないとの指摘である。生々しく蘇るのは亡き母・祖母の困苦の追憶であるが、自分は個人の追憶として提出するのではなく、「全女性の名に於いて生ける現実の課題」として提出したいと宣言する。全女性が負っている課題として農村女性をとりまく問題をとらえたいという宣言であった。次の叙述が端的にそのことを示している。

全く度び重なる妊娠、出産、哺育という任務が母性の仕事を増すばかりなのに、一方、農耕に従事する激しい労働が更に加わって母親自身の体はいたみ、死産、流産は多く、また乳児の死亡、栄養不良児の増加等々となる。堕胎、間引きの陰鬱な誘惑も、依然としてあとを断たない。これが、主婦として母性としての農村婦人の真の姿である

特に強調したいのは、農村婦人が「女性」のもつ苦難多い社会的地位を集中的に表現している点である

母性的生活、性的差別待遇、封建的隷属のより苛酷な担い手として、その伝統の根強さ、根深さに於いて全女性を代表するものは、主婦、母としての農村婦人である

このように丸岡が記したのは次のような婦人問題のとらえ方があった。

ところが、従来婦人問題の領域で最も関心が持たれ、研究が積まれて来たものの多くは都市の勤労婦人に就いてであった。中でも労働婦人、職業婦人の問題がその中心であり、農村婦人の問題は、農村問題一般の中のごく小さな一部分として扱われ、その隠された重要性に逆比例して全くとり残されていた。私にすればそうした

ことに密かに不満を感じていたわけである。

婦人問題として農村女性の問題が不可視の状態におかれていることへの不満の表明であった。そこで丸岡は約一〇年にわたって全国の農村を歩き見つめて来た現実を整理し、世に問おうとしたのである。

丸岡は農村婦人問題を以下の三つに整理する。

一、農業労働従事者としての農村婦人（農耕、養蚕、その他の副業に従事する中小貧農層の婦人、並に被傭人その他の農業労働者としての婦人を包含する）

二、都市勤労婦人の給源としての農村婦人（製糸、紡績、織物などの繊維業を初め、精密機械、鉱山、交通、其の他の諸産業、並に商業労働従事者、家事使用人及び特殊的には芸娼妓、酌婦、女給までも含む）

三、主婦並に母性的側面からの農村婦人

そして「本書では先ずこの中の主婦並に母性的側面から観た農村婦人を取扱うこととした」と記述の範囲を限定した。母性としての農村婦人の現実に最大の関心を寄せたのである。心がけたことは、「出来るだけ農村の素材をそのありのままの姿で盛り上げたい、現実のありのままの解明を主要な目的としたい」ということだった。

6　『日本農村婦人問題』の概要

丸岡が農村調査に歩いた時期、一九三〇（昭和五）年の国勢調査によると農耕に従事する農村婦人は六三六万五〇〇〇人で、全有職婦人一〇一三万一〇〇〇人の中の六二・八％を占めていた[26]。社会的労働に従事する婦人の中で圧倒的割合を占める婦人たちの姿を丸岡は描いていく。焦点を当てたのは中小作農家であった。本書はまえがき、むすびを除いて全五章から成っている。

農家の生活は貧しく農業所得のみでは生活できない経済的困難さが、養蚕、賃機へと婦人を誘うが、前借金がふくれあがると芸娼妓に身売りすることさえあると述べ、「家事労働と生産労働へ自己を二分することに始まり、身売りと病毒に了る農村婦人の一定のコースこそは、現在の我国における女性苦を集中的に表現するものではあるまいか」と述べる(第一章　中小貧農層としての婦人)。

次に労働時間の長さと地位の低さを述べる。「一日十時間から十五、六時間の労働をして尚も、婦人の特別な仕事となっている炊事から家事一切、縫物、育児、洗濯等、多くの家事労働が婦人だけは解放してくれない」。貧しさは主婦にしわ寄せされ、「その主婦が「ただ満腹すればよい」だけの食事すらとることが出来ぬとき、片方で彼女らの背負っている広汎な農耕と、母性としての仕事と、家事一般との過労、疲労の重積を偲ばねばならない」[27]と指摘する。住環境について、炊事時の動線の多さ(図1)が食事作りの負担をいや増し[28]、「住居は作業場であり、厩舎の一部であり、寝部屋である」という中で、「貧しい農家の主婦はこの不便な、暗い住居で、黙々とその疲労を積み重ねて行く」[29]と述べる。このような重労働を担っているにもかかわらず、主婦の地位は「殆んど何等の地位も認められない状態にある」[30]という(第二章　主婦としての農村婦人)。

婦人をとりまく衛生、託児施設、娯楽・慰安、教育などの環境についても劣悪さを述べる。小作農ほど売薬に頼らざるを得ず、死亡率が高い。特に婦人は粗食の結果栄養の吸収が極めて悪く「死亡率を高め、早死を増す結果となっている」[31]。

農繁期託児所が一九二〇年代後半から設置されるようになったが、この施設は「農村母性の保護が、何等強い声、まとまった声となっていない現在にあって、その切実な要求を満す、ほんの僅かな母性保護に過ぎない」[32]と意義を認めつつも、エプロンを一律に着け、鼻汁をきちんと始末して子どもを託児所に通うよう要求する「現在の託児所が、どの程度まで農村に働く婦人の要求に添っているものかが考えさせられる」[33]と、農村婦人が多忙な農作業の中

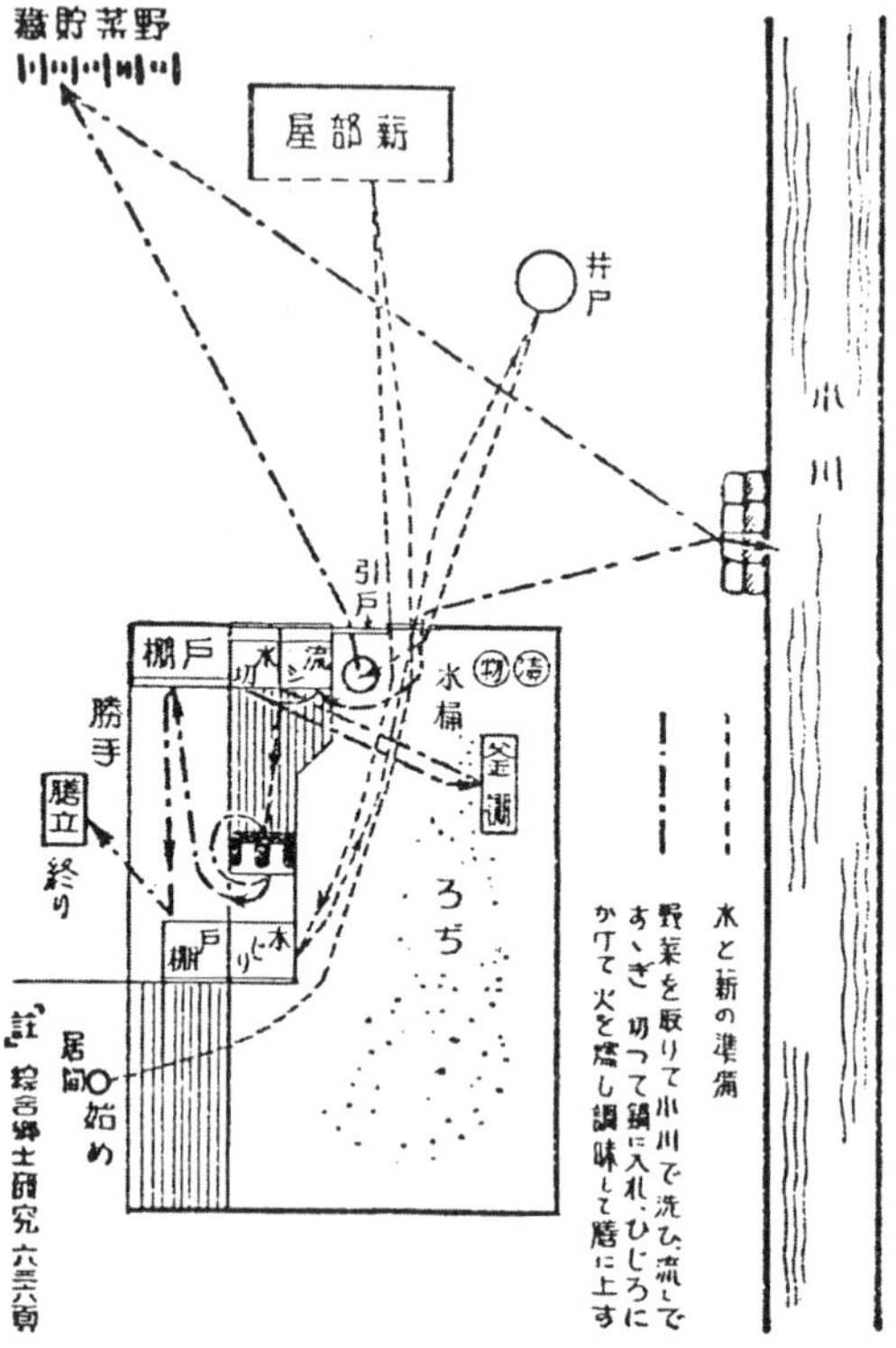

図1　炊事支度の動線

（出所）丸岡秀子『丸岡秀子評論集　9　未完の対決——父と娘』未来社、1988年、238頁より転載

で子どもにそこまで手をかけられない状況を指摘する。

農村の娯楽の乏しさは「そのまま農村生活の低さを表示」しており、「とぼしい娯楽の機会は、主婦や母に対しては更に甚だしい」(34)と述べる。主婦にとっての娯楽は「白米を食べる」「子供の帰省」「小学校の運動会」「学芸会」「氷水屋」「講」などという極めて貧しいものである(35)。

男性に比して教育程度が低い婦人は、文字を目にする機会も少なく、「一旦嫁入りし、主婦となった場合、殊にそれが嫁という地位である時などは、読書をする時間など全くない」「たとえ嫁でなく姑の地位にあったにしても、主婦並に母性としての教養の機会は全くない」(36)と、その欠落を指摘した（第三章　農村婦人と文化）。

農村産業組合と婦人の関わりについて、実情と改革の方向性を示す。産業組合は相互扶助的な経済機能を持つ団体だが、「高率な小作料と過少経営のもたらす生産関係に於ける矛盾の解決に役立つものではない」(37)とその本来的性格を押さえる。そのうえで「産業組合がいかなる農村の階層の立場に立って組合運動を進めて行くか」が「今後の岐路をなす重大ポイント」[38]と期待も述べる。しかし「組合に組織された農家四〇〇万人のうち、婦人団体に組織されているのはせいぜい五%位」で、「地域的偏在が甚だし」く「上からの組織化」が大半という実情を示しながら、「ここに産業組合の大衆化と同じ意味に於て、産業組合の婦人組織の大衆化、自主化、民主化が日程に上らなくてはならない要因が潜んではいないだろうか」[39]と課題を指摘する。その「質的転換の要因」を、「共同耕作、産婆、託児所等の生産農民の要求に切実に結び付いた恒常性を持った事業」[40]にあると述べた。すなわち「産業組合婦人団体の大衆化の進行に伴って、託児、産婆の如き母性施設の向上、家事労働の軽減、共同耕作による農耕労働の集団化等にいたるまで、主婦、母性の苦悩の軽減策が講じられる可能性が存在する」[41]と結論づけた(第五章　農村主婦の諸団体)。

本著の「資料的原型」とされる一九三七(昭和一二)年の講演原稿『農村婦人と産業組合運動』においても、「「働く婦人」としての自覚に根ざした農村婦人運動は最も関心が払われていい」[42]と、婦人が産業組合運動を自主的・自覚的に行うことを強調していた。

7　農村母性の悲惨

「第三章　母性としての農村婦人」は本書の中核的位置を占める。冒頭で、農村婦人が農業労働従事者として、主婦として、母として三重の任務を負い、「過労と、粗衣・粗食の中に次の時代を担う子女を生み、且つ育てている」。中でも「母たるの負担は、婦人の生得的なものである」「健康な次の時代《ママ》を生むことを要求する権利が与えられていい筈なのに」「何んと反対に、婦人の「天職」の名の下に不当に地位を低められている」「特に中小貧農層の母性の場合には、健康なる未来の世代を生むべき条件に極めて乏しいのである」「農村の母性は多産のもつ凡ゆる惨めさのうちに喘いでいる。而もこの負担は、下層におもむくに従って重くなっている」と、生む性であるがゆえに被る農村婦人の負担を述べた[43]。

以下、農村における出産を、「一　出産前の休養と労働状態」「二　出産後の休養と労働状態」「三　出産状況」に分けてそれぞれ考察していく。ここで丸岡が参照したのが倉敷労働科学研究所の以下の調査であった。

一、『農家主婦の母性的活動に関する研究』其一、「農村婦人の妊娠・出産・哺育に関する考察」（昭和一〇年三月　岩崎辻男）

二、同じく　其二、「農家に於ける出産準備について」（昭和一〇年一一月　横川つる）

三、同じく　其三、「農村に於ける出産状況調査報告」（昭和一一年一月　横川つる）

一については、妊孕回数四回以下～一七・一九％、五回以上～二六・九八％と子女数が多くなるにつれて、一般に子女の死亡率並に死流産率は高くなっており、この数値は「都市に比べては五％乃至八％も高率」[44]と指摘する。その要因を、多くの子どもを産み育てることと軽減されることのない農村婦人の「自己生存の為めの労働と、女性的生活との間の矛盾」[45]に見ている。殆んど出産前の休養はとっておらず、半分近くが田畑、養蚕その他の農業生産労働に従事している。若い子女が「月経時に水田へ入ること」が一番辛いと漏らしたエピソードも紹介している[46]。

二については、分娩当日に起立するものが四二・六％という数値を示し、「農村の産婦の過半数は、分娩後僅かに二十四時間の間すら、仰臥して安静を保つことができない」「産科学の教える三週間の就褥期間がまもられているのは僅かに五・七％にすぎない」[47]と述べる。「農村婦人の殆んど大部分は一週間以内に洗濯に従事し、主婦の任務を果たしながら産褥を経過するのである。即ち、出産後僅か二週間で平素のように労働に従事したものが七〇％もの多数を占めている。〔中略〕産後一週間で野働き！」[48]と驚きを隠さない。こうした状態について以下のように述べる。

産後二十一日は必ず蒲団の上にいなければならず、四十九日は産後の静養期間と産科学上では云われている。だが、これと現実の農村婦人の生活とは、何という開きがあるのだろう。彼女らはすでに産後二週間で、略ぼ

平生と変わらない野良仕事に従事しているのである

彼女等のうちでは一日も早く仕事につくことが、全く一つの誇りとさえなっているのである。[49]そしてそのような恐るべき非科学性が、無自覚にも家族制度の悲しむべき「美徳」の一つにさえ高められている

産科学上の知識がたやすく無視される非科学性の背景には、農村全体の貧しさ・そのなかでの女性特有の困難があり、さらに女性を抑圧する家族制度の存在があるという指摘、それを「美徳」として内面化している農村社会の、農村女性の「自覚の眼」のなさを嘆息するのである。産後の摂取食物の貧困さも指摘している。

工場婦人の産婦の約半数は産前一日～七日休業するのみ、産婦の約半数は産後四週間から五週間で就業するという状態は「工場母性の劣悪な地位」を示しているが、その根本的原因は農村にあると強調する。

農村婦人がそのような社会的・立法的保護の圏外に置かれていること、驚くべき悲惨な低劣な母性生活を続けさせられていること、これらが工場婦人の母性的生活に有形無形に作用して、その地位を引下げ、最小限の法的保護の実施さえ妨げているのである。四百万人に上る農村母性を保護しないでいることが、その四分の一にも満たない工場母性を惨苦にみちた境涯に置いているのである。従って農村母性の条件を引き上げることなしには工場母性の条件を改善することは期せられない

ここに農村母性と都市工場母性との相関関係がハッキリと浮んで来る

「農村婦人を見よ」ということによって都市労働婦人の条件が低められている事実をはっきりと記憶すべきであろう[50]

丸岡は農村母性の悲惨な状態を改善しない限り、工場労働婦人の状態を底上げすることは不可能だという両者の構造的な深いつながりを指摘したのである。

三については不衛生な状態で行われる農村の出産について述べている。三分の一以上が助産婦なしの出産をしており、たとえ介助者がいたとしてもその状態は不衛生極まりないものであった。調査者は以下のように記す。

助産者の手指の消毒はもちろん、用具類の消毒も行われず、殊に初生児臍帯断端の処置等に至っては現代の医学的知識に照らして、これを観れば真に心胆を寒からしめるものがある。よくもかくの如き出産の手当を以て生命の危険に曝されないで済むものであるとの感を深くする。若し死亡統計上に見る初生児の出産直後の死亡、又は婦人の産褥死亡が斯くのごとき非医学的なる出産手当と何等かの因果関係を有するならば由々しき問題である[51]

このように農村婦人の出産は惨め極まるものであった。

続いて農村児童の状態を乳幼児死亡から考察する。一九三四(昭和九)年の死産率が人口一〇〇〇人につき一・七と世界最高となっていること、それは「我が国全体の母性生活の劣悪さ」に起因する」とし、「その劣悪性の主要部分であり、背景となっているものこそ、我が農村の悲しむべき母性的条件に外ならない」[52]と断じた。さらに一九三四(昭和九)～三五(昭和一〇)年の欠食児童増加について、農村に於ける児童の欠食や栄養不良は決して母性の怠惰から来るものではなく、「乳幼児の疾病、死亡の恐るべき高率に配するに、栄養不良と欠食に泣く児童。これこそもはや母性の完全なる拒否でなくてなんであろう」[53]と、母性が拒否をする状態にまで追い詰められていることを指摘した。

丸岡は前述した母子保護法案について、農村だけでも四百万戸、一千三百万人の母子が、生活と健康の脅威にさらされているにもかかわらず、「この度の法案の対象は僅か九万人の母子であって、仮りにこのうち都市を除外して六万人の母子を農村に於て保護するとしても、前掲一千三百万人の貧窮母子に対して実に二百分の一にも足らない」「農村の母性は、果してこの立案者の考えているように、保護の必要を認めぬ程、十分の環境を以て子女を養育し得ているかどうか。出産・哺育は行き届いているかどうか」と述べているが、(54)念頭には以上のような農村母性の実情が顧みられていないことへの強い不満があった。

丸岡が提示した対応策は次のようなものであった。産婆なき町村をなくす。応急的に巡回産婆の施設を。快適な産院の設置。安価な出産用具の配給。部落又は村に四畳半なり六畳なりの産室設置。産前産後の休養を十分にとらせるために、部落の婦人会による共同耕作。乳幼児のための相談所・託児施設の普及。欠食児童に対する給食施設である。

半面、こうした条件が整えば農村母性は救われるのかと反問し、「農業経営が家族労働を中心とした前近代的関係の下にある限り、妊産婦はそうした快適な条件に易々と安んじていることは出来ない。農業が季節的な制約を強く受けること、家族の一員が欠けても直ちに経営に差し支えを齎らすこと、そしてそれは直ちに赤字家計を固定さすこと、こうした条件下にある限り、妊産婦は決してゆっくりとその生理的休息を求めることは出来ない」(55)と述べ、農村に於ける特殊の生産関係と過少経営の機構的矛盾こそが農村母性の悲惨さの根本原因であると述べた。

ただ丸岡は『農村婦人と産業組合運動』においては次のようにも述べていた。

農村婦人は、自分たちの母性生活の矛盾を一家の貧しい家庭の内では解決することはできないにしても、今日では産業組合のような家族の外に出て、いろいろと経済の苦しい部面を改めて行く機関ができているのですし、しかもそれらは各自が協力して作った機関なのですから、それと手を携えてどんどんそうした仕事に進出して欲しいものです。できれば各自の母親たちが寄り集まって、そういう組織を部落別に作り、だんだん拡大して行くのがもちろん一番よい方法と思いますが、全部がそういう方法をとることもできませんでしょうから、熱心な組合の当時者たちのいられるところでは、その方々と相談して組織して行くことも大切でしょう。だが、それにいっさい任せきりというようなことは、婦人運動の立場として、決して最上のものではないと思います[56]

現状からのわずかな脱皮・改善を産業組合婦人部の組織づくりとそこへの結集に求めている。ただここでも「それにいっさい任せきり」には疑問を呈す。先述した「自覚の眼」の無さへの見方と通底する指摘である。丸岡は農村婦人自身が苦境にあえぎ忍耐することにとどまらず、封建的家族制度への批判的な眼を何とか持ってほしいと願っていた。

おわりに――悲惨にあえぐ農村婦人へのエールとして

冒頭で、「出来るだけ農村の素材をそのありのままの姿で盛り上げたい、現実のありのままの解明を主要な目的としたい」と述べた丸岡は、「むすび」において主婦並びに母性としての農村婦人の生活の原因となっている壁を五点指摘した。

一、農村の機構的特質が与える矮小家計と常時的赤字
二、自然的原因でなく、社会的原因によって惹き起される恐慌・凶作の打撃と何等改善されることのない生活難
三、分娩の負担者たる婦人に与えられた因習的、伝統的差別観念
四、以上の経済的、社会的基礎の上に支えられた家族制度の下で、因習的な従圧のために苦悩に縛られている婦人。

一切の負担の帰着店としての婦人の地位は、ここで集中的に表現される

五、国家及び自治団体による社会的、公共的施設の貧困、等

そのうえで、この壁をどのようにして取り除くかを述べることは「本書の範囲外」として擱筆した[57]。

一九三七（昭和一二）年は「少しでも、体制批判につながるような疑いを持たれれば一巻の終わり」という時期であった。「言いたいこと、言わなければいけないこと、それを芯にしてオブラートに包み、提起するというのは、ずいぶん難しいことでしたね。しかしそういう苦労をしてでも、言うべきことは言わなければならない[58]」と、多くのデータを渉猟し、農村婦人の現実を示し、農村の貧しさは社会構造の問題であること、農村婦人の悲惨さはその社会構造と家族制度に起因することを明らかにしたのである。「母性の惨苦にみちた問題をとらえることはまだ、できた[59]」と語っている。丸岡は農村女性の母性がいかに悲惨な状態に置かれているかを本書で何よりも主張したかったのである。

丸岡は本書の最後に「筆を擱いて」を書いている。「農村婦人問題を世に問い、この問題に対する関心を昂めることは私が果たさねばならぬ義務の一つとしか考えられなかった」と記し、「「農村婦人」としての苦悩を集中的に表現していた祖母に捧げようとしたこの書は、同時に全農村婦人の前に捧げられるものでもある」と述べた[60]。本書を世に問うことによって世の中に農村婦人問題があること、それにもっと注目すべきことを強調することで、悲惨にあえぐ全国の農村婦人にエールを送ったのである。

注

（1）聞き手：岩井サチコ・西村汎子「丸岡秀子――生活と思想の軌跡」『歴史評論』三二三号、一九七七年三月、二〇頁。後に歴史評論編集部『近代日本女性史への証言』一九七九年、ドメス出版に「丸岡秀子　私における婦人問題の展開」として収録。

（2）本著作以前の農村婦人に関する研究については、金子幸子「丸岡秀子と〝農村婦人問題〟――「ツノのない牛」の問うたもの」『名古屋短期大学研究紀要』第四五号、二〇〇七年を参照。なお本書はドメス出版より増補して一九八〇年に刊行された。大空社より一九九七年に『叢書女性論　三六』として初版の復刻版が出されている。
（3）村田晶子「母親運動と丸岡秀子の自己教育思想」社会教育基礎理論研究会編著『叢書生涯学習一　自己教育の思想史』雄松堂出版、一九八七年。
（4）成澤むつこ『自立の開拓者丸岡秀子――わたしの女性史学習ノート』創風社、一九九七年。
（5）前掲金子「丸岡秀子と〝農村婦人問題〟」。
（6）丸岡秀子『ひとすじの道』第一部（一九七一年）、第二部（一九七五年）、第三部（一九七七年）、偕成社。
（7）前掲岩井・西村「丸岡秀子」三～六頁、一七頁。丸岡は一九五五年の第一回日本母親大会において「娘をかたづけるという言葉をやめましょう」と提言している。鹿野政直・堀場清子『祖母・母・娘の時代』岩波書店、一九八五年、二一六頁。
（8）丸岡秀子『ひとすじの道　第三部　愛と自立への旅』偕成社、一九七七年、二六〇～二六一頁。ただこのくだりは『近代日本女性史への証言』一三三頁とは若干の異同があるので、こちらも参考にした。
（9）同前。
（10）前掲丸岡『ひとすじの道　第三部』二九三頁、二九六頁。
（11）前掲岩井・西村「丸岡秀子」一四頁。
（12）同前。
（13）同前、一六頁。またそのいきさつは、丸岡『田村俊子とわたし』一九七三年、ドメス出版に詳しい。九六～一一〇頁。
（14）「わたしはかねがね、農村の婦人問題を終生の仕事目標と思い決めていた」と記している。前掲『田村俊子とわたし』一〇九頁。
（15）高城奈々子『婦人と農協』日本経済評論社、一九八二年、三〇～三一頁。
（16）国史大辞典編纂委員会編『国史大辞典』第六巻、吉川弘文館、一九八五年、五一七～五一八頁。
（17）同前。
（18）前掲岩井・西村「丸岡秀子」一八頁。丸岡秀子『ひとつの真実に生きて』日本図書センター復刻版、一九九二年、一〇九頁（原著は東洋書館、一九五二年）。本章では復刻版を使用した。
（19）前掲岩井・西村「丸岡秀子」一九頁。資料係となった丸岡はその権利を利用して農業問題の著書を購入している。前掲『ひとつの真実に生きて』一六六～一六八頁。職場仲間との読書会で勉強する様子は、前掲『田村俊子とわたし』六九頁に記されている。

(20) 前掲丸岡『ひとつの真実に生きて』一八九頁。丸岡は自ら農村調査に行きたいと千石に交渉して調査部へ移っている。前掲『田村俊子とわたし』一〇九頁。幼子を育てながら農村調査をした様子は前掲『田村俊子とわたし』二一七〜四二頁に一端が記されている。

(21) 前掲岩井・西村「丸岡秀子」一九頁。

(22) 丸岡秀子「母子保護の一視角」『婦人文芸』第三巻二号、一九三六年二月(丸岡秀子編集・解説『日本婦人問題資料集成』第八巻思潮　上、ドメス出版、一九七六年)。

(23) 本節の引用はすべて丸岡秀子『日本農村婦人問題』高陽書院、一九三七年「まえがき」より。本章ではドメス出版、一九八〇年刊を参照した。

(24) 丸岡に本にまとめるようにすすめたのは田村俊子であった。そして丸岡は一九三五年五月ラジオ放送(JOAK、現在のNHKの前身)で語り、その内容は記事になっている(『日刊・経済更生新聞』五月十八日)が、これを「本の下書きの意味にもなっていた」と記す。前掲『田村俊子とわたし』一四二〜一五〇頁。その後高陽書院店主の訪問を受け、本にまとめることになった。一七七〜一八〇頁。

(25) この献詞について丸岡は、「(本が)出来上った日の夜、もぬけのカラのようになった体を起こしなおし、書き上げた原稿の上に、もう一枚の紙を置いた。それは献詞であった」と記している。前掲『田村俊子とわたし』一八〇頁。

(26) 内閣統計局『第五十五回日本帝国統計年鑑』。

(27) 前掲丸岡『日本農村婦人問題』三二頁、五八頁。

(28) 丸岡は本著の「資料的原型」とされる講演原稿『農村婦人と産業組合運動』(一九三七年九月)において、主婦が炊事するときの動線がいかに煩雑で合理性を欠いているかを図入りで示している。『丸岡秀子評論集九　未完の対決――父と娘』未来社、一九八八年所収。

(29) 前掲丸岡『日本農村婦人問題』六八頁。

(30) 同前。

(31) 同前、一二八頁。

(32) 同前、一三〇頁。

(33) 同前、一三二頁。農繁期になると「反って託児の数が減ずる」として同様なことを論じている。丸岡秀子「社会時評」『婦女新聞』一九五〇号、一九三七年一〇月二四日。

(34) 前掲丸岡『日本農村婦人問題』一三八頁。
(35) 同前、一四〇～一四二頁。
(36) 同前、一四八頁。
(37) 同前、一五二頁。
(38) 同前、一五三頁。
(39) 同前、一五七～一六一頁。
(40) 同前、一六三頁。
(41) 同前。
(42) 前掲丸岡『農村婦人と産業組合運動』二四六頁。
(43) 前掲丸岡『日本農村婦人問題』七四～七五頁。
(44) 同前、八〇頁。
(45) 同前、八二頁。
(46) 同前、八二～八三頁。
(47) 同前、八四～八五頁。
(48) 同前、八五～八六頁。
(49) 同前、八七頁。
(50) 同前、九五～九六頁。
(51) 同前、一〇一頁。
(52) 同前、一〇三～一〇四頁。
(53) 同前、一一一頁。
(54) 同前、七六～七七頁。
(55) 同前、一一九～一二〇頁。
(56) 前掲丸岡『農村婦人と産業組合運動』二三〇頁。
(57) 前掲丸岡『日本農村婦人問題』一九八～一九九頁。
(58) 前掲岩井・西村「丸岡秀子」二一一頁。

(59) 同前。『毎日新聞』に主筆阿部賢一が、「問題は重要であるのに、未開拓のまま、捨てられていた領域に、研究の鍬をよく入れた」という書評を書いた。それを「すなおに嬉しいと思った」と丸岡は記している。前掲丸岡『田村俊子とわたし』一八八頁。

(60) 前掲丸岡『日本農村婦人問題』二〇一頁。

第七章　三瓶孝子

――『日本綿業発達史』が描いた紡績女性労働

広瀬　玲子

はじめに

すでに序章で述べたように、戦間期は女性に研究者となる扉が開かれた時期であった。本章で取り上げる三瓶孝子《さんぺいこうこ》は女性研究者となった一人である。三瓶についての研究は多くない。中山そみは、三瓶の生い立ちから『日本綿業発達史』を書くまでの足取りを明らかにした[1]。筆者は、三瓶が働く女性について一貫した問題関心を持ち続け、多くの女性労働関連の著作を書いたことを指摘した[2]。そのほか、彼女がアカデミズムの世界が女性に閉ざされていた時代にその扉を開けようとした「開拓者」であり、経済史学者・歴史学研究者であったことを明らかにした研究がある[3]。

本章ではまず三瓶が女性労働への関心をどのようにして持つことになるのか、その経緯を明らかにする。そのことは同時代に多くの女性労働者が生み出され、脆弱な立場で働き、女性であるが故の蔑視や差別を受けたことと、彼女の生きた道筋との関係を明らかにすることにつながる。

次に三瓶の初めての著書であり、女性労働研究の嚆矢である『日本綿業発達史』を取り上げる。彼女は本書を書くことによって女性労働者への関心を具現化した。出版は一九四一(昭和一六)年であるが、戦間期の女性労働者、とりわけ女性紡績労働者について詳細に叙述されている。この叙述を通して三瓶が女性労働者にいかなるまなざしを注いでいたのかを考察したい。

1　三瓶孝子の生い立ちと女性労働への関心の萌芽(4)

(1)　貧富の差を知る

三瓶孝子は一九〇四(明治三七)年に福島県福島置賜町の旧家に生まれた。父は寅之助、母はタカという。生家は地主であり質屋「三瓶下総屋」を営んでいた。母は同県伊達郡川俣で機織業を営む家の娘であった。小学校から女学校へと成長する時期と第一次世界大戦が重なっており、景気の変動により新しい店が開店しては閉店するという変転を見た(5)。大戦後の不景気で生糸取引商が破産したが、中には同級生三名の家が入っていた。銀行も破産し、なけなしの貯金を失う人がいた。「一方(銀行頭取)は御殿に住い、一方は一生涯汗水たらした結晶(貯金)を同じ銀行のために失った。これはいったいどうしたことなのだろうか」と疑問を抱く。また一九一八(大正七)年の米騒動が「生まれて初めての恐ろしいこと」として記憶に刻まれた(6)。家の隣の米屋が焼き討ちされるかもしれないので、三瓶の家は「明治このかた動かしたことのない、百貫目もある土蔵の土の扉をしめ」「救済米を数俵出した」という。

福島県立女学校へ入学して間もなく、家にやってきた新しい女中が小学校の同級生で貧しい家の娘だった。また外出にはお供の女中がついた。三瓶は「お嬢さんだから絹の着物、女中は木綿の着物」であった。女中だって絹の着物を着たいだろうと考えた。

また子どもの頃、真冬の東北地方から貧しい農家の娘たちが東京の紡績工場に売られて行くことを知っていた。寒い夜娘たちが隊を組んで凍った道を停車場へ向かう下駄の音を「おそろしいもののように、地獄へ行く足音のように、コタツに顔をうずめて聞いた」のである。そういう娘たちが女工生活の中で結核に感染して帰ってくる話も耳にしていた。

物心ついた頃のこうした体験から、社会の激しい変動・貧富の差があることを自覚するがそれがなぜかということはわからなかった。このもやもやとした疑問が後に学問の道へと三瓶を誘うことになる。

（2）社会科学への接近と女性労働への関心

一九二五（大正一四）年四月、三瓶孝子は東京女子大学の門をくぐった。当時の東京女子大学は高等学部三年、大学部三年の計六年制であったが、三瓶は高等学部に入学した。この高等学部は「高等の学術及び人文教育を希望するものの為に設く」と謳い、学長安井てつが高い教養を身につけるようにとの理想から設置したもので、学科のレベルを男子の学校（旧制高等学校）と同じくしてあった。[7] この上に大学部があり「高等学部卒業者にして学術の蘊奥を究めんとするもの、ために設く」と謳った。[8] 学科目には哲学・心理学・法制・経済学・数学・自然科学が置かれていた。[9] 当時の女子高等教育機関としては「型破りの良妻賢母の臭気の全然ない学校」であった。[10] 成績表はなく、試験はあるが点数はない。こういう雰囲気のなかですぐれた講師陣から三瓶は多くのことを学んだ。注目すべきは、大学が経済学の科目を設けたことである。日本における女性に対する経済学教育の始動は一九一八（大正七）～一九二〇（大正九）年頃であり、東京女子大学はいち早く導入した。[11] 講師陣は主として東大から招いた。三瓶の在学中は矢内原忠雄（東大）・高橋誠一郎（慶応義塾）が教えていた。[12]

三瓶は同じ寮にいた大学部社会科一年の渡辺多恵子（のちに社会主義者志賀義雄夫人となる）と親しくなり、「何か新しい社会へのあこがれ」を持って社会科学研究会を作った。[13] マルクスもレーニンも知らず、共産主義も知らなかった三瓶は、『ABC of Communism』、『共産党宣言』（堺利彦訳）、『空想より科学へ』（堺利彦訳）、『フォイエルバッハ論』などを読んだ。経済学関連ではマルクス『賃労働と資本』、マルサス『人口論』、リカード『地代論』などを手当たり次第に読んだ。日本語訳がないレーニン『国家と革命』は英語とドイツ語で読んだ。三瓶はドイツ語を独学で修めている。

三瓶が社会科学に接近した「そもそもの動機は人道主義であった。小作人の娘の女中と私の存在の相違、新しい村へのあこがれ」からだった。「大正時代末期の、若い私には、世の中の矛盾を漠然と感じ、人道主義にはいっていったのである。だからこそ、社会科学研究は新鮮な魅力を与えた」という。

ただ三瓶は社会運動に入ろうとは思わなかった。観念的に文章を理解しても身近にせまるようなものはなく、字づらを理解するにとどまったという。また渡辺との交流のなかで社会主義に対する違和感というものを感じていたことも要因である。すでに社会主義を信奉していた渡辺との交流は三瓶にみずからの立場を自覚させることになる。自然の風景を愛で月が美しいと言う三瓶に、渡辺は社会主義者はそうした感情は持たないと言い、社会主義者は肉親の愛情にとらわれてはいけないとも言った。渡辺が社会主義を硬直したかたちで理解していたのであろう。三瓶はこうした考えに同調する気にはなれず、むしろ「社会主義とは肉親にも他人にも愛情をもつことではないか」と考えた。このように三瓶にとって高等学部の三年間は、社会科学に魅せられて社会問題に対する科学的探究を手探りで開始した時期であった。友との交流・多読・独学のなかでそれは展開された。

三瓶は一年生の秋に貴重な体験をしている。それは紡績工場を見学したことであった。紡績がどんな産業であるかも知らず、女子労働がどんなものかも知らなかった。生まれて初めて工場で働く女子労働者を見たのである。綿くずだらけになって働いている自分より少し年上の婦人と、試食として提供された真っ黒い麦飯・タコと里芋とコンニャクの煮しめ、外から眺めた寄宿舎が印象に残った。大学の寄宿舎にいる山梨県出身の友人から、故郷の養蚕製糸工場では女工は天井から吊った吊り床に寝ておりもっと悪条件で働いていると聞いた。三瓶が女性労働の歴史を書く伏線となるのがこの体験であった。

(3)　早稲田大学政治経済学部の聴講生を経て日本経済史の研究へ

三瓶は一九二八(昭和三)年四月に早稲田大学政治経済学部の聴講生となった[14]。三瓶は懸命に学んだ。なかでも三瓶の興味を誘ったのが平沼淑郎の欧州経済史の講義だった。東京女子大学で高橋誠一郎から経済原論を学んでいたこともあり、経済史を一生の研究にしようとの思いが芽生える。三瓶の成績は優秀で政治経済学部の事務所で抜群とほめられるものだった[15]。三年間学び一九三一(昭和六)年に卒業する時には日本経済史を一生のテーマと決めていた。

岩波の日本資本主義発達史講座が一九三二(昭和七)年から出版され「勉強のてがかり」となる。三二年一一月に高橋経済研究所[16]に職を得、日本経済史の研究を開始する。「徳川時代から明治にかけて大きく変革した産業及び衰亡した産業の研究に従事」した。そのかたわら「日本の婦人労働史を研究しようと心がけ」次々と論文を発表していった。処女論文である「日清戦争前後の綿糸紡績工業と婦人労働者の状態」(『歴史科学』一九三三年一一月号)は、権力の言論統制によって部分的に伏字となりながら、女工と幼年工に対する搾取の苛酷さを論じていた。綿糸紡績業とそこでの女性労働(幼年労働も含む)への関心が早くも芽生えている。三瓶が関心をこのようにしぼった理由は、「綿糸紡績業は日本資本主義を左右する重要な産業であったこと、婦人の労働による産業であったから」だった。

一九三九(昭和一四)年春に研究所を退職して著作にとりくむことにした。一人で計画を立て一人で資料を集めまとめた。加田哲二に慶応書房を紹介してもらって一九四一(昭和一六)年に出版にこぎつける。この頃は左翼思想弾圧が激しく、「用語一つにも注意せねばならなかった」。加田からの注意で「土産綿を在来綿」と言い換え、「資本論などは絶対に引用しないこと、その考え方で書いてもヴェールをきせる」ようにした。

2　『日本綿業発達史』に見る女性労働の叙述

本書は三篇構成となっている。第一篇「日本綿業の発展過程」は一〇章にわたる。日本に棉が伝来した天文・文禄時代、棉作が発展し全国市場が形成される元禄・享保時代、綿布が一般庶民の日常衣料となるに及んで木綿手織は農閑期に於ける婦女子の仕事となったこと。綿絲紡績業が明治期に入り政府の保護を受け、日清・日露戦争・第一次世界大戦を契機に海外市場を拡大し飛躍的に発展すること。戦時下の綿業非常管理下で中小機業者の整理を行い、中国へ進出することで生き延びたことを指摘する。綿絲紡績業の歴史的発展過程の叙述である。

第二篇「機械・原料・労働・資本」は四章にわたる。綿絲紡績業を支える四要素の歴史的変遷を叙述する。このなかの第三章「紡績労働」が女性労働の叙述にあてられている。

第三篇「人造繊維産業の発達」は第一次世界大戦を契機に人絹工業の発達を見、世界経済恐慌下に人絹絲工業の躍進的発展を見たこと。ステープル・ファイバー産業は豪州羊毛の不買問題と綿の国内民需流入禁止を原因として発展したとする。

「むすび」において綿製品が「内にあつては国民の衣料を充たし、外に向つては市場の獲得によつて日本の発展に貢献する平和なる武器であつた」と指摘した。[17]

ここからは本書の女性労働に関する叙述を中心に考察する。緒言にはなぜ三瓶が綿業に着目したのかが端的に述べられている。

我国の産業を、貿易を、今日あらしめた大きな力として綿業の歴史は偉大である。この歴史の中に於て特に忘れてはならないのはこの赫々たる発展の裏に、一つの大きな力として婦人の存在することである。私が綿業の研究に志したのも婦人の関与する産業であるからである[18]すなわち、綿業発展の陰に女性の労働があること、そこに注目したいということであった。そして女性労働については「第二篇第三章　紡績労働」に集中的に記されている。以下追って見ていきたい。

（1）近代的婦人労働者の誕生――殖産興業時代

三瓶は、「近代的婦人労働者の創始」を「明治十年前後からであった」と、三重紡績所・富岡製糸模範工場を例に指摘する[19]。「近代的賃金労働者として婦人を最初に見出し得る代表的な産業は綿絲紡績業」で、紡績女性労働者は「他の産業例へば女工の多数を占むる製絲業の婦人に比して比較的進歩してゐた」と、織維産業間の差異に注目している。

明治初期に於ける殖産興業と女性労働について、「軽工業に関しての殖産興業政策の最大の対象たる製絲並びに綿絲紡績業の発展のため、この政策実現の原動力となったものは、農村に於ける過剰婦人労働力であった[20]」と、女性労働者が農村から析出されていることを指摘する。

女性労働者の比重を見渡すと、明治一〇年代の女性労働者数は一二万人前後で、明治二〇年前後に女工数が全労働者の半数以上を占めるようになる。明治三〇年代に入ると女工数・割合とも増大し、軽工業の発展と機械化が進行する[21]。

綿絲紡績業に於ける明治三〇年代以前の婦人労働者の労働事情を、三重紡績所を通して考察している。

明治二十年前後は、本邦紡績業がやうやく一人立出来る程になつたのみであり、三十年前後に於ける如く海外販路の拡大も、従つて供給不足、女工払底の如き状態を見るまでに達してゐなかつた。従つて夜業も稀であり、夜業は夜盗のやうだと驚いた時代であつた。寄宿制度は封建的主従関係に置かれたとはいへ、明治三十年代の如き女工の誘拐及び虐待の問題も起さなかつた。何しろ紡績業は未熟で、移植後年月も浅く、まだ温床の中に育まれた時代であつた[22]

この時期は綿絲紡績業の揺籃時代であり、夜業も稀で女工の労働条件もさほど悪くはなく、誘拐・虐待などもなかったと指摘している。

(2) 労働条件の悪化――紡績業確立期

日清戦後から日露戦後にかけて、紡績業確立期に入ると変化が起こる。職工数が増大し、女工の比重はその七〇~八〇%を占めるようになる。紡績業が「平易な産業」で「不熟練労働を以つてしても十分に間に合う産業」なので、「明治三四年に関西十六工場の調査によつて約半数が二十歳未満の女工を以つて占められていた」といふ事実をあげ[23]、綿絲紡績業が不熟練労働、主として若年女子の労働で成り立っていることを明らかにする。

幼年女工の使用について、「好況時には欠くべからざる低賃金労働者」でありながら「紡績興隆期には労働力不足を補ふためにかり出され、不況に際してははき出される部分」と、資本の論理を指摘する[24]。

女工たちは農村から出稼ぎに来る。出稼ぎの中で紡績業に行く者は出稼ぎ一〇〇〇人につき六六七人で、その割合は出稼ぎ中最大を占める。女工となった農村少女の都市工場生活・寄宿生活へと生活の激変は言うまでもなく、衛生設備の不十分さから結核罹患という問題が起こるという[25]。

女工の雇用契約を見ると対等な雇用関係ではなく奴隷的状態におかれた[26]。こうしたなかで工場内に於ける女工の酷使が横行し女工逃亡の原因となる。また、労働力不足から女工争奪戦が行われた(27)。

女工の教育程度は一八九七(明治三〇)年頃の調査では、男工四割強、女工四割八分が文字を読めないのが現実であった(28)。

一八九七年頃になると徹夜業は一般の事実となり、昼夜二交代、甚だしい時は三六時間働かせるという、「機械が人間を喰ひつくすところのこの長時間労働が「稀にこれなしとせず」であつた」と述べる(29)。「女工の最も苦痛とするものは徹夜業」であつた。夜間の労働が女工の体重の減少を引き起こし、健康を害し、「ついには骨と皮ばかりの人間を作り」、延いては逃亡と疾病率増大の最大の原因となった(30)。

賃金は大工場で日給一五銭以下が五八％、二〇銭以下を含めると九一・九％となり、中小工場ではこれ以下となる。これは一八八七(明治二〇)年以前の三重紡績所の賃金より遥かに低い。支払い時の控除(積立金など)は女工足留策の一つとして働いていた(31)。「外面女菩薩なる」賞与制によって女工間の競争が煽られた(32)。

寄宿制は女工を欠勤不可能とすることで会社にとって非常に有利な「一つの拘禁制」で、「意志の束縛を含んでいる」と指摘し、ここは「沙漠の生活」であり「女工の知的発展を望むことは無理であり、彼女達の道徳的向上を求る事は木にのぼつて魚を求むる如き困難」とその殺伐さを述べる(33)。

この寄宿制度こそは、女工を封建的な関係に結びつけ、彼女らの自由を束縛し、賃金制の一要因をなした。ために寄宿制は当時の女子逃亡の一つの原因をなした。また逆に女工逃亡防止手段としても寄宿制度が利用され、それと共にまた弊害も生じた(34)

工場に於ける労働条件並びに寄宿制に対して女工自身に於いて組織的に内部の改善を要求したことは余りなかつた。只明治二十七年一月天満紡績会社に於いて職工数十名、技師工務係の解雇に対して罷工を起し、同二十九年に於いても三重紡績にこれが起つたが、女工に於いてはどうであつたか不明である。女工に於いては逃亡が唯一の方策であつた(35)。

寄宿制が女工に苛酷な労働を課し、逃れたい女工は逃亡するしかないと指摘する。

女工の疾病は、一工場平均罹病率が一八九九(明治三二)年に四二・二三%、一九〇一年には一四・〇六%と減少するが、死亡の最大原因は結核であり、疾患帰郷死亡者が他の産業に比して最大であつた(36)。勤続年限一年ないし二年以内が職工数の六九・七%を占め(男工、女工とも最大の割合を占める)、非常に移動が激しく、一九〇八(明治四一)年の調査によると一年間に一〇〇〇人の出稼ぎに対して三四六人が帰郷するという頻繁さであった(37)。

続いて、「無教育に、人間の生理的限界を越えた長時間労働、無味乾燥の寄宿生活、それは女工に心身の堕落以外の何ものも残さなかつた」と、女工の道徳的廃頽を指摘している。「紡績女工は一般に品性や嗜好が野鄙であつて、その得るところの収入は買食ひ、観せ物、或は男女の関係に消費されることは当然のことであつた」と言いつつも、上記の労働・生活が「精神的快楽を得せしむるの遑なき」状態を招いているのでやむを得ないと述べた。加えて「徹夜業が更に風紀紊乱の一大原因」ともなったと、女工自身の原因ばかりではないことを指摘している(38)。紡績産業が持つ構造そのものが女工の道徳的廃頽を引き起こすとの指摘である。風紀紊乱によって男女のトラブルに陥ると、「売笑婦への転落が容易に探し得る唯一の生きる道」となる落とし穴についても記している(39)。

結論として、「明治時代に於ける我紡績業の輝しき発展の裏にはかゝる深夜業と女工の虐待、逃亡、結核、売笑婦の一つながりの不名誉なる暗黒面の存在したことは今日誰しもが否定出来ない事実であつた」と述べた(40)。女性たちの悪条件下の過酷な労働が紡績業の発展を支えたことに目を向けるように促している。

（3）　労働環境は改善されたか――工場法実施により強化される紡績女性労働

一九〇五（明治三八）年に国際労働立法協会第一回国際会議が欧州一五ヵ国の参加で開かれ、職工の労働条件が問題化され、翌一九〇六年に婦人労働者深夜業禁止の国際条約が結ばれた。[41] 国内でも職工を通して農村への病菌の伝搬が明らかとなり、「壮年の男女の身体を棄損」していることが「国家の基礎を動揺」させると問題視された。[42]「掠奪耕作に似たる方法」が労働力を供給する農村の「範囲を狭め」、「健全なる労働者を永続的に得ることを不可能にし」たことを資本家も漸く気が付いたのだと指摘している。[43]

結果として一九一一（明治四四）年に工場法が公布され、一九一六（大正五）年九月から実施されるが、一五人以上職工使用工場に限られたために、大部分の職布工場は法の適用外とされた。[44]

この工場法は紡績業に於ける深夜業を例外として認めつつ（大日本紡績連合会が修正意見を出し同法案を骨抜きにした）実施されたので、「紡績業に於ける女性および幼年の長時間深夜業は法の実施によつて何らの恩恵もうけることが出来なかつた」。[45]

それればかりか大日本紡績連合会は、「施行後五年間」を「施行後十五年間」と修正し、一紡績業者は、海外市場に於ける競争の武器として夜業が必須と主張しこれにも反対した。[46] このことについて「他の各国紡績業に比し原棉、租税負担の大なるを婦人及び幼年の徹夜業によつて補ひ且つ剰りあつたとは何たる犠牲であつたことか」と、日本資本主義の利潤追求の貪欲さとそのための女性・幼年労働者の犠牲を深く嘆息している。[47]

一九二三（大正一二）年に改正工場法が公布され一九二六年七月に実施される。紡績業は三年の猶予を経て一九二九（昭和四）年七月から徹夜業が廃止され、紡績業に於ける合理化への一つのポイントとなった。またこの時期は金融恐慌・世界恐慌と不況が続き、合理化を進める要因ともなった。増錘・自動機械化及び新式機械化の促進が進められる[48]。

『工場監督年報第十七回』を引き、特に大紡績会社では福利施設の改善・完備せる寄宿舎・余暇に家庭の主婦となるに役立つ教養・食堂・浴室・化粧室・娯楽室・割烹練習室・図書閲覧室・運動場附設。生花・茶道・礼儀作法・修身・読方・習字・算術・裁縫・作文等の教授などが行われるようになったと述べて、「実際如何なる程度のものか知る由もないが、過去に於ける労働事情が改善されたことは事実であらう。寄宿舎の設備、福利施設、工場建物、衛生設備が改良されたことは確かである。これもまた合理化の一つの方法であるから」[49]と、労働環境整備については一定の評価を与えた。

しかし三瓶が注視したのは反面の動向であった。深夜業禁止プラス世界経済恐慌は、「機械使用の組織化、労働力の組織化を促進」し、紡績に於いては「一人当運転錘数の増大」、機械に於いては「自動機械化と共に受持台数の増大」が行われる。特に職布に於いては、「織機千台当り職工数の減少率が大」となり、「男工よりも女工の減少率が大」となったばかりか、残った「女工一人当生産高は著しく増大」していく。紡績においては仕事の一層の簡易化により「男工が女工によつて代置される」[50]。機械化の進展は生産高を増大させたが、女工の労働は以前にも増して強化され酷使される状態が出現するのである。このことをデータで示し以下のように述べた。

受持台数の増大、自動機械化はまた、スピードアップによる労働力支出の内包的強度化の結果でもあった。労働時間を短縮し、労力の密度を高める方法は、一単位時間当りの労働を高めるが、反対に平均賃金を引下げて、生産費を低下させた[51]

一九二九（昭和四）年の一万錘当工賃（男女合計）に比して、一九三二（昭和七）年の一万錘当工賃（男女合計）は半減していった。世界各国の工賃に比して「英国の二分の一以下、米国の三分の一以下、独逸の約二分の一に相当する低コスト」となる。[52]こうした状態を「かくして昭和六年末に於ける金再禁止を機とする綿糸布輸出の基礎は作りあげられた。合理化の促進に伴ふて失業者が作り出されたことは云ふまでもない」[53]と合理化の果てに失業者が生み出されることを指摘する。

さらに深夜業廃止による労働時間の短縮は賃金収入の減少をもたらす。中でも女工の賃金の減少は男工よりも大きかった。男工賃金の減少は深夜業廃止後に於ける女工の割合を増大させていく原因となった。[54]また、産業合理化によるスピードアップは災害を増加させる。「機械によるか〻る災害の増大は「合理化」による生産力の急激な増大、労働者の疲労の反映に外ならなかつた」。[55]

くわえて罹病率の増大による農村子弟の体位低下は依然として大きな問題であった。[56]

紡績女工の勤続年限も一年以内、長くても二年以内が最も多く、「賃金の二分の一、三分の一が父兄へ送金される」という状況だった。紡績女工の家庭は農業が六一・六六％（一九二九年現在）を占め、漁業五・四〇％商業六・七〇％労働者六・三〇％職人四・〇〇％となっている。「女工の収入が農家の経済の重要な一部分」であることに変わりはなかった。[57]

以上のように、大規模紡績工場における女性労働者の労働を考察した。抑制した筆致だが、日清戦後の紡績業が飛躍的に発展し、合理化が進められるにもかかわらず、女性労働者が一貫して悪労働条件・低賃金で酷使されてきたことを明らかにした。

（4）女工のより一層の酷使――中小綿織物業に於ける労働

三瓶は大規模工場にとどまらず、中小綿織物業の女性労働にも目を注いでいる。その特徴について、「封建的な雇用関係が多くあつたゞけに改正工場法の実施以前には、紡績業に於けるよりも以上に女工の酷使をもつと特質づけられて」おり、日清戦争後の綿織物の内外市場の増大は、「それに伴ふ設備の拡張、改良より労働の強化の方がより大きかつた。従つて明治三十年代に於ける紡績工場に於ても婦人、幼年労働の酷使が見られたが、中小織物業に於いてはなほ一層それが著しくあつた」と指摘する。(58)

雇われる機織女工はいうまでもなく「地方貧農の子女」であり、「五年乃至七年の年季奉公」それも「前借による年季奉公」が大部分を占めた。(59) 家族経営は大工場に比して奴隷的関係をもたらす。大工場における雇用関係とは異なり、「主人対召使といふ封建的関係が工場の隅々まで行き亙つてゐたので」、機織女工は「主人の意のまゝに労働を強ひられる」ことになり、綿織物業の好況時代には「人間の生理的限界をはるかに超過した労働の強化、長時間労働が無慈悲に行はれた」と述べている。(60) 続けて経営主の苛酷な行為の事例として、『職工事情』附録「機工女虐待」をあげていた。

工場法の実施以後といえども「綿織物の好況に際しては、たまたま法の違反工場が続出する状態」であり、苛酷さは変わらなかった。(61)

一九三八(昭和一三)年に始まる綿業非常管理(62)までは職工五人未満の零細ないしは家族労働による織物業が多数存在した。これらは農家の副業として手機での生産を行い、「労働の無制限の延長で手機の生産力の低さを補つて」いたのである。(63)

このように中小紡績業における女性労働は、大規模工場にも増して苛酷であったと指摘することを忘れなかった。

おわりに

三瓶が著した『日本綿業発達史』は、日本の社会構造を把握したうえで、日本資本主義の発展と女性労働がいかに密接な関係をもって展開してきたかという、経済史学者としての視点が貫かれていた。各種統計・資料を渉猟した密な実証により、日清戦争後から紡績女性労働者の酷使が開始されたこと。工場法公布以後も昼夜二交代制は継続されたこと。二交代制が撤廃された後は合理化が労働強化をもたらし、加えて賃金を低下させたことを明らかにした。紡績女性労働者は封建的な寄宿制の下に置かれ、長時間労働と低賃金を甘受させられて日本資本主義の発展を支えたのである。さらに中小経営においてはより劣悪で苛酷な労働が女性に課せられたことも明らかにした。(64)

本書は日本資本主義の発展と女性紡績労働の関係を初めて解明した説得力をもつ大著であった。(65)幼いころからの貧富の格差への疑問・貧しい娘たちが送らざるをえない生へのもやもやした思いがこのような形で実を結んだのである。とりわけ女性労働者の供給源である農村の貧しさと女性労働の劣悪さ・低廉さの関連に目を注ぐという視点が基底を貫いていた。

三瓶はこの後も女性労働に着目した著作を次々に刊行していった。一九四〇（昭和一五）年に労働科学研究所に就職し、農村調査をへて『農村記』（慶応書房、一九四三年）(66)と、『農家家内諸工業の変遷過程』（伊藤書店、一九四四年）(67)を、戦後は『もめんの話』（岩崎書店、一九四八年）、『染織史序説』（刀江書院、一九四九年）、『衣生活の歴史』（岩崎書店、一九五二年）、『働く女性の歴史――通史と現状』（日本評論新社、一九五六年）、『日本の女性』（毎日新聞社、一九五七年）、『日本機業史』（雄山閣、一九六一年）、『染織の歴史』（至文堂、一九六二年）と、一貫して働く女性に着目しつづけた。女性は一貫して働いてきた。それも生産労働を担ってきたというのが三瓶の強い主張であった。そして「働く女性こそが」、「その他の一般の女性の地位をリードする」という確信を持っていた。(68)

※本論考は、「働く女性に関心を寄せた女性経済学者三瓶孝子」李培鎔教授定年記念論集刊行委員会『女性の歴史を探して』ナナム、二〇一二年（韓国語）を大幅に改稿したものである。

注

（1）中山そみ「三瓶孝子論　I──主著『日本綿業発達史』を書くまで」『女性史研究』第一六集、一九八三年六月。

（2）広瀬玲子「働く女性に関心を寄せた女性経済学者三瓶孝子」李培鎔教授定年記念論集刊行委員会『女性の歴史を探して』ナナム、二〇一二年（韓国語）。

（3）歴史学研究会編『アカデミズムとジェンダー──歴史学の現状と課題』績文堂出版、二〇二二年、九〇～九五頁。

（4）本節の叙述は注で示した以外は三瓶孝子『ある女の半生──嵐と怒涛の時代』三一書房、一九五八年に拠っている。

（5）日本資本主義が独占段階にはいったといわれる一九〇〇年頃から貧富の格差がすすみ、河上肇の『貧乏物語』（弘文堂書房、一九一七年三月）が出版されてたちまちベストセラーになり、一九一九年五月には三〇版に達するような時代だった。下川耿史・家庭総合研究会編『明治・大正家庭史年表──一八六八～一九二五』河出書房新社、二〇〇〇年、四一七頁。塩田庄兵衛編『河上肇「貧乏物語」の世界』法律文化社、一九八三年、九頁。

（6）ただし三瓶本人は夏休みで母の実家に行っていた。

（7）「大学部と與に本学の正当をなすもので一面には大学部に進む予備教育を施す大学予科の性質を持つと同時に一面には人文教育を施すことを目的とし、宛も男子の高等学校の課程と類似したもの」と記されている。長尾半平・東京女子大学『創立十五年回想録』東京女子大学、一九三三年、四九〇頁。

（8）湯川次義『近代日本の女性と大学教育──教育機会開放をめぐる歴史』不二出版、二〇〇三年、三五二～三五三頁。

（9）東京女子大学一〇〇年史編纂委員会編『東京女子大学一〇〇年史──一九一八～二〇一八　本編』東京女子大学、二〇一九年、四二頁。

（10）福永操『あるおんな共産主義者の回想』れんが書房新社、一九八二年、七九～八七頁に同様な記述がある。福永は三瓶より一年早く東京女子大の英語専攻部に入学していた。

（11）女性に対する経済学教育については、松野尾裕「日本における「女性と経済学」の起点──一九一〇年代～二〇年代、山川菊栄の論説にそくして」栗田啓子・松野尾裕・生垣琴絵編『日本における女性と経済学──一九一〇年代の黎明期から現代へ』北海道大学出版会、二〇一六年に詳しい。

（12）栗田啓子「女子高等教育におけるリベラル・アーツと経済学──東京女子大学実務科とは何だったのか」前掲『日本における女性と経済学』四六頁。一九二五年に高等学部を卒業した織戸登代子は九州大学に進み女性として初めて経済学士号を取得している。佐喜本愛「九州大学の歴史と女性」九州大学男女共同参画推進室、二〇〇九年、https://danjyo.kyushu-u.ac.jp/data/

%E4%B9%9D%E5%B7%9E%E5%A4%A7%E5%AD%A6%E3%81%AE%E6%AD%B4%E5%8F%B2%E3%81%A8%E5%A5%B3%E6%80%A7.pdf、（二〇二四年七月一七日閲覧）。

(13) この時期の学生社会科学連合会・学生運動の状況と東京女子大学の関連については、前掲中山「三瓶孝子論　Ⅰ」に詳しい。

(14) 早稲田大学は一九二一年四月から女性を聴講生として受け入れた。前掲湯川『近代日本の女性と大学教育』一七九～一八一頁。

(15) 在学中に三瓶は産業労働調査所（イギリスから帰国した野坂参三が一九二四年に開いた無産階級運動および労働運動の発展を目的に設立された調査・研究機関）でドイツ語の翻訳を受け持っている。月刊の国際社会政治経済情報の雑誌『インタナショナル』などを訳した。「『インタナショナル』誌における各国の綿絲紡績の労働者の状態とともに、『時報』（『産業労働時報』のこと）誌にみられる日本資本主義経済における労働調査や、社会経済の状勢などの掲載事項、なかでも紡績産業事情や労働者の状態は、のちの三瓶の研究に貴重な資料になったと思われる」と中山そみは指摘している。前掲「三瓶孝子論　Ⅰ」。

(16) 経済評論家・経済史研究者高橋亀吉が一九三二年一〇月に設立。『高橋財界月報』を刊行した。『国立国会図書館憲政資料室高橋亀吉関係文書』。

(17) 三瓶孝子『日本綿業発達史』慶応書房、一九四一年、五一〇頁。以下、本書からの引用は頁数のみを記す。

(18) 三頁。

(19) 三七二頁。

(20) 三七三頁。

(21) 三七五頁。

(22) 三八一頁。

(23) 三八二頁。

(24) 三八三～三八六頁。

(25) 三八八頁。三瓶は他の章で、「特に農村家内工業からはき出された婦人は繊維産業に吸収されて、製絲、紡績、機織業発展の物質的基礎をなした」と述べている。一三九頁。また「過小農経営から生ずる低廉にして豊富な女子労働の供給によつて、斯業は急速に拡張発展させられた」とも述べている。二二四頁。

(26) 三九〇頁。

(27) 三九二～三九三頁。

(28) 三九四頁。

(29) 三九八〜三九九頁。
(30) 四〇〇頁、四〇二頁。
(31) 四〇三〜四一〇頁。
(32) 四一一〜四一三頁。
(33) 四一四頁。
(34) 四一五頁。
(35) 四一六頁。ただし女工も参加していることがわかる。「一八九四年一月二六日大阪天満紡績工場女工工場掛への不満で騒ぐ。一八九六年七月二一日三重紡績男女工賃上げ要求スト、女工九〇〇人大阪へ逃亡を企図、不貫徹、五人解雇」とある。『近代日本婦人問題年表』ドメス出版、一九八〇年、四六頁、四九頁。
(36) 四一六〜四一九頁。
(37) 四二〇頁。
(38) 四二一〜四二二頁。
(39) 四二四頁。ここで論拠として挙げているのは、宇野利右衛門『職工優遇論』工業教育會、一九一五年、八濱徳三郎『下層社会研究』文雅堂、一九二〇年である。細井和喜蔵『女工哀史』にも女工から娼妓に転落する叙述が見られる。一四一頁、一八三頁。ここでは一九五四年刊岩波文庫を参照している。
(40) 四二五頁。
(41) 四二六頁では一九〇六年となっているが、正しくは一九〇五年に開催されている。石井聡「ＩＬＯにおける国際社会政策の歴史――一九一九年労働時間条約を巡って　(一)」『生駒経済論叢』第一四巻第二号、二〇一六年一一月、一一頁。
(42) 四二八〜四二九頁。
(43) 四三〇頁。
(44) 同前。
(45) 四三一頁。
(46) 四三二頁。
(47) 四三三頁。
(48) 四三四頁。

(49)　四三五頁。
(50)　四三五～四三六頁。
(51)　四三八頁。
(52)　同前。
(53)　同前。
(54)　四三九頁。
(55)　四四〇頁。
(56)　同前。
(57)　四四一頁。
(58)　四四二頁。
(59)　四四三頁。
(60)　四四二～四四三頁。
(61)　四四五頁。「改正工場法は労働時間十一時間と規定した。然しこれは屡々違反された」社会局労働部『昭和九年工場監督年報』第十九回、二五～二六頁。三瓶はこの年報を引用し、労働時間が実際に延長されている事例を示している。
(62)　一九三八年七月一日に実施された綿製品一般の民需向け供給の禁止。紡績連合会以外の機業者、主として中小機業者は右連合会の賃機業者に転落せねばならなくなり、手機による業者は全休を余儀なくされた。二五一～二五三頁、四五〇頁。
(63)　四四九～四五〇頁。
(64)　三瓶が紡績業での女性労働叙述に使用した主な資料は以下のとおりである。天涯茫々生（横山源之助）『内地雑居後之日本』一八九九年。横山源之助『日本之下層社会』一八九九年。農商務省『綿絲紡績職工事情』及び附録、一九〇三年。桑田熊蔵『工場法と労働保険』一九〇九年。石原修『衛生学上ヨリ見タル女工之現況』国家医学会、一九一三年。岡實『工場法論』有斐閣書房、一九一三年。宇野利右衛門『職工優遇論』一九一五年。八濱徳三郎『下層社会研究』一九二〇年。『工場監督年報』農商務省社会局労働部編、第一七回（一九三二年）、第一九回（一九三四年）。
(65)　一九四一年一〇月五日に発刊され、一二月二〇日の再版となっているので、「その当時、学問的な価値をもったもの、あるいは社会の要求度が高かったものであったにちがいないと思われる」との指摘がある。前掲中山「三瓶孝子論　I」。ただ、出版時の書評などを見つけることができなかった。「紡績における女子労働者の状態を日本資本主義発展のなかに位置づけた女による最初の綿業史である」との指摘もある。中山そみ「『日本綿業発達史』と三瓶孝子」『第三回全国女性史研究交流のつどい報告集』一九八四年。

(66) 本書で、貧しい農家の女性は栄養が十分に摂れないため、「カルシュームが不足し」「子供を生むたびに歯がぬけて」実年齢より一〇歳も老けて見えたと記している。三瓶より数年はやく、丸岡秀子が『日本農村婦人問題——主婦・母性編』において、過労と粗食と「家」制度のもとであえぐ農村女性の実態を指摘していたが、三瓶もまた同じものを見たのであった。

(67) 本書では、農村で副業としての家内工業を支える女性たちの存在を描いた。

(68) 三瓶孝子『働く女性の歴史——通史と現状』日本評論新社、一九五六年、二一三〜二一四頁。

第八章　女性労働者たち

——繊維産業における労働運動と表現

辻　智子

はじめに

学校や職業経験の浸透、社会事業や労働運動の拡大と連動して一九二〇～三〇年代には女性たちによる作品や記録の作成といった表現活動が広がりを見せた。その中で本章では繊維産業に働く女性(女性労働者または女工とも記す)[1]に着目する。[2]戦前期の女工については、その声を拾い上げようとする研究が近年散見されるが、[3]従来、女性労働史研究[4]において様々な資料の断片からその実像に迫る取り組みが積み重ねられており体験にもとづく回想録[5]や証言も残されている。これらを踏まえ当時の記録を手がかりに、女性たちは何をどのように書いたのか、それはどのような状況や文脈の中で生起したのかを探ってゆく。[6]

注目するのは東京モスリン紡織株式会社沼津工場(所在地は現在の静岡県駿東郡清水町)で一九二七(昭和二)年四月に結成された紡織組合沼津支部(以下、沼津支部)である。組合員数六百～八百名、うち七～八割が女性であった。[7]沼津支部に着目したのは日本労働総同盟(以下、総同盟)婦人部機関誌『労働婦人』(全七三号、一九二七年一〇月～一九三四年二月)への投稿が群を抜いて多かったからである。同誌への女工の投稿は少なくとも四一六本、投稿者は二一一人、その中で沼津支部所属は一〇三本あり全体の約四分の一を占め、投稿者も三四人と目立っていた(ただし改姓や仮名使用も含むため推定数)。この事実を糸口として沼津支部と女性組合員に焦点をしぼり、彼女たちの表現とその経験を見てゆく。

1 女性労働者にとっての読み書き

ものを書くには、文字の読み書きができること、労働以外の自由時間があること、寄宿舎内等居住場所に個人の空間があること、紙・鉛筆・机・照明など書くための物品を有していること、思想・言論・表現の自由が一定程度確保される環境があることが必要である。明治期と異なり大正期になると識字率は大幅に上昇し[8]、紡績工場でも「代筆してやらねばならぬやうなのは殆んどない」(女工訓育指導者の話)状況となった[9]。また一九一六(大正五)年八月に創刊された友愛会婦人部機関紙『友愛婦人』(一九一八年六月終刊)には、短歌・俳句・詩・短文・会員の声・読者欄にすでに多数の投稿が見られる[10]。その後、『婦人公論』『女人芸術』『職業婦人』といった婦人雑誌にも女工の投稿が掲載されるようになる[11]。大正後期から昭和初期には女工の約二割が『健康』『婦人倶楽部』『主婦之友』『少女倶楽部』といった雑誌の他、会社や工場が作成・配布した雑誌(社内誌・修養雑誌等)を講読していたとされ[12]、書く、読む、といった、いとなみ自体は身近なものになりつつあった[13]。

改正工場法施行(一九二九年)以降、大規模工場では女性と一六歳未満労働者の深夜業が禁止となり生活時間が拡大した。この時間をめぐって会社側と運動側(労働者の権利や待遇の向上、無産階級による社会変革を目指す組織的な動き)双方が女工へ意識的な働きかけを展開した[14]。特に第二次分裂(一九二六年末)以降、組織の建て直しをはかっていた当時の総同盟は[15]、組合員の約二割を占める女性の組織化を重要課題とした[16]。労資協調(罷業最小化)方針の下、研究会・講習会・茶話会といった教育運動(成人教育とも称した)を通じて労働組合への理解を促し、女工が労働者としての自覚をもって運動を担うことを目指した[17]。

その具体的な方法として位置づけられたのが機関誌等への投稿であった。総同盟機関誌『労働婦人』は他に比して格段に多くの女工の投稿を掲載しているが、そこで重要な役割を果たしたのが総同盟婦人部の赤松常子である。[18] 当時、赤松は、東京、神奈川（川崎、横浜、平塚）、静岡（沼津）、山梨、長野（岡谷）、大阪、兵庫（神戸）、岡山（笠岡）、広島（福山）、福岡（小倉、中間）など各地を駆け回り、支部の女性たちの声に耳を傾け、講演や説話を行い、労働争議に関わった。訪問先には沖縄や朝鮮半島出身者もいたという。そして、赤松は、『労働婦人』誌上で各地の様子を頻繁に報告し、女性たちを励ました。赤松との直接的な接触を通じて、女性たちは、総同盟という組織や『労働婦人』という雑誌を身近に感じるとともに他工場、他地域で自分たちと同様の状況にある者の存在をリアルに認識するようになった。多くの投稿の背景には、このような状況があった。

2　東京モスリン紡織沼津工場と労働組合

では、『労働婦人』への投稿の文脈を沼津支部の状況にそくして詳細にたどっていこう。

まず東京モスリン紡織沼津工場について見る。東京モスリン紡織株式会社（一八九六年設立）は機械と技師をイギリスから移入して羊毛紡績とモスリン織物の製造・仕上げを行う工場（東京・本所区吾嬬）を建設した後、姉妹会社として東京キャリコ製織株式会社を設立（一九〇八年）、吾嬬工場近くに綿糸紡績とキャリコ（キャラコ）を織る工場（東京キャリコ亀戸工場）を建設したが、水質不適のため漂白と仕上げ加工を行う工場を別に必要とし、新たに静岡県駿東郡清水村玉川[19]に土地を求め東京キャリコ沼津工場を建設した（一九一九年）。その後、東京モスリンは東京キャリコを吸収合併（一九二一年）したため[20]、沼津工場は亀戸工場とともに東京モスリン紡織会社の工場となった。[21] これらの経緯は、静岡県の農村に立地する沼津工場が、吾嬬、亀戸、金町など同一会社の他工場との連絡や連携ないし対抗といった関係の中にあったことを示す。実際、労働運動では、沼津支部発足にかかわった山田重太郎[22]において、一九一八(大正七)年に入職した東京キャリコ亀戸工場での経験が生かされたであろうことが推察される。

ところで、沼津工場では「新に採用された工員は入社後三か月間を経過すれば必ず正式手続きを経て組合員」となる制度を採用しており、労働組合の存在自体は比較的身近であった。一九二六(大正一五)年一二月に始まった工場茶話会は労働条件や生活環境について経営側と交渉・協議を行うための場で一九三七(昭和一二)年までに少なくとも計三八回行われた(表1)。[23] 深夜業廃止後の賃金問題では労組役員会の検討を経て各職場代表者が意見を述べる機会を設けるなど団体交渉の機能も有した。[24]

「堅実な労働組合主義」の模範とも言われた沼津支部であるが、操業短縮(操短)や合理化反対、賃上げ要求を掲げて経営側に迫ることもあった。[25] 一九三三(昭和八)年頃より労働組合への管理統制(「圧殺」「買収」「懐柔」)が強まったとされ、[26] 金町工場の「団結権蹂躙」(会社が労組結成を認めない)争議に呼応して応援闘争(一九三五年二月)も展開された。[27] 職員(の挑発)に対して暴行を加えたとして工員一〇名が解雇される事態も生じた。[28]

このように一九二〇年代後半から一九三〇年代前半にかけて労働組合はその存在感を増していた。

3　女性労働者たち

都市部と異なり農村に立地する沼津工場の労働者には近郊の農家出身者が多かった。[29] 労働組合の資料であるが『婦人組合員原籍簿及父兄氏名調査表』[30]に記載がある五七七名の出身地を数えたところ、五〇九名が静岡県出身であり、駿東郡と隣りの田方郡で約八割(四六五名)を占めた(表2)。[31] 特に清水村(工場所在地)は一三一人と突出して多かった(内訳は、伏見三五(うち社宅五)、新宿三九、柿田九、八幡八、徳倉七、玉川七、長沢六、堂庭六、的場四、下徳倉三、他)。

工場と農村の家の距離が近かったため通勤者や寄宿舎に居住しながら週末は帰宅する者もいた。尋常小学校卒業

表 1　工場茶話会の内容

年月日	出席者	内容
1927 年 11 月 12 日	【出席委員（組合側）】16 名（うち女性 5 名（推定））【工場側】3 名（人事課主任他）	【提案要求】①寄宿舎張板増加の件、②寄宿女工外出時間延長の件、③通勤者浴場内水槽設備の件、④寄宿女工給料支給日制定に関する件、⑤寄宿舎戸棚修理の件、⑥紡績女工雨傘並びに通勤者雨傘貸与の件、⑦各科休憩所設備の件、⑧寄宿舎女工給料支給日制定の件、⑨寄宿舎洗濯場に湯を補充する件、⑩通勤者の便をはかる為外燈装置の件、⑪寄宿舎に髪結ゴザ備付けの件、⑫昼食堂食卓を部屋毎に区別の件、⑬夜勤者優遇に関する件、⑭工員専用の掲示板設置の件、⑮寄宿舎誌友会を甲乙番公平に実施の件、⑯退職の際組合幹部の立会に関する件、⑰昼寄宿舎夜業者に朝湯を沸す件、⑱夜業者の食事（12 時）を熱い物にする件　以上
1928 年 6 月 9 日	【出席委員（組合側）】常任委員 19 名（名前記載なし）【工場側】5 名（人事課主任、庶務主任他）	【要求条項】①各工場差別待遇改善に関する件、②出征軍人家族慰問方法に関する件、③各分科自転車置場設置に関する件、④運動具設置に関する件、⑤寄宿舎布団干場設置に関する件、⑥工銀計算法に四捨五入法適用の件、⑦信認金現在高半期毎に工員に発表の件、⑧給料支給袋に出勤日数を記入の件、⑨茶話会の居残を承認する件、⑩寄宿舎にラジオを据付けの件、⑪モスリン、キャラコ格安に分配の件
1929 年 5 月 16 日	（記載なし）	【要求項目】①工場出入の商人を制限せられたし、②食事改善の件、③病院係員勤務に関する件、④休日新寄宿舎の門を開閉する件、⑤深夜業廃止後および実施上に関する件、⑥紡績工場サイレン位置変更の件、⑦寄宿舎室長公選の件、⑧織機工場東側休憩所設備の件
1930 年 10 月 24 日	【出席委員（組合側）】13 名（名字のみ記載）【工場側】14 名（工場長他）	【要求項目】①休日出勤変更に関する件、②食事改善に関する件、③医務係員勤務状態に関する件、④新寄宿舎洗面所増設に関する件、⑤運動場改善に関する件
1931 年 6 月 6 日	【出席委員（組合側）】18 名（うち女性 5 名（推定））【工場側】14 名（工場長、人事等各主任・係長・職長）	【要求事項】①定期昇給に関する件、②公傷に日給全額支給に関する件、③除隊兵復職保証に関する件、④他工場視察に関する件、⑤機械改良に関する件、⑥食事改善に関する件、⑦職長試験に関する件
1932 年 5 月 21 日	【出席委員（組合側）】18 名（うち女性 3 名（推定））【工場側】15 名（工場長他）	【要求事項】①臨時雇制廃止に関する件、②賃金値上に関する件、③工員入社規定改正に関する件、④会社制定の改悪結婚制度反対に関する件、⑤日曜出勤変更に関する件、⑥欠勤者の給料分配に関する件、⑦漂白科難業手当支給に関する件、⑧宅料問題に関する件、⑨深夜業待遇改善に関する件、⑩公傷の場合の寄宿女工員に対する差別待遇に関する件
1933 年 6 月 2 日	【出席委員（組合側）】16 名（うち女性 4 名）【工場側】13 名（工場長他）	【要求事項】①昇給問題に関する件、②日曜出勤変更に関する件、③臨時雇制度廃止に関する件、④食事改善に関する件、⑤寄宿舎外出門限に関する件、⑥幼成工最低賃金問題に関する件
1934 年 5 月 10 日	【出席委員（組合側）】19 名（うち女性 6 名）【工場側】4 人以上（工場長他）	【協議事項】①賃金値上問題に関する再要求、②食事改善に関する件、③工員募集方法に関する件
1935 年 6 月 21 日	【出席委員（組合側）】2 名以上【工場側】2 名以上（工場長、各主任他）	【要求事項】①紡織科廊下改善の件、②仕上科工場内給水装置の件、③除隊復職、停年制に関する件
1936 年 11 月 24 日	【出席委員（組合側）】18 名【工場側】4 人以上（工場長、工務長、事務長他）	【協議事項】①退職手当法実施に関する件、②供給所機能停止に関する件、③臨時工問題に関する件、④服装統一実施の結果改善に関する件、⑤食事改善に関する件、⑥工場統制紊乱者に関する総括的質問、⑦寄宿舎に関する件

（出所）田代新一編『労働運動十年史』（全日本労働総同盟関東紡織労働組合沼津支部発行、1937 年）より作成（辻智子）

（注 1）工場茶話会は 1927 年～1938 年に計 38 回開催、そのうち 10 回分（1 年に月 1 回分）の記録が田代（1937）に掲載されている

（注 2）開催場所は、寄宿舎裁縫室、芙蓉舎（寄宿舎か）

（注 3）1929 年 5 月 16 日の記録に開催日時に多少の相違があるかもしれない旨の記載あり

表2　女性労働者の出身地の分布(沼津支部女性組合員(人数))

県名	県内総数	市郡総数		内訳
静岡県	509	駿東郡	266	清水村 131、長泉村 64、原町 17、泉村 14、鷹根村 7、大岡村 6、富岡村 6、小泉村 5、片浜村 4、深浪村 4、大平村 2、静浦村 2、高根村 1、浮島村 1、富士岡村 1、不明 1
		田方郡	199	三島町 99、錦田村 34、中郷村 23、函南村 8、北上村 8、田中村 8、長岡町 7、西浦村 5、江間村 2、上狩野村 1、下狩野村 1、北狩野村 1、内浦村 1、韮山村 1
		富士郡	33	富士町 11、田子浦村 9、元吉原村 4、今泉村 4、岩松村 3、大宮町 1、吉永村 1
		庵原郡	6	富士川町 3、内房村 3
		沼津市	3	
		磐田郡	1	浦川村
		(不明)	1	
新潟県	52	南魚沼郡	51	六日町 41、塩沢町 7、大崎村 2、大巻村 1
		西頸城郡	1	西海村
長野県	8	更級郡	6	川中島村 3、更級村 1、御厨村 1、共和村 1
		上水内郡	1	岩槻村
		上田市	1	
宮城県	6	桃生郡	3	飯野川町 2、大川村 1
		本吉郡	3	十三浜村 3
福島県	1	伊達郡	1	伏黒村
千葉県	1	市原郡	1	市原村
計	577			

(出所)『婦人組合員原籍簿及父兄氏名調査表』(静岡県立図書館山田重太郎文庫所蔵、作成年月記載なし)より作成(辻智子)

後に入職した女性について、通勤途中にかつての学友と出くわし、「工場服で逢うのは厭だ」と思ったが、すぐに「そんな弱い気でと思って向うを向いてずんずんと行き過ぎた」とし、「私も尋常六年時分はやっぱりあの女学校の制服や踵の高い靴等に無闇に憧れたんだけれど、やっぱり貧乏な家にとって女学校等は思いもよらぬとばかりに、せいぜい高等小学校へやってもらって、ここの工場へ入った。辛い辛いと思いつつも、優しい友の慰めや、小学校時分御世話になった先生方の励ましによって、二年あまりの労働生活を無事につづけて来た」と綴られている(市川あき「生命　新らしく」第二九号、一九三〇年四月)[32][33]。他にも、農道での人びとの立ち話、他工場で働く友人との会話などの投稿があり農村と工場の労働と生活が空間的に近接していたことがうかがえる。

また、女性労働者の中には、結婚している者や子どもがいる者も珍しくなかった。暑さの中で「皆、死に物狂いの労働」だが、「子どもが一ヶ月ほど前から百日咳で弱って」いるという女性は、沼津支部でも安部磯雄の産児制限講演会を開催する予定になったと記し、「この運動もよう真面目に考えられるようになりました」と述べた（田代峯子「（支部短信）」第六八号、一九三三年九月）。女性労働者が若年単身者だけではなかったことは、母子扶助法や男女同一賃金といった婦人部・婦人運動が課題化した問題を現実的かつ切実に受けとめる状況を形づくっていた。

ところで、女性たちの投稿は、労働組合の機関誌だけに、全般的に無産階級の悲惨さと力強さを強調し労働組合運動を賛美するものが多く、「無産階級として団結しよう」「同志とともに前へ進もう」「資本主義との闘い」といった勇ましい表現や紋切り型のスローガンが目につく。しかし同時に、具体的な描写や会話など写実的な表現が増えていく傾向も見られる。例えば次の投稿は、操短に直面した労働者の抵抗を臨場感あふれる描写で綴っている。

今度会社が、発表した仕上科の操短は全く私達組合員を驚かせてしまった。

全従業員に一言の挨拶もなく、全く工場長独断で決行してしまったと知った時、小さい姉妹までが「そんな不誠意な行為に対して許すべからず」と叫んだのでした。

彼等資本家がかくも我々労働組合員を無視するからには、断乎とした処置をとって、絶対に戦わねばならぬと、胸の底深く決心した。我々の情熱と勇気とを織り込んだ全従業員大会に於いて選ばれた一六名の交渉委員と工場とが、いよいよ二五日午後二時より会見する事となった。私達は午後二時終業の汽笛と同時に仕事場を飛び出した。(34)

疲れも空腹ものかわ、体についた綿ぼこりすら落とす事を忘れて、会社の正門の前へ雪崩れ出た。正門前の道には各科の男工員。正門内の事務所前には三〇〇人の女工員が正門を最中《ママ》に相対した。門外に群がる男工員は、「早く出てこい！」と叫んでいるが、寄宿舎の者達は門札がないと出られないので、各部屋長が部屋係の所へ門札を取りに行って来る間待っていた。誰も誰も興奮して輝く二つの目には強い決心が現れていた。

折柄門外の組合員が一斉に

「起てよ日本の労働者　時は来たれり……」

と総同盟歌を怒鳴り出した。門内にいた女工員もこれにつづいて負けずおとらず大声をはり上げて歌いだした。驚いたのは事務所にいた各科主任や人事係だった。真っ青な顔をして盛んに、

「歌を歌ってはいけない！」、

と止めていたが、もう私達の耳へは入らなかった。(35)

労働組合の機関誌として『労働婦人』が労働運動を支持し盛り上げる記述に傾きがちであることは容易に想定される。他方、書き手と読み手が重なる機関誌という性格を考えれば、その記述に虚偽が入り込む余地にも限度があろう。職場や組合活動などで起きた出来事や具体的な事実は、すでに読者において一定程度共有されているからである。こうした事情を鑑みても、記録を見るかぎり総じて当時の女性労働者たちの中に労働組合や労働運動に対する共感と期待と希望があったことがわかる。そして、それを実現する行為の主体は自分たち自身であるという主張も受容されていた。

4　労働組合の教育運動(36)

沼津支部の教育部は、機関誌発行の他、演説会（表3）、研究会・講習会（表4）、座談会、弁論大会などを開催した[38]。例えば、一九三一年には、講習会七回、座談会一回、弁論大会二回、その他四回、計十四回の行事を行っている[39]。これらの活動拠点は、沼津支部組合員と篤志家の寄付によって建設された岳南労働会館であった（一九二九年九月落成）[41]。そこは、講堂、小会議室、会議室、図書室[42]、娯楽室などを備え、青年部[43]、婦人部[44]、消費組合（一九二九年一〇月発会式）、共済部（一九三一年六月、福利共済事業開始）、金融部（一九三六年、大会決議）などの活動の拠点となった。

講師の顔ぶれから沼津支部と総同盟本部との密接な関係がわかる。その中でも先述の赤松常子は沼津支部に何度も足を運び、研究会や演説会で講師をつとめ、労働運動や女性の地位向上についての理論や思想の後ろ盾となった。赤松は、「紡織沼津支部教育部主催の講習会の第二日で、私の受持ちの日だ。私は今迄いつも話す役目ばかりだから、今日は聞く役目になりたいと思って、この座談会の形式を取って、同志の意見を吐いて貰うことにした」として「午後二時に工場出勤の甲番の方々で、八十余名、労働会館の大講堂に大きく円い座を作り、午前十時から始めた」（第五二号、一九三二年四月）と交流を深める工夫を試みるなど女性労働者との距離を縮め信頼を得ようと努力していたことも読みとれる[45]。赤松は『労働婦人』誌上でたびたび沼津支部の活動を取り上げ、これを高く評価していた。

この点、沼津支部の岳南労働会館の成功は大きな収穫である。同会館には、娯楽慰安の備えがあり、時に映画の会や、呉服、日用品の『特売デー』を催したりして、全組合員の『我等の楽しき家』になっている。現在の紡織の開拓運動は、共済福利の程度から姉妹を獲得して行くのが一階段であると思う。

婦人部の役員が、会費の取纏めと機関紙の配布と、集会を通知して廻る役目以外に、だんだんと、その支部

表 3　演説会開催経過(1927 年 5 月 14 日～1929 年 9 月 15 日)

年	月日	会場	目的	主な弁士	動員数
1927 年	5 月 14 日	玉井寺	幹部教育	西尾末廣・中濱藤治	38 名
	7 月 3 日	東光寺	組合旗入魂式	福岡金次郎	350 名
	9 月 18 日	玉井寺	紡織大会報告会	鈴木喜代三・岡田友三	80 名
	10 月 3 日	玉井寺	労働婦人問題	赤松常子	186 名
	10 月 10 日	玉井寺	茶話会	池善二	280 名
	11 月 6 日	玉井寺	秋季大会	池善二・砂塚よし子・後藤みつ江	650 名
	10 月 29 日	田代新一宅	労働問題	赤松常子	58 名
	10 月 30 日	玉井寺	労働問題	赤松常子	160 名
1928 年	3 月 17 日	玉井寺	少壮同志会	支部員	150 名
	4 月 14 日	玉井寺	少壮同志会	支部員	150 名
	5 月 1 日	玉井寺	メーデー演説会	藤原伊之助・遠田キワ	530 名
	6 月 2 日	玉井寺	少壮同志会	支部員	50 名
	6 月 24 日	玉井寺	少壮同志会	支部員	250 名
	7 月 26 日	玉井寺	少壮同志会	支部員	400 名
	8 月 21 日	玉井寺	関東同盟大会報告	支部員	652 名
	10 月 20 日	方智寺	研究会	赤松常子	300 名
	11 月 3 日	玉井寺	秋季大会	鈴木文治・池善二・赤松常子・砂塚よし子	685 名
1929 年	9 月 15 日	岳南労働会館	落成式記念演説会	松岡駒吉・大越平忠・赤松常子・富田繁蔵・齊藤勇・海老澤要	800 名

(出所)「教育運動表」(前掲田代『労働運動十年史』、83-84 頁)をほぼそのまま転載
(注 1)玉井寺・方智寺は清水村伏見、東光寺は同村長澤にあり、どちらも工場の近隣である
(注 2)少壮同志会は青年部の活動(注 43 参照)

表 4　労働問題の研究会合(1930 年度の場合)

回	年	期間	講師・科目
第 1 回	1930 年	8 月 16 日より 3 日間	富田繁蔵「労働組合論」、赤松常子「婦人問題」
第 2 回	1930 年	11 月 5 日より 3 日間	木村盛(日本労働学校主事)「労働組合論」「社会思想問題」
第 3 回	1931 年	2 月 11 日より 3 日間	齋藤健一(関東同盟主事)「日本労働総同盟発達史」「消費組合論」

(出所)前掲田代『労働運動十年史』、85-86 頁

の財政部、組織部、教育部の活動に積極的に、協力して来た事や、又婦人部に起った賃銀問題、解雇問題、臨時工の問題等に婦人の自主的な立場から解決する様になった事も一進歩である。（赤松常子「一つの経験」第二六号、一九三〇年一月）

赤松の文章から沼津支部の女性たちの積極的な姿勢とその活動ぶりが伝わってくる。実際、教育部の第一回弁論大会（一九三一年）の弁士は、申込七四名（性別不明）、時間の都合により出場者三一名のうち、男性一一名、女性二〇名（いずれも推定）と女性が多く、獲得得点も男女差はなかった(46)。大会（一九三一年）の婦人部提出議案の理由説明も女性たちが担った(47)。労働組合の書記・婦人部・青年部の役員にも複数名の女性が名を連ねており、一九三一年度では、書記三名中二人、婦人部副部長三人中二人、青年部副部長四人中二人が女性であった。

このような状況は、工場・支部の「外」の労働者の存在によって支えられてもいた。女性たちは、総同盟大会への出席や労働争議への応援などで他工場の労働者との出会いや交流の機会を持っていた。また、その影響は相互的なもので、「外」の労働者たちにも刺激を与えていた。『労働婦人』誌上の支部探訪記（赤松常子執筆）には、東京での大会の帰りに沼津に立ち寄った大阪紡織錦支部の女性たちの声が次のように紹介されている。「私あんなに嬉しかった事は生れて始めてでしたわ」「自分の親の家へ帰った様でした」「御馳走が又嬉しかったのよ。今掘りたてのお芋を焼いたり、蒸したりしてどっさり出して下さいましたわ。なんて心のおけない親切な方ばかりでしょうね」（第三七号、一九三一年一月）。こうした直接的な交流も、沼津支部および「外」の女性労働者たちの背中を押すものとなっていった。

さらに、総同盟や組合連盟で役職に就くなどリーダーシップを発揮し、会合で議案の提案理由を説明する役割を担った経験も綴られている(48)。中には、操短の原因と考えられる綿紡績に関する世界情勢を尋ねるインタビューで聞き手をつとめた者もいた(49)。

このような状況を男性労働者や労組幹部はどのように見ていたのだろうか。沼津支部の教育部は女性労働者に対して、「親権者の理解」を得ながら、「簡易な方法」で「階級教育よりも成人教育」に重点を置くことを表明していた。ここで成人教育とは、趣味・教養、さらにはそれを元手とした「主婦」としての技術の習得を指す。つまり、親権者の下にある女性は労働者としても組合員としても男性とは異なっており、男性とは別の教育方針が必要だと見られていた。「労働者」と「主婦」というダブルスタンダードが男性と女性の間に何らかの軋轢や葛藤を生じさせていたのかは今回検討した資料からはうかがえなかった。

以上に見てきたように、沼津支部の教育運動は、理論的な学習、編物や生け花の講習会などの実際生活上の学習、娯楽・交流など多面的に行われており、工場の「外」との密な関係にも支えられながら、女性たちにおいても活発な活動が展開されていた。

5　地域の婦人運動としての広がり

最後に、沼津支部の女性たちの活動が、工場労働者の社会運動の範囲を超え、他の女性たちとの連携・協力を探りながら地域の中に広がりを見せていたことを確認する。

総同盟および社会民衆／社会大衆婦人同盟沼津支部の活動として総同盟傘下の沼津支部は社会民衆婦人同盟(50)沼津支部を結成し(一九三一年六月)、移動民衆婦人学校や短期労働学校を開催した。ここでも沼津支部の女性たちは役職を担うなど積極的に活動している(例えば後掲記録の堀、松本、岡澤、原、市川、加藤)。また、そこでは、男女同一労働同一賃金、婦人労働者保護の他に、母子扶助法制定(一九三一年三月一四日)、婦人参政権(第五回大会決議、一九三二年)が議題となった。それゆえ、無産婦人同盟と合同して社会大衆婦人同盟沼津支部となった後は(一九三三年一一月以降）、「農村婦人」「家庭婦人」「労働婦人」の連携が模索された。以下はその結成大会の様子が綴られたものである。

意義深き社会大衆婦人同盟結成大会は去一一月二〇日三島町堀内座に於て開催されました。集る代議員三六五名。先ず婦人同盟歌合唱に始り、会場も破れんばかりの拍手裡に堀静枝さんの開会の辞がありました。大会議長に松本松枝さん、副議長に山崎道子(51)さんを推し、各種委員の選出、祝辞、祝電の披露に大喝采の渦が巻起る。

議事としては、生活窮乏を打破しろ、反動ファッショを粉砕しろ、母子扶助法の制定、婦人労働者保護に関する件、男女同一労働に同一賃金の支給等の議案が上程された。いずれも質問討論等あり、慎重に審議された結果、満場一致可決された。最後に新支部長松本松枝さんの音頭によって、婦人同盟万歳を三唱し、ここに新しき希望と、明日の前進を約して成功裡に大会を閉じた。続いて本部より来席された、赤松常子さんと大野秋子さんの演説があった。

終ったのは午後一一時であったが、三〇〇人の外来の傍聴者も、我々婦人のみの大会の意気に感激していた。

（足立かね子「婦人同盟結成大会記」第六〇号、一九三三年一月）

具体的な取り組みとして出産費用に関する問題があがった。これについて沼津市長に巡回産婆無料産院実施の陳情を行った時の様子の記録が以下である。

婦人同盟沼津支部は、沼津市長を訪問して、「巡回産婆無料産院の実施」の目的貫徹のために闘いました。た

とえ一度で貫かれなくても、二度三度と闘う意気込みでしたが、一度の陳情で「巡回産婆」だけは実施に決まりました。〔略〕

私共の要求は左の通りでした。

一、市設巡回産婆、無料産院の実施

一、無産婦人に手内職の指導機関を設置せよ

一、小学校授業料の撤廃

陳情団は社会大衆婦人同盟沼津支部員の松本松枝、岡澤富江、山崎道子、中村かづ子、原きよ子、市川あき子、加藤秋子の七名でした。日時と場所は一月一四日午後、沼津市役所内の市長室。〔略〕

婦人「〔略〕これらの要項に対しまして誠意ある市長の御意向を伺いたいと思います。無料産院ということはむづかしいかも知れませんが、巡回産婆の実施はどんな事をしても出来ると思います。一回御産をするに普通一〇円くらい払わなければなりません。それより安くては全く御産婆さんもよい顔を致しません。市で産婆を抱えてやったら、もっと安くて無産階級の母親も楽になれると思います」

市長「それではどういう方法でやります?」

婦人「それは市で金を払って産婆を雇ってもらって、巡回して産婦を訪れてもらいたいのです」

市長「巡回するのはどの程度ですか?」

婦人「それは勿論有産階級など虚栄心にかられて到底そんなところを頼らないと思いますから、無産者が主体で、それよりちょっと上がった中産者くらいでよろしいでしょう」

市長「診てもらうのに全部無料にしますか?」

婦人「全く無料ということも予算の都合で出来ませんでしょうから、実費がもらえる者だけもらって、本当に

困る者だけは無料にしたいと思います」
市長「戸数割三円以上くらいの人より、二円くらい取りそれ以下のまったく生活に苦しい人は無料にしてはどうでしょうか。予算市会までに間に合わないかも知れませんが、皆様の希望に添える様に尽力致します」
婦人「産院の設置について、参考までに申したいことは、月収三〇円くらいの家庭におきましては、六畳に二畳くらいの間を借りて、四人五人の子どもを御産するのには、全く悲惨で、その姿は見るにしのびない有様です。家が狭いために沢山の子どもは枕元でガンガンさわぐし、生活に苦しいため、ゆっくり休むことも出来ませんし、本当に産後の母親にどんな悪い影響を及ぼすかわかりません。そればかりでなく、健全なる第二の国民を養育するにどんなにさわるか知れません。ゆえにぜひ産院を設置して、せめてゆっくり御産の前後だけ母を休息させ、子供も充分に育てたいと思います」
市長「私もそうした事はよく考えております。けれどこの問題は口で言うようにそう簡単に取り扱う事は出来ません。考慮させて貰いたい。〔以下略〕」（加藤秋子「私たちの報告書」第六二号、一九三三年三月）

従来、紡績工場の労働者、特に女性の労働者としての意識は、出身地の村や家族の規範やジェンダー秩序に規定されていたと指摘され、都市部からの距離もその一要因とみなされてきた。それに対して、家や農村と工場との距離が近かった沼津支部の記録には、工場労働者、農民、都市部の生活者が連携した社会運動への模索が見られた。『労働婦人』誌上で赤松常子が「注意し警戒すべき事は、家庭を持つ人と、持たぬ人との異った立場からの意見や、仕事場によってある部の利益はある部の不利益になる場合等から起る意見の衝突である。特に婦人部に起った時に、必要以上の感情の対立になる事は恥ずべき事である」（「一つの経験」第二六号、一九三〇年一月）と注意を喚起したように、実際の連帯には同じ工場内の女性労働者の間でも困難があった。とはいえ、紡績工場の女性労働者が、工場外の女性たちと手を組んで共に社会問題に取り組んだ事実や表現はこれまで注目されてこなかったのではないか。

おわりに

沼津支部では一定層の女性たちが労働運動に共鳴し、活動に参加し、公の場で発言し、機関誌への投稿を行っていた。男性と肩を並べて活動しながら労働者へと同一化しようとする様子や、大勢の前でも臆することなく発言しリーダーシップを発揮する姿が浮きぼりになった。婦人部・婦人連盟によって明確化された婦人問題を通じて地域の他の女性たちとも関係が生まれ、社会運動を共にした。資本主義の矛盾とそれへの反発が様々な形で噴出し、それゆえに闘争や弾圧も激しかったとされる当該時期に総同盟に連なった沼津支部はかろうじて自前の教育運動を展開しえたと言えるが、それが工場内で完結せずに地域や国際社会とつながり、そこから自らの置かれた状況を読み解くきっかけを得ていたことが鮮やかに見てとれた。読むことや書いて投稿することは、それを支え広げる意味を持った。このような出会いと交流の様相は、摩擦や分断に留まらない差異を含んだ連帯の可能性の端緒とみなすことができる。

だからこそ、これが一九三〇年代以降の戦時総動員体制へとどのように組み込まれていったのかを明らかにしていくことを今後の研究の課題としていきたい(52)。

注

(1)「女工」は「女子工員」「女性工員」の略称だが、しばしば製糸業や紡績業の工場で働く女性への蔑視を含むものと受けとめられてきた。そうした経緯も含めてここでは歴史的用語として「女工」(以降、括弧省略)を用いる。

(2) 会社・工場による報告や女工への働きかけの他、労働現場の実情の見学・観察・調査、労働運動への動員や組織化、処女会・女子青年団・婦人会なども含めた女性運動の潮流など各所で当該時期の女工について言及されている。例えば、帯刀貞代『ある遍歴の自叙伝』草土文化、一九八〇年のような回想録の他、榎一江『近代製糸業の雇用と経営』吉川弘文館、二〇〇八年、作田孝子「明治・大正の岸和田の紡績で働く女性」『きしわだの女たち――市民がつづった女性史』ドメス出版、一九九九年など。また作田孝子「『婦人』と「女工」問題」石月静恵・大阪女性史研究会編『女性ネットワークの誕生――全関西婦人連合会の成立と活動』ドメス出版、二〇二〇年には機関誌に女工の投稿があったことが記されている。

（3）　パディ・ツルミ（荻野美穂訳）「いまなぜ、明治の女工の研究なのか」『女性学年報』第一四号、一九九三年、サンドラ・シャール『『女工哀史』を再考する――失われた女性の声を求めて』京都大学学術出版会、二〇二〇年、湯澤規子『焼き芋とドーナツ――日米シスターフッド交流秘史』KADOKAWA、二〇二三年他。

（4）　『女工と労働争議――一九三〇年洋モス争議』（日本女性労働運動史論Ⅰ）、れんが書房新社、一九八九年他の鈴木裕子の一連の研究や、『日本労働運動史序説――紡績労働者の人間関係と社会意識』校倉書房、二〇〇九年他の三輪泰史の研究など。

（5）　山内みな『山内みな自伝――十二歳の紡績女工からの生涯』新宿書房、一九七五年、高井としを『わたしの「女工哀史」』草土文化、一九八〇年の他、『私達の自分史　娘時代グンゼに勤務した業生・教婦・教育係の記録』発行者　長井淳太郎、一九八九年、東洋紡績神崎会による記録（関きよ『神崎工場物語――炎の中に消えた青春』一九七六年、『続神崎工場物語――われら花咲く乙女なりき』一九八〇年、『続続神崎工場物語――糸切の花咲けど今は嘆かじ』一九八二年、『続続続神崎工場物語――哀歓・想い出の煙突女学校』一九八三年他）、田中和子「戦前の東洋紡績神崎工場寄宿係として（一）（二）」『地域史研究』第一六巻第三号、第一七巻第一号、一九八七年などがある。

（6）　拙著『繊維女性労働者の生活記録運動――一九五〇年代サークル運動と若者たちの自己形成』北海道大学出版会、二〇一五年など戦後との関係や比較が今後の検討課題となる。

（7）　各大会参加者数の推移は、結成大会（一九二七年四月）男一八五女一七、第二回総会（一九二八年二月）男二〇〇女六〇〇、臨時大会（一九二八年一一月）男一六五女五二〇、第四回（一九三〇年四月）男一五八女四二一、第五回（一九三一年四月）計六二五（性別記載なし、以下同様）、第六回（一九三二年四月）六七六、第七回（一九三三年四月）七〇三、第八回（一九三四年四月）六〇五、第九回（一九三五年四月）七〇二。一九三七年三月一日時点で組合員数男一八二、女五四八。以上、田代新一編『労働運動十年史』全日本労働総同盟関東紡織労働組合沼津支部、一九三七年。

（8）　一九〇〇年前後は、「無教育」四一・五％、「少し」五〇・四％、「尋常小卒」八・一％（大阪六大紡への大阪職工教育会調査）、「仮名を読める者」九・二％（日本紡績株式会社採用職工教育調べ表）などと報告がある（農商務省『職工事情　第一巻　綿糸紡績職工事情・生糸職工事情・織物職工事情』一九〇三年）。谷敷正光「「工場法」制定と綿糸紡績女工の余暇――工場内学校との関連で」『駒

澤大学経済学論集』第三五巻第三号、二〇〇三年も参照。

（9）『女工哀史』（細井和喜蔵、改造社、一九二五年）には、「義務教育中退」四一・六％、「同卒業」三六・六％とあるが、「労働統計実地調査（大正一三年）」（中央職業紹介所事務局『紡績労働婦人調査』一九二九年所収）には「尋常小中退」一八・一一％、「同卒業」六六・〇八％と差異がある。

（10）「世話係の職分」『女工研究』一九二六年八月、引用は永嶺重敏『雑誌と読者の近代』（日本エディタースクール出版部、一九九七年、一八一頁）。この一四〜一五年前は女工たちの手紙の代筆・代読が重要な職務であったと記されている。

（11）当時の投稿者の中心は経済的に恵まれた社会階層と就学年の長い者で、彼女らが女工になるには「相応の事情」があったと考えられることから辛い境遇や悲哀を主題として創作へと向かったと指摘されている（三輪泰史「紡績労働者の文芸熱——プロレタリア文学の前段における『工手の母』投稿欄」前掲三輪『日本労働運動史序説』）。

（12）鐘紡を先駆けに大正期には各社が社内報・社内誌を刊行するようになった。鐘紡『鐘紡の汽笛』『女子の友』『すみれ』『はらから』、東洋紡績『東紡新報』、大日本紡績『津の守だより』『橋場だより』、富士瓦斯紡績『富士の誉』、日清紡績『六ノ花』『天真』『あかつき』『松の志すぐ』『梅の香』、倉敷紡績『倉敷時報』など（安井二郎『繊維労使関係の史的分析』御茶の水書房、一九六七年、二二二頁）。

（13）『労働婦人』第五二号、一九三二年四月。永嶺重敏「戦前の女性読書調査——女工・職業婦人・女学生を中心に」『出版研究』第一九号、一九八八年にも紹介されている。

（14）各紡績工場長が出席した余暇利用研究会（一九二九年七月一八日）では鐘紡や東洋紡などが自社の取り組みを紹介した（前掲作田「『婦人』と「女工」」）。工場付設学校も広がった（花井信『製糸女工の教育史』大月書店、一九九九年、前掲谷敷「「工場法」制定と綿糸紡績女工の余暇」、谷敷正光「深夜業撤廃と綿糸紡績会社の女学校について——工場内学校を中心として」『駒澤大学経済学論集』第四五巻、第三・四号、二〇一四年）。

（15）『文芸戦線』『婦人戦旗』『働く婦人』なども「無産婦人生活記録」を呼びかけ投稿を促した（拙稿「戦前における繊維「女工」と書くこと・生活記録」『日本社会教育学会紀要』第四二号、二〇〇六年）。女工たちにより雑誌の回覧や茶話会・読者サークルも催され、宮本百合子は長野・下諏訪の製糸女工の文学サークルとの出会いを書き残している（宮本百合子「一九三二年の春」一九三三年、『宮本百合子全集』第四巻、河出書房、一九五一年所収）。

（16）左派（日本労働組合評議会（評議会））、右派（総同盟）、中間派（日本労働組合同盟（組合同盟））に分裂し対立抗争が激化するなか総同盟関東紡織労働組合（一九二六年一月結成）が組合同盟へ参加、これに対抗して総同盟は東京紡織労働組合を組織し再建をはかった（海野福寿・鈴木裕子「解説六　沼津支部の活動」静岡県労働運動史編さん委員会編『静岡県労働運動史　資料編（上）』静岡

県労働組合評議会、一九八〇年、八六四頁。

(17)　総同盟婦人部再建を主導した赤松明子は「婦人労働者の自主的運動」には男性労働者と「知識階級婦人」の協力が必要として労働婦人同盟を設立した（一九二七年六月）（鈴木裕子「解題　総同盟婦人部の活動と『労働婦人』」法政大学大原社会問題研究所総同盟五十年史刊行委員会編『日本労働総同盟婦人部機関誌　労働婦人（六）』（日本社会運動史料）、法政大学出版局、一九八五年）。

(18)　赤松常子（一八九七～一九六五年）は山口県徳山市の浄土真宗の寺に六男一女の一人娘として生まれた。孤児院、幼稚園、女学校を経営し、免囚保護にも携わった僧侶の父・照幢（与謝野鉄幹の実兄）と母・安子のもとで育つ。兄弟のうち三人が京都帝大、二人が東京帝大へ進学、特にすぐ上の兄・克麿は吉野作造に学び新人会に参加していた。吉野の娘の明子は克麿の妻である。明治初期の神仏分離、廃仏毀釈運動の中で京都の西本願寺維持に尽力した祖父・連城の一人娘の安子が一九一三年に亡くなると、常子は母代わりとして女学校の学生約百人の食事、寄宿舎雑務を引き受けながら自身も別の高等女学校の生徒として勉学との両立に励んだ。高女卒業後（一九一八年）、京都の祖父宅に寄宿して専門学校に学ぶが、兄の影響を受けて賀川豊彦『死線を超えて』や河上肇『貧乏物語』などを読み、神戸で賀川らの活動にも参加した。一九二一年に専門学校を中退、大阪で煙草局や製紙工場の女工を経験して一九二三年には上京した。直後に起こった関東大震災の救援活動では本所被服廠跡のテント張の保育所で約一年間働いた。その後、過労のため療養生活へ入ったが、一九二五年に総同盟婦人部から声がかかり書記に従事、一九二七年には婦人部長となった。総同盟解散後は大日本産業報国会厚生局生活指導部嘱託となった。戦後は社会党に参加、全繊同盟婦人部を牽引し、第一回参議院議員選挙全国区に立候補し女性当選者中最高得票で当選した（後に民社党）。（全繊同盟教宣部編・発行『道絶えず――赤松常子・その人とあしあと』一九六四年他）。

(19)　柿田川を活用して綿布晒仕上げを行う工場。現在も清水町は清流・柿田川で知られる。

(20)　東京モスリンは一九二〇年にすでに絹糸紡績製造の名古屋工場を建設していた。

(21)　名古屋工場（一九二三年、洋服・軍服用の毛織物製造）、金町工場（一九二四年、綿糸紡績）を建設し、東京モスリンは、吾嬬、亀戸、沼津、名古屋、金町の五工場を有する総合繊維メーカーとなった。一九三六年に大東紡織株式会社へ社名改称、沼津工場は三島工場と称す（一九八一年四月閉鎖）。工場用地は、一部売却した他、ショッピングセンターとなった（ダイトウボウ株式会社「会社沿革」https://www.daitobo.co.jp/company/history.html、（二〇二三年一月閲覧））。

(22)　山田は、一九〇〇年、静岡県田方郡三島町（現・三島市）生れ。尋常小学校卒業後に上京、神田工手学校を苦学の後に卒業し、一九一八年東京キャリコ紡織に入社。沼津工場に異動後、沼津支部結成にかかわり、一九三〇年には支部長をつとめた。周囲の工場の労働争議にもかかわり、総同盟沼津第二支部（東京麻糸紡績沼津工場）の結成に尽力し支部長もつとめた。一九三二年一〇月に結成の東京モスリン労働組合連盟初代委員長。全日本労働総同盟静岡県連合会会長、社会民衆党・社会大衆党幹部として静岡県東部地域の労働運動・無産階級の運動で存在感を示し、一九三一年から三島町議会議員も二期つとめた(前掲海野・鈴木「解説六　沼津支部の活動」八六五頁)。総同盟機関誌『労働』一九三五年七月号「総同盟人物戦線(一五)・静岡県の巻・紡織沼津支部の巻」も参照。本稿で用いた資料の多くは山田氏の所有と思われ、現在は静岡県立図書館に山田重太郎文庫として所蔵されている。なお、この文庫の存在は、清水町在住のジェンダー史研究者・平井和子氏にご教示いただいた。

(23)　記録者・田代新一は、寄宿舎の些末な問題が議論されなくなっていったことを「設備の完備を物語る」とし、この工場茶話会の積み重ねによって沼津支部が「実力を発揮しうる実質を備えつつ」あると評した(前掲田代『労働運動十年史』一一〇頁)。

(24)　沼津支部は「産業協力の精神」に則り団体交渉権の確立を掲げた。左派からは協調路線、日和見と批判された。

(25)　職場的差別による賃金値上問題(一九二八年度)、仕上科操短隔日勤務の操業短縮反対闘争(一九三〇年八月、交渉の上、解決。約四百人の全従業員大会開催)、機織科産業合理化反対闘争(一九三一年六月)、モスリン生産五割操短反対闘争(一九三三年二月)等。

(26)　「工場は組合員の誠意を無視し、必要以外の政策を施して、紛争を醸成し、平和にして秩序ある統制の下に経営する組合を撹乱せんとして一部反動分子をして、工場平和を紊乱せんとする」態度に出ているが、それでも沼津支部は「飽迄も健実なる労働組合主義を捧じて、労使関係を合理的に解決すべく努力」するとしている。「工場の不合理を指摘し、稍もすれば組合に理解ありと唱へつつあるも、真の根本政策何れに備えつつあるかを、強調する点が、昭和十一年度の工場茶話会の本質であった」(前掲田代『労働運動十年史』二八頁)。

(27)　他工場・支部の労働争議応援もしばしば行われた。一九二七年六月・大日本紡橋場、同年九月・野田醤油、一九二九年四月・東京モスリン吾嬬、一九三〇年七月・東京モスリン亀戸他。資金の送付、「応援闘士」派遣の他、特に紡績の争議は女性が多いことから「婦人組合員の生理的関係より生ずる作用に対しては支部婦人部は其の慰問品の中に充分の用意を満たして応援」(生理用品を送ったという主旨)した(前掲田代『労働運動十年史』七九頁)。

(28)　特別手当、解決金で妥結した(一九三五年五月)。この応援闘争は「支部結成以来、未曽有の大問題」といわれ、沼津でも一時はストライキも辞さない構えであった。その際、あらかじめ従業員、とりわけ婦人組合員の「父兄」に状況と労組の立場や意向を知らせる手紙が送られた(解決後には報告の手紙も送付)(前掲田代『労働運動十年史』六七～七九頁)。

(29)　繊維産業は明治半ば以降、一〇代の女性を遠隔地から採用し寄宿舎生活によって交代勤務を徹底することで労働者の生活全般を管理下においてきた。ただし製糸・絹織物・綿羊毛の紡績・紡織では状況は異なる。

(30) 沼津支部作成(静岡県立図書館山田重太郎文庫所蔵)。作成時期の記載はないが、金町争議応援(一九三五年)に際し「婦人組合員の父兄に手紙を送った」(争議の前後)との記録から、その時に作成されたとも推測される。

(31) 大正期、当該地域では自由教育・動的教育に共鳴した教師らによる学級自治会活動や綴方の実践、組織的な教科研究活動などの取り組みが行われていた。例えば、及川平治(明石女子師範附属小学校)の学説に触発された土屋信太郎(御殿場尋常高等小学校)は一九一六年の経営概要・教授方針に動的教授法の研究、児童の学習形式の改善、教師の研究態度の一新を盛り込み、児童・生徒の自治的訓練が必要であると指摘した(駿東教育史編集委員会編『駿東教育史』駿東地区教育協会、一九七五年、二五六頁)。駿東郡教育会は、一九一七年に及川平治を招き講習会を開催、一九一八年には明石女子師範訓導・永良郡事を招いて動的教育法の講習を開講、再び及川平治による六日間の夏期講習を行っている。受講した教師は、「教師ノ心中ニ自発創造ノ活力ガ満チ充チテ常ニ其ノ活力ガ教材ノ運用指導ニ現ハレ居ナケレバ児童ノ心中ニ自発活動ノ火ハ点ゼラレヌ」と教師の自覚を促した(同前、二五七頁)。御殿場尋常高等小学校では「児童ノ人格ヲ尊重シ自発的内省的自治活動並同朋同愛一致協力」を目的に学級会議・学年会議・級長会議が「全部児童ノ責任観」によって行われた(同前二五九頁)。国家体制維持のために渙発された「国民精神作興ニ関スル詔書」(一九二三年十一月)後においても駿東郡では児童の個性や自発性を尊重する教育が継続されたとの指摘もある(杉山実加「静岡県駿東郡における地域文集『児童文苑』に関する一考察――その背景としての教科研究会の活動に着目して」『地方教育史研究』第三六号、二〇一五年)。当時駿東郡教育会が発行していた文集『児童文苑』(一九二五年創刊)は月刊であるとともに尋常小から高等小まで各学年別に作成され多数の子どもの作文が掲載されており、富原義徳、古見一夫といった教師が中心的な役割を果たした(前掲杉山「静岡県駿東郡における地域文集『児童文苑』に関する一考察」)。以上の経緯と労働組合や労働運動との関係は注目に値する。

(32) 以下、『労働婦人』の出所は、雑誌名を省略し号数と出版年月のみ記す。

(33) 引用にあたっては読みやすさを考えて漢字表記や送り仮名を一部変更したところがある。なお実際の投稿にはすべてふりがながふってある。ジャンルの記載がない場合もあり小説か実体験の記録かの判断は難しいが、区別を明確にしない点こそが特徴である。

(34) 製造工程の工員は早朝から昼過ぎまでと昼過ぎから夜までの二交代制が主であった。

(35) 市川あき子「万歳を三唱する迄」第三四号、一九三〇年一〇月。

(36) 沼津支部の教育運動には会社への批判と対抗の意図が込められていた。工員就業規則には「会社は男女工員の知識技能の発達を計り徳性を涵養せしむる目的を以つて別に定むる教育規定に依り就業せしむ」(第一五条)とあった。

(37) 第一号(一九二七年七月一五日)、第二号(同八月一日)、第三号(同九月一日)、第四号(同一〇月一日)、第五号(同一一月五日)。時局問題に抵触して警察の取締が始まり、経済的理由もあって休刊。保証金二五〇円を納めて再度発行を決めたものの中断した。

(38) 教育運動の資金は春秋二度徴収される会費から役員会決議により充当された。会費は男子四〇銭(支部費一〇銭、共済費五銭、事業部五銭、組合本部二〇銭うち関東同盟六銭・総同盟本部九銭、連合会五銭)、女子三〇銭(支部費五銭、共済費五銭、事業部五銭、組合本部一五銭うち関東同盟四銭・総同盟本部六銭、連合会二銭)(前掲田代『労働運動十年史』一二七～一二八頁)。

(39) 活花・編物、体育部による健康増進の講習の他、歌・舞踊・落語・演劇を観たり演じたりする機会(「プロレタリア演芸大会」)も設けられた。

(40) 臨時大会(一九二八年一一月)で会館建設を決議、建設資金二千円の半分を組合員、もう半分を篤志家から寄付を募った。労組の方面委員が一般篤志家を訪問して寄付集めをした他、細井和喜蔵『女工哀史』の印税の寄附を受けた。

(41) メーデーの出発地となったり、選挙など政治運動の事務所にもなっている。

(42) 図書部による図書購入と貸出など図書活動が行われた。

(43) 青年部の中に「弁論の研究」「万一の場合、第一第二闘士として奮闘すべく各方面に渉って常に研究すること」を目的とする「少壮同志会」(一九二八年三月一七日発会式)が設けられた。最高幹部を除き男女を問わず入会でき、日常的には毎月一、二回の研究会を開催し討論を行うとされた(「少壮同志会規約」、前掲田代『労働運動十年史』一九二～一九四頁)。また、争議を経た一九三五年には先鋭部隊として「青年同志会」が新たに結成された(「青年同志会」一九三五年七月二一日発会式)。

(44) 婦人部は寄宿舎室長会を組織し、「日本労働総同盟紡織労働組合沼津支部室長会規約」(一九二九年一〇月二〇日)を定め室長会議と役員会が設置された。会長一名、副会長二名、幹事若干名、相談役三名。この室長会について赤松常子は「会社本位の天下りの部屋長会議に似て非なる労働組合の精神に基づいたもの」「その統制のもとに自主自治の精神の訓練。教育・修養などをなす」「機関としてまた寄宿舎内部の改善に関して会社と直接茶話会を開き代表者をもって希望を常に貫徹している」と評した(『昭和五年度大会報告書』日本労働総同盟紡織労働組合、一九三〇年六月一日)。

(45) 一九三二年に沼津支部が八十名に対し行ったアンケート調査で「生きている人で一番偉いと思う方の名前を三人書いて下さい」という設問にもっとも回答が多かったのが赤松常子(三二)であり、松岡駒吉(二四)、山田重太郎(二〇)、鈴木文治(一八)、安部磯雄(一四)と続いた(「働く婦人の生活統計(一)」第五二号、一九三二年四月)。

(46) 赤松常子と阿部静枝を審査員として態度・音声・論旨の合計点で競われた(『第七回大会報告書』)。

(47) 「日曜日出勤変更に関する件」(望月ミヨ子)、「男女同一労働に同一賃金支給に関する件」(堀静江)、「修養団排撃に関する件」

（藤島梅子）、「寄宿舎制度改善に関する件」（伊藤とみ子）、「婦人労働者保護に関する件」（原きよ）であった（『第七回大会議案書』）。

（48）紡織労働組合大会（一九三一年）では、大会書記（堀峯子）、資格審査委員（小長井かん）を担った。この時の沼津支部出席代議員は一四名中九人が女性であった。関東同盟大会（一九三一年）では、出席代議員三名中女性二名で、彼女たちが婦人労働者保護法制定に関する件、婦人労働者保護に関する件の提案を行った。

（49）「訊く人：紡織沼津支部・土屋房江、答える人：東洋経済新報社・山田秀雄氏」（「インドの日本品ボイコットの影響を訊く」第六七号、一九三三年八月）。イギリスとその「属領国」による経済ブロック形成による日本の企業への影響、インドでの日本製品ボイコット、イギリスとの関係における政治的外交努力の必要性、それらと日本の繊維産業労働者の賃金との関係、資本主義の問題が語られた。

（50）男子普通選挙実施にともない政党が結成される中で女性も組織化された。社会民衆婦人同盟は、労働婦人連盟（一九二七年七月結成、日本労働総同盟）と社会民衆婦人同盟（一九二七年一一月に社会婦人同盟結成、一九二八年七月に改称）が合同して結成（一九三二年五月）。その後、一九三二年八月には日本労農党に連なる無産婦人同盟（一九二七年一〇月に全国婦人同盟結成、一九二九年一月に無産婦人研究会から組織された無産大衆党に連なる無産婦人同盟と合流・結成）と合同して社会大衆婦人同盟となった。政治的立場が異なっても女性組織が男性組織に翻弄され、その従属的な位置づけであったことは共通しており、ここには労働者階級の解放を志向する運動が内包する家父長制の問題が象徴的に示されている（鈴木裕子『忘れられた思想家山川菊栄――フェミニズムと戦時下の抵抗』梨の木舎、二〇二二年）。

（51）一九〇〇年、岡山の農家に生まれた。一二歳で山陽新聞社の印刷工、その後、看護婦。一九二三年、付添看護婦として御厨町（静岡県駿東郡、現・御殿場市）の別荘に勤務時、地元旧家の山崎劔二を紹介され結婚（山崎は労働農民党／社会大衆党から沼津市議、静岡県議を経て一九三六年に衆議院議員）。沼津の借家の自宅は労農党県支部連合会と日本農民組合の事務所を兼ねた。山崎道子は婦人同盟とともに全農静岡県連合会婦人部長もつとめた。戦後初の選挙で衆議院議員（日本社会党）。戦争中、南方で消息知れずとなった夫が、この選挙期間中に妻子を伴ってインドネシアから帰国したため離婚。旧姓・藤原を名乗り、その後七二歳まで二五年間、議員をつとめた（市原正恵「藤原道子・代議士二五年」『静岡おんな百年（上）（下）』ドメス出版、一九八二年）。

（52）女性労働者と時事問題を語り合う場で赤松常子は、柳条湖事件（「満州事変」、一九三一年九月十八日）を経た後の日本と中国との関係について、人と人とが殺しあう戦争には反対しなければならないとしつつも「今度の問題は、今迄日本がとっていたいろいろな権利を、おびやかされたので、それを守るためなんですから、止むを得ないものです。物資の少ない日本としては、致し方のないこと」と語っていた（第五二号、一九三二年四月）。

あとがき

本書は、科学研究費補助金・基盤研究(C)「女性労働をめぐる運動と表現――戦間期日本のダイナミズムと連帯への模索に着目して」(課題番号:22K12636)による三年間の共同研究の成果となる論文集である。本研究には、水溜真由美が研究代表者として、辻智子、亀口まか、上戸理恵が研究分担者として、広瀬玲子、岸伸子が研究協力者として参加した。

科研費申請に先立つ二〇一七年より、辻が開始した研究会に水溜、上戸、岸、広瀬が加わる形で、近代日本における女性・フェミニズム関連の文献講読と議論を積み重ねてきた。その過程で、一九八〇年代頃から飛躍的に発展した女性史・女性学・ジェンダー研究から多くを学ぶ一方、労働をめぐる研究の不十分さを痛感した。翻って近年の女性労働者を取り巻く状況を顧みると、労働力人口は増加傾向にあるが、「男は仕事、女は家庭」の性別役割分業は根強く存続しており、女性の労働は一部の職種を除いて家計補助とみなされがちである。新自由主義政策の帰結としての雇用不安定化のしわ寄せは、若者・高齢者と並んで女性労働者に集中している。こうした状況に対抗するためにも女性・ジェンダーの観点に立脚した労働・労働運動の研究が急務であること、しかし、その際には、従来の運動組織や闘争中心の問題設定を乗り越えることが不可欠であると考えた。

そこで、労働者・作家・思想家・運動家らの活動と経験を個々の女性の生活と人生という視点から内在的にとらえなおし、それらを相互に重ね合わせる研究を行うことを思い立った。論文集の出版を最終目標として科研費の申請を行うこととし、戦前・戦中の女性問題・女性運動について優れた研究実績を持つ亀口まかにメンバーに加わってもらった。

二〇二二年四月に科研費による共同研究がスタートした後は、毎月約一回のペースで研究会を開催した。二〇二二年七月には、一九八〇年代以降、女性労働運動史研究を牽引してきた鈴木裕子氏による講演会「女性労働者の解放を志向して、女性労働運動の理論を紡ぐ――主に山川菊栄における女性労働解放の思想・理論への考察」を北海道大学で開催した。また、倉敷・岡山、秋田の銅山跡地、東京都江東区・墨田区、岡谷・諏訪におけるスタディーツアーを開催し、併せて資料収集も行った。さらに、二〇二三年九月には、日本社会教育学会第七〇回研究大会において、辻のコーディネートによりラウンドテーブル「高等教育を経験した女性と女性労働者との「出会い」の可能性を考える――『ジェンダーと社会教育』の再検討(その3)」を開催し、広瀬、岸が報告を行い、亀口がコメントした。

六名のメンバーによる研究会は、いつも和気藹々とした雰囲気で行われ、大変楽しかった。メンバーの研究領域は歴史学・教育学・文学・思想史など複数の領域にまたがっているが、それゆえに各々の研究領域においては欠落しがちな観点や知識が得られ、極めて刺激的であった。領域横断的な研究は女性史・女性学・ジェンダー研究の素晴らしい伝統であると思うが、本研究もそのようなスタイルで実現できたことを大変嬉しく思う。この論文集が女性史・女性学・ジェンダー研究の発展に一石を投じることを切に願う次第である。

論文集の出版に当たっては、各メンバーは早い段階で研究対象を定め、相互に批判を行いながら研究を進めてきた。そのため、今年度の初めには、ほぼ完成に近い形で各章の草稿がまとまっていた。序論については、共同で執筆を進めたこともあり完成まで少し時間がかかったが、担当編集者からの有益な助言もあり、最終的には本論文集にふさわしい内容になったと自負している。

本論文集は前述の通り科学研究費補助金・基盤研究（C）「女性労働をめぐる運動と表現――戦間期日本のダイナミズムと連帯への模索に着目して」（課題番号：22K12636）の成果であり、最終年度の補助金の大部分を出版費用に充てた。また、二〇一六年に辻が受賞した第一一回女性史学賞（『繊維女性労働者の生活記録運動――一九五〇年代サークル運動と若者たちの自己形成』北海道大学出版会、二〇一五年）の副賞も出版費用として用いた。

本書の出版にあたっては、北海道大学出版会の川本愛氏に大変お世話になった。記して感謝申し上げたい。

二〇二四年一一月

著者を代表して　水溜真由美

5 章：桟敷よし子(1902 年北海道生まれ)	6 章：丸岡秀子(1903 年長野県生まれ)	7 章：三瓶孝子(1904 年福島県生まれ)	8 章：関連動向(労働運動、紡績女工、京モス、沼津支部)
			1897 年 労働組合期成会結成
	南佐久郡中込村の母方祖父母に養育される		
1908 年 父の中学教師辞職。開拓農民となり生活が一変 1909 年 江南尋常小学校入学(現、札幌市北区)			
			1912 年 友愛会結成
1915 年 給費生として北星女学校に入学		1915 年 福島高等女学校入学	
	1916 年 長野県立長野高等女学校入学		1916 年 友愛会婦人部結成、『友愛婦人』創刊
		1918 年 米騒動を経験	
1919 年 日曜学校で祈りの日々。生活の矛盾に直面		1919 年 補習科に進む	1919 年 友愛会に初めて女工の理事が就任。友愛会が大日本労働総同盟友愛と改称(1921 年に日本労働総同盟(総同盟)となる。)
	1920 年 奈良女子高等師範学校入学		
			1921 年 覚醒婦人協会、赤瀾会が発足。この頃、各地の紡績工場で労働争議
1922 年 女学校卒業。小樽ローズ幼稚園保母 1923 年 幼稚園での給費生義務年限終了			1923 年 3 月 8 日に日本初の国際婦人デー。東京東部で関東大震災救援活動が展開
1924 年 日本女子大学校入学(女工保全科)。学友と社会科学研究会に参加	1924 年 三重県亀山女子師範学校教師		
	1925 年 退職、結婚、上京。川村女学院に勤務	1925 年 東京女子大学入学。紡績工場見学、産業労働調査所に出入り。細井としをと会う	1925 年 総同盟全国大会で婦人部設置が可決。この頃、労働組合評議会で「婦人部論争」。関東婦人同盟、労働婦人同盟、全国婦人同盟、社会婦人同盟創設。総同盟第一次分裂
1926 年 社会演習で『共産党宣言』を読む			1926 年 総同盟第二次分裂
1927 年 北海道三菱芦別炭鉱で「婦人調査」。深夜業・坑内労働禁止署名活動	1927 年 出産		1927 年 紡織組合沼津支部発足。総同盟婦人部『労働婦人』創刊。赤松常子が総同盟婦人部長となる
1928 年 倉敷紡績万寿工場(教化係)	1928 年 夫が急逝	1928 年 早稲田大学聴講生となる	
1929 年 学習グループ活動を継続的に行う	1929 年 産業組合中央会に就職。以後、約 10 年間農村調査を行う	1929 年ころ　産業労働調査所に参加	1929 年 女性らの深夜業撤廃。この頃、紡績工場などで労働争議が多発。9 月、沼津支部で岳南労働会館落成、10 月、消費組合発会
1930 年 工場争議、主謀者とされ退職			1930 年 東洋モスリン亀戸争議
1931 年 紡績婦人労働に関する論文発表。全協大阪繊維のオルグ活動		1931 年 早稲田大学卒業	1931 年 プロレタリア文化連盟結成。『婦人戦旗』『働く婦人』発行。6 月、沼津支部で福利共済事業開始。同月、社会民衆婦人同盟沼津支部結成
1932 年 日本共産党へ入党。神戸で活動		1932 年 高橋経済研究所に就職	
1934～36 年 治安維持法違反、服役(札幌)			
			1936 年 沼津支部で金融部設置
1937 年 東京品川で住み込み見習い看護婦	1937 年『日本農村婦人問題』刊行		1937 年 沼津支部で田代新一編『労働運動十年史』発行
1938 年 看護婦免許取得			
	1939 年 大政翼賛会への参加を拒否、退職。石井と北京へ	1939 年 高橋経済研究所を退職	
		1940 年 労働科学研究所に就職	1940 年 労働組合は解散し、産業報国運動へ
【1940 年代以降の主な足跡】1941 年 結核予防会(愛媛県北宇和郡泉村)。保健婦資格取得。1945 年 満州開拓科学研究所(開拓国の結核予防従事)。1946 年 人民解放軍の日本人医務員。1949 年「新生中国」の衛生教育に従事。1957 年 国営紡織廠勤務。1958 年 引揚船で帰国。保健婦活動を大阪で継続。日中友好協会大阪府連理事。1992 年逝去。	【1940 年代以降の主な足跡】1946 年 帰国。1949 年 日本生活協同組合婦人部長、日本農村婦人協会理事長。1951 年 日教組教研集会助言者。1954 年 財団法人家の光協会参与。1955 年 日本母親大会開催に尽力。1962 年 新日本婦人の会代表委員。1964 年 全国農協婦人組織協議会顧問、『日本婦人問題資料集成』の刊行に参画。1990 年 逝去。	【1940 年代以降の主な足跡】1941 年『日本綿業発達史』、農村調査に従事。1943 年『農村記』。1944 年『農家家内諸工業の変遷過程』刊行。1956 年『働く女性の歴史―通史と現状』。1958 年『ある女の半生―嵐と怒涛の時代』。1961 年『日本機業史』刊行。1978 年逝去。	

ならべ読み年表：本書でとりあげた女性たちの歩み

1章：中本たか子（1903年山口県生まれ）	2章：佐多稲子（1904年長崎県生まれ）	3章：松田解子（1905年秋田県生まれ）	4章：奥むめお（1895年福井県生まれ）
		1906年 父萬次郎死去	1908年 福井県立高等女学校入学
	1911年 母ユキ死去		
	1915年 11歳でキャラメル工場の女工に。職を転々とするも困窮した生活が続く	1912年 大盛尋常高等小学校入学	1912年 日本女子大学校家政科入学
1916年 角島尋常小学校卒業			
	1918年 兵庫県相生町で暮らす父のもとへ		
			1919年 本所富士瓦斯紡績女工になる、結婚
1920年 県立山口高等女学校卒業、検定試験で小学校尋常科正教員の資格を取る	1920年 上京し、料亭の座敷女中となる	1920年 大盛尋常高等小学校高等科卒業、荒川鉱山事務所にタイピストとして勤務	1920年 平塚らいてう、市川房枝らと新婦人協会結成、出産
1921年 小学校教員になる	1921年 日本橋丸善書店洋品部の店員となる		
			1922年 新婦人協会解散、出産後に子が死去
		1923年 秋田女子師範本科第二部入学	1923年 職業婦人社設立、『職業婦人』創刊
	1924年 資産家の小堀槐三と結婚	1924年 秋田女子師範卒業、大盛尋常高等小学校に赴任	1924年『婦人と労働』と改称、出産
	1925年 夫婦で自殺を図る。長女を出産。小堀とは事実上の離婚となる		1925年『婦人運動』と改称
	1926年 カフェー女給となる。窪川鶴次郎と結婚	1926年 上京、大沼渉と結婚	
1927年 上京		1927年 長男を出産	1927年 婦人同盟創立準備会結成
1928年 横光利一の推薦で『創作月刊』に小説「アポロの葬式」を発表	1928年 小説「キャラメル工場から」を『戦旗』に発表、プロレタリア作家として出発する	1928年 3・15事件で小松川署に検挙、小説「産む」が『読売新聞』女流新人短編募集に入選、服部時計店重役宅で乳母をする	1928年 婦人消費組合協会結成、委員長となる
1929年『女人藝術』に参加、亀戸へ転居、洋モス亀戸工場女工のオルグ活動に関わる	1929年 日本プロレタリア作家同盟に入る	1929年 伊豆大島の差木地尋常高等小学校の代用教員となる、日本プロレタリア作家同盟に入る、『女人藝術』募集の「全女性進出行進曲」に2等入選	
1930年 検挙、一カ月拘留、日本共産党員の田中清玄、岩尾家定らの「ハウスキーパー」として活動、検挙、拘留中に妊娠中絶、拷問を受ける	1930年 東京モスリン亀戸工場の労働争議に取材	1930年 本所区の同潤会柳島アパートへ、次男を出産	1930年 東京本所で婦人セツルメントを設立。この頃、離婚
1931年 拘禁反応により市ヶ谷刑務所から移送され松沢病院に収容される、保釈	1931年『働く婦人』の編集委員となる。前年の取材をもとに「幹部女工の涙」をはじめとする一連の小説を発表しはじめる	1931年 無産者産児制限同盟の発起人となる、亀戸へ転居	
1932年 川崎窯業の臨時工員となる、福岡で全協の活動に関わる	1932年 日本共産党に入党		
1933年 検挙、懲役4年の判決（恩赦により3年に減刑）			1933年 大阪に働く婦人の家を設立
1934年 市ヶ谷刑務所から三次刑務所に移送	1934年 日本プロレタリア作家同盟解散		
	1935年 戸塚署に検挙、二カ月拘留		1935年 東京牛込、福井に働く婦人の家を設立
	1936年 小説「くれない」を『婦人公論』に発表	1936年 秋田県尾去沢鉱山で鉱滓ダム決壊、現地を訪問する	
1937年 出獄、国策的な生産文学とされる「白衣作業」発表、1937年下半期の芥川賞候補となる	1937年 懲役2年、執行猶予3年の判決	1937年『女性線』	
1938年『南部鉄瓶工』、『耐火煉瓦』			1938年 婦人セツルを拡張し母子ホーム開設
			1939年 厚生省労務管理調査委員となる
【1940年代以降の主な足跡】1941年 蔵原惟人と結婚。1943年『新しき情熱』。戦後は新日本文学会、民主主義文学同盟に所属して作家活動を行いながら平和運動に関わる。1950年『モスリン横丁』。1991年 逝去。	【1940年代以降の主な足跡】1940年 壷井栄とともに朝鮮に旅行。1941年 戦地慰問として、満州各地を回る。1942年 中国や南方を戦地慰問。敗戦にともない戦争責任問題が問われる。1945年 婦人民主クラブの呼びかけ人に名を連ね、翌年に同団体を結成。1998年逝去。	【1940年代以降の主な足跡】1942年 産業組合中央会に勤める。1945年 長女を出産。1946年 共産党入党。1947年 第23回回総選挙に秋田2区より立候補（落選）。1966年『おりん口伝』。1968年『おりん口伝』により田村俊子賞受賞。『続おりん口伝』。1974年『おりん母子伝』。1977年『桃割れのタイピスト』。2004年逝去。	【1940年代以降の主な足跡】1941年 大政翼賛会調査委員会委員、『婦人運動』廃刊。1944年 東京働く婦人の家、婦人セツル閉鎖。1945年 婦人セツル空襲で全焼。東京、大阪、働く婦人の家焼失。1947年 初の参議院議員選挙に立候補し当選。1948年 主婦連合会結成。1997年逝去。

執筆者紹介（五十音順　＊は編者）

上戸理恵（うえと　りえ）
札幌大谷大学社会学部講師。専門は日本近現代文学、現代女性文学。著作に、「松田青子『持続可能な魂の利用』論」新・フェミニズム批評の会編『〈パンデミック〉とフェミニズム』翰林書房、二〇二二年一〇月、「佐多稲子「お目見得」論」『札幌大谷大学社会学部論集』一二号、二〇二四年三月など。

亀口まか（かめぐち　まか）
龍谷大学文学部教授。専門はジェンダー研究、社会教育史。著作に、『河田嗣郎の男女平等思想』白澤社、二〇二〇年、「女性労働と児童保護の視点からみる一九四四年保護者不在家庭児童調査の成立過程」『社会教育学研究』第五八号、二〇二二年六月など。

岸伸子（きし　のぶこ）
札幌女性史研究会代表。専門は地域女性史（社会運動）。著作に、「「王子主婦連」の成立と意識変革」『クァドランテ　四分儀』第一七号、二〇一五年三月、「社会運動家を志した保健婦　桟敷よし子への〝旅〟」『女性史研究ほっかいどう』第四号、二〇一〇年八月など。

辻智子（つじ　ともこ）＊
北海道大学大学院教育学研究院教授。専門は教育学（青年期教育・社会教育）、女性史。著作に、『繊維女性労働者の生活記録運動』北海道大学出版会、二〇一五年、矢口徹也・辻智子『日本の文化と教育』放送大学教育振興会、二〇二三年など。

広瀬玲子（ひろせ　れいこ）
北海道情報大学名誉教授。専門は近代日本思想史・女性史。著作に、『植民地朝鮮における愛国婦人会』有志舎、二〇二三年、『帝国に生きた少女たち』大月書店、二〇一九年など。

水溜真由美（みずたまり　まゆみ）＊
北海道大学大学院文学研究院教授。専門は日本近代文学・思想史。著作に、『日本の近代思想を読みなおす4　女性／ジェンダー』東京大学出版会、二〇二四年、『堀田善衞　乱世を生きる』ナカニシヤ出版、二〇一九年など。

労働をめぐるシスターフッド
——プロレタリア文学・フェミニズム・労働研究

2025年3月25日　第1刷発行

編著者　辻　智子
　　　　水溜真由美

発行者　櫻井義秀

発行所　北海道大学出版会
札幌市北区北9条西8丁目北大構内(〒060-0809)
tel. 011(747)2308・fax. 011(736)8605・https://www.hup.gr.jp

㈱アイワード

ISBN 978-4-8329-6903-2